DANIEL AMBÜHL

THE GREAT REGRET
DAS GROSSE BEDAUERN

INFEKTIONEN VON IRRSINN

FUNDE VON GLÜCK

Zu unserem grossen Bedauern
wird das Geschenk unseres Wohlstandes
zu Grunde gehen
an der Armut der Reichen,
am Hunger der Satten
an der Dummheit der Ausgebildeten
und an der Krankheit der Gesunden

VORWORT

Das tut weh! Zu sehen wie kaputt, zerrüttet und süss vermodert unsere Gesellschaft ist. Könnten wir doch die Augen schliessen davor und so tun als sei alles okay und alles ganz normal. Schmerzhaft ist die Erkenntnis, dass wir zu diesem kranken System nicht mehr dazu gehören, aber beim Abschied gewiss auf Annehmlichkeiten verzichten müssen. Die Welt ist uns unheimlich geworden.

Der demokratische Rechtsstaat hat sich selber abgeschafft und Tyrannen an die Macht gebracht, die sich gegen Verfassung und Volk wenden. Das ist nichts Neues. Schon 400 v. Christus haben die Athener ihre Demokratie abgeschafft und Dreissig Tyrannen an die Macht gebracht, welche darauf die halbe Bürgerschaft hingerichtet haben mit einer medizinisch sauberen und politisch korrekten Tötungsmethode: dem Schierlingsbecher. Auch Sokrates, der grosse Philosph und das Gewissen der Griechen, wurde damals umgebracht. Justizmord.

Die Menschen sind eben zu blöd für die Demokratie. Aber braucht es deshalb Diktatoren? Vielleicht braucht es nur andere Schulbücher, mehr Herzensbildung, eine Trennung von Staat und Medien, eine Trennung von Staat und Kultur und eine Trennung von Staat und Gesundheitswesen, damit sich aus dem Volk wieder eine soziale Identität bilden kann ohne Zensur durch Förderung. Erneuerung der Demokratie. Aber das tönt so einfach. Wir brauchen schnelle Antworten. Nein, gute Antworten. Wenn Sie ungeduldig sind, können sie gleich zum Schlusswort blättern. Ein Quickie ist manchmal auch entspannend.

Grosse Veränderungen gehen nicht aussen vor sich, sondern in uns. In unserer Seele. Aus ihr steigen sie auf in unser Bewusstsein. Wir sind dann elektrisiert und wachgerüttelt; das, was wir mit Berufung bezeichnen: tätige Hingabe an einen Ruf; an einer Demo teilzunehmen, ein Referendum zu unterzeichnen, die Glocken hervorzunehmen, Arzt zu sein, Juristin, Journalist, Schreiner, Künstlerin, Politikerin usw. Seit wir die Berufenen mit Berufstätigen ersetzt haben, die sich zu etwas ausbilden lassen, hat sich etwas verändert. Spüren wir diese Veränderung? Ob einer aus Berufung als

Arzt da ist für seine Patienten, oder nur weil es seine Lohnarbeit ist?

In der Pädagogik ist bis heute die zentrale Frage geblieben: Welche messbaren Eigenschaften zeichnen einen guten Lehrer aus, der mit seinem Unterricht die Schüler zu Lernerfolg, Fleiss und Mündigkeit anleitet? Die Idee dahinter war, dass man einen wissenschaftlich basierten Eignungstest für Lehrer entwickeln wollte. Die Antworten waren in einer Hinsicht eindeutig: Man konnte nachweisen welche Eigenschaften eines guten Lehrers für den Lernerfolg nicht von Bedeutung sind: Nicht sein Fachwissen zum Beispiel, nicht seine didaktischen Spielereien, nicht seine Kleidung, nicht seine Weiterbildungskurse, nicht ob er freundlich, streng, unnahbar, kollegial ist. Mit all diesen messbaren Kriterien konnte keine Erklärung gefunden werden für Eigenschaften guter Lehrer. Das Geheimnis liegt in der Persönlichkeit selber. Aus ihr scheint etwas die Schüler anzusprechen, was nicht wissenschaftlich fassbar ist. Ich glaube jeder hat solche Erfahrungen gemacht.

Parteipolitiker sind zu hedonistischen Berufsleuten verkommen. Meist Halbschuhe. Solche, die in ihrer Ausbildung und im früheren Berufsleben versagt haben, oder es zu nichts gebracht haben, die dann einer Partei beitreten, um sich da günstiger hochzuschleimen. Sachverstand muss man keinen mitbringen. Man kann ja bei Bedarf Berater anheuern usw. Am Abend geht man als Bundesrat nach Hause und schaut Netflix. Wie kann damit Politik Sorge sein um die Welt als Lebensraum, wie es Hannah Arendt ausdrückte? Dasselbe gilt für Wissenschafter, die es sich wohlig in der Schizophrenie eingerichtet haben, dass sie am Abend einen Tantraworkshop besuchen und am Tag im Pharmalabor den Nobelpreiskandidaten mimen und gegen Homöopathie wettern. Weshalb ist es so schwierig zu akzeptieren, dass Wissenschaft uns die lebendige Welt nicht erklären kann. Jeder kann es empfinden, wenn wir über die wesentlichen Dinge unseres Daseins nachdenken. Wir müssen die nackte Wissensgläubigkeit überwinden, wenn wir zu uns kommen wollen. Mündig zu sein heisst nicht, dass wir auf Glück hoffen dürfen, wenn wir uns an bestehende Gesetze und Moral halten. Glück ist unbedingt, wie Liebe, oder Freiheit. Wir werden dahin geleitet, selbst dann, wenn wir uns gegen sie sträuben aus Angst unsere bisherige Welt einzubüssen, wenn wir uns in der Liebe verlieren.

Erstausgabe Juli 2021
500 Exemplare
ISBN: 978-3-9524760-9-3
Skyfood Verlag
Quartnerstrasse 7
8882 Unterterzen
www.skyfood.ch
Illustrationen von D. Ambühl, 2021

INHALT

LARVA MIGRATORIA

Von meiner Afrikareise im Herbst 2020 brachte ich eine Krankheit nach Hause. Sie begann drei Wochen vor der Rückreise. In meiner linken Fussohle bemerkte ich ein schmerzhaftes, kleines Loch. Ich dachte zuerst an einen Dorn, auf den ich getreten war, an eine Glasscherbe, oder an den Stachel einer Mbanda Nzazi Raupe. Dies sind furchterregend behaarte, riesige Raupen von Gonometa titan, einem seltsamen Seidenspinner, der Kokons spinnt, in welche er brutale Giftstacheln einbaut und sie danach verklebt mit einer Flüssigkeit, die an der Luft zu einem fast unlöslichen Zement auskristallisiert. Es heisst, dass weidende Ziegen, oder Kühe, die aus Versehen einen solchen Kokon fressen, qualvoll daran sterben müssen.

Die Höllenraupe Mbanda Nzazi wird über zwanzig Zentimeter lang und sieht aus wie eine Mischung aus einer Schlange, einem Rauhaardackel und einem Stachelschwein. Ihre nadelscharfen Dornenspeere bleiben bei der leichtesten Berührung in der Haut stecken, brechen ab und mein Insektenfreund Benjamin, der dieses Missgeschick erlitten hatte, berichtete, dass ein Höllenstachel, der auf der einen Seite seines Fingers eingedrungen und abgebrochen war, drei schmerzhafte Tage später auf der anderen Seite des Fingers wieder zum Vorschein kam. Ich dachte also zuerst an ein solches im Fleisch bohrendes Teufelshaar, denn ich zog eine halbes Dutzend der gefürchteten Gonometa-Raupen in meinem Zimmer in einem kleinen Gehege zu Studienzwecken auf, um eine vernünftige Antwort zu finden auf die Frage, weshalb von dieser Raupe vielerorts als von dem Tier berichtet wird, das die berühmte Afrikanische Seide liefert.

Später verwandelte sich die schmerzende Stelle in der Fussohle und es bildete sich ein heller, verhärteter Hof um das Loch. Es sah aus wie ein kleiner Vulkankrater. Nun dachte ich an eine Warze, die an einem saublöden Ort wuchs. Sie plagte mich und ich humpelte nur noch.

Auch unter dem Nagel der grossen Zehe bildete sich alsbald eine Schwellung mit einem Loch. Ich begann mich zu wundern und fragen, ob eventuell eine Dasselfliege in kleine Hautrisse Eier gelegt hatte, sodass mein

Körper zum Habitat von Maden dieser Fliege auserkoren wurde. Könnte es sein, dass ausgerechnet der Insektenfresser Ambühl selber von einem Insekt verspiesen wird?

Ich wollte nicht in Kilueka oder Kinshasa in ein afrikanisches Spital gehen. Nicht weil ich mich nicht traute. Ich war überzeugt man hätte da gesagt: "Monsieur Daniel! Mit sowas kommt man doch nicht ins Spital. An ihnen ist ja noch alles dran." Deshalb harrte ich stur aus bis zu meiner Rückreise und plante danach zügig meinen Hausarzt aufzusuchen, falls sich bis dahin das Problem nicht von selber gelöst hätte.

Im Hotelzimmer in Kinshasa inspizierte ich den Fuss genauer und wusch die Fussohle mit heissem Wasser. Nun aber bildete sich unter der Fussohle sehr rasch eine grosse, wassergefüllte Blase von über fünf Zentimetern Durchmesser und es war noch schwieriger zu gehen. Dennoch humpelte ich schliesslich zum Flugzeug nach Zürich.

Die Blase schwoll nicht ab und als ich beim Hausarzt war, entschied dieser, sie gleich aufzuschneiden und nachzuschauen, was sich darin befindet. Ich stimmte zu. Aber nur unter der Bedingung, dass er - falls sich eine Made in der Blase befindet - das Tier nicht tötet. Ich wollte sie lebend sehen und aufbewahren, um später zu beobachten, was sich aus ihr entwickelt. Soweit kam es jedoch nicht. Zu meiner grossen Enttäuschung war es keine Dasselfliege und auch keine andere Made, sondern ein kleines Stück Gewebe, das der Hausarzt entnahm und an ein Labor schickte. Die gewaschene aufgeschnittene Blase nähte er zu. Nach einer Woche sah man schon fast nichts mehr.

Das Resultat des Labors wurde mitgeteilt. Es war nach dem Bericht der Gewebeanalysten eine "Larva migrans cutanea", ein sogenannter Hautmaulwurf, der mich besiedelt hatte. Für mich eine Premiere. Diese Larve ist ein Hakenwurm, für den ich als Mensch ein Fehlwirt bin. Das heisst der Mensch ist nicht sein Wunschhabitat. Aber wenn das kleine, fadenartige Ding nichts Anderes findet, nimmt es in der Not auch mit einem Menschen vorlieb. Dies geschieht meist beim Barfussgehen in tropischen Ländern, wenn bereits infizierte Tiere vor Ort sind, vor allem Hunde, die den Hautmaulwurf mit dem Kot verbreiten.

Hunde gibt es in Kilueka, dem kleinen Dorf draussen in der Savanne des afrikanischen Bas-Congo, wo ich an einem Projekt zur Domestizierung von Speiseraupen beteiligt bin, tatsächlich einige. Barfuss ging ich auch ab und zu. Ich hatte deshalb sofort Boika in Vedacht, den etwas hysterischen Köter unseres Wachmannes, Surveillant Frank, der nachts dafür schaut, dass sich keine fremden Leute bei uns herumtreiben, oder Früchte klauen; Ananas zum Beispiel, aber auch Avocados, Bananen, Papayas, Maracujas, Pommes cythères, Palmnüsse und anderes.

Hautmaulwürfe können heimtückische Entzündungen hervorrrufen und unter der Haut lange Frassgänge bohren, die wie blutige Kanäle aussehen. Larva migrans cutanea heisst wörtlich: Eine in der Haut wandernde Larve. Dass diese Wanderlarve ausgerechnet in meinem Fuss wanderte, mit dem ich selber wandere, und das Wandern des Hautmaulwurfs bewirkte, dass sein Wirt kaum mehr wandern konnte, sind interessante Details, finde ich.

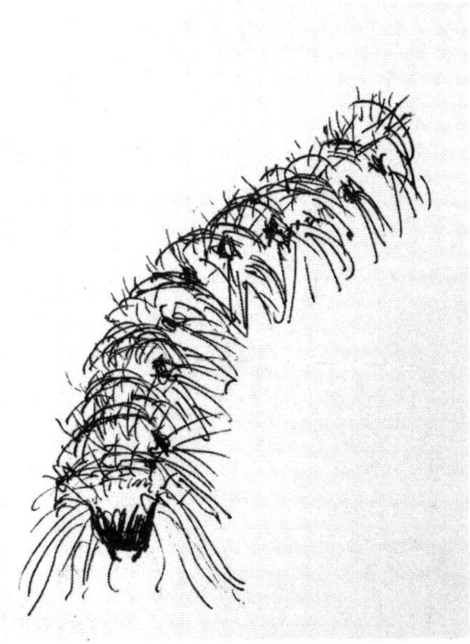

Gonometa titan, die furchterregende und über 20 Zentimeter lange Raupe eines afrikanischen Seidenspinners. Im Kongo heisst sie Mbanda Nzazi.

AFRIKA TAGEBUCH - TEIL 1

2. Mai 2021, Waldcamping Landquart, Bündnerland, Schweiz, 4.30 Uhr. Der Wecker klingelt. Die ganze Nacht hat es geregnet. Im Zeltvordach meines Wohnwagens hat sich eine Wanne gebildet die schwer mit Wasser gefüllt ist, herabhängt und verhindert, dass sich die Campertüre frei öffnen lässt. In der Dunkelheit drücke ich von unten gegen die Wasserlast und eine Welle klatscht herab. Ich werde dabei selber nass. Ich rufe Hossam an, den Chef des lokalen Taxiunternehmens. Um fünf Uhr ist er da. Wir fahren zum Bahnhof Landquart. Zwei Koffer habe ich dabei. Gefüllt mit Material für die Demokratische Republik Kongo: Standbodenbeutel für die Verpackung von getrockneten Speiseraupen, zwei Muffen-Rückschlagklappen für eine Widderpumpe, Laptop und Dockingstation für Augustin, zwei, drei Kleider, vor allem zum Einwickeln der fragilen Dinge.

5.20 Uhr. Ich bin der einzige Mensch auf dem Bahnhof in Landquart. Es ist Sonntag. Die Fahrt zum Flughafen kostet genau sechs Franken und vierzig Rappen. Sparbillet. Ich bin der einzige Passagier im hundert Meter langen Zug. Ob sich das für die Bahn lohnt? Mir scheint, dass die kilometerlangen Tunnels durch den Kerenzerberg nur für mich allein gebohrt und gebaut wurden. Der Gedanke belustigt mich: Der Spinner Ambühl ist wie ein König mit seinem Sparbillet in seinem eigenen Zug unterwegs. Aber ich glaube, dass es heute egal ist für wen oder was man etwas baut. Wichtig ist nur, dass gebaut wird und etwas gemacht wird. Der Sinn ist abhanden gekommen. Die Ökobilanz einer Fahrt mit Lamborghini und Polizeieskorte wäre vermutlich günstiger ausgefallen.

7.30 Uhr. Der Flughafen Zürich Kloten ist leer. Aber dennoch Corona-Bullshit wie vor einem Jahr. Alle fünfzehn Minuten automatisierte Durchsagen: Abstand 1,5 Meter, Masken ..blah blah. Kindergarten. Überall putzen Frauen manisch sinnlos in leeren Hallen. Gespenstisch. Es ist als wollten sie nach einem unsichtbaren Attentat die letzten verdächtigen Blutspuren von imaginär Massakrierten wegputzen. Im Check-in trägt hinter den Schaltern niemand Handschuhe, obschon die Beamten die Pässe und Papiere von jedem Passagier berühren und prüfen. Die Plexiglaswände sind kranke Witze. Es geht nur um die Form, hohl wie bei jeder pervertierten Religion. Das Buch Covidokratie, das ich vor einem Jahr geschrieben habe, gilt noch immer, Eins zu Eins.

9 Uhr. Check-in. Ich erhalte zur Begrüssung drei Corona-Bullshit Formulare für Italien, obschon ich da gar nicht hinreisen will: Zwei sind für das Gate beim Einsteigen in die Alitalia Maschine und eins für die Ankuft in Rom Fiumicino. Der Schalterbeamte, ein junger Bursche von geschätzten zwanzig Jahren, sieht meine Flugbestätigung nach Kinshasa, und sagt mir, dass ich in Rom das Gepäck abholen und nochmals einchecken müsse für den Weiterflug mit Ethiopian nach Kinshasa. Wie bitte? Sagen sie das bitte nochmals? Er wiederholt, dass ich das Gepäck abholen, in Italien einreisen und dann wieder einchecken müsse. Ich protestiere. Zuerst anständig, dann immer lauter hörbar für alle, die sich nun hinter mir angestaut haben in der Warteschlange. Ich lasse nicht locker: "Das Gepäck wird durchgecheckt nach FIH N'Djili, Kinshasa. Basta! Ich habe keinen Flug nach Italien gebucht, sondern einen Flug nach Kinshasa!" Nun lässt die Bestimmtheit des Burschen etwas nach als ich laut und explizit seinen Chef zu sprechen verlange. Der erste Ärger am frühen Sonntag Morgen. Der Bursche zückt sein Telefon. Spricht irgendwas. Totales Chaos. Zuvor hatte er den PCR Test verlangt. Jeder verlangt heute hundert Dinge, die niemand am Schluss kontrolliert. Und die Dinge, die man kontrollieren will, sagt man dem Passagier vorher nicht. Unter den dutzenden Mails der Airline war keine einzige Information, dass man einen PCR Test benötigt. Man muss heute Hellseher sein, um reisen zu können. Glücklicherweise hatte ich einen PCR-Test vorbereitet. Mit Datum von gestern. Schliesslich sagt der Checkin-Bursche von Alitalia, ich könne die Bordkarten für den Flug ab Rom mit Ethiopian am Gate abholen. Aha! Jetzt plötzlich? Na also! Geht doch. Warum denn der ganze Quatsch, indem man einfach irgend etwas erzählt? Keine Entschuldigung, gar nichts. Ist der Bursche selber noch nie gereist?

Neben mir warten ein paar Herren am Gate 62 und füllen die drei Formulare aus. Sie sind aufgebracht und schimpfen auf italienisch. Herrlich.

Fluchen klingt so authentisch, elegant, so melodiös und befreiend. Tatsächlich werden dann am Gate zwei der Formulare einbehalten und man misst Fieber mit der Kopfschuss-Fiebermess-Pistole. Niemand überlegt sich, was dieses Tötungs-Ritual eigentlich bedeutet. Nämlich: Russisch Roulette. Wenn du etwas zu warm bist, Bumm! Bist du draussen. Kommst nicht mit, gehst in Quarantäne. Adieu! Eine ganz und gar unwürdige, zynische und widderliche Einschüchterungs-Prozedur. Zelebriertes Schlachthof-Feeling. Kein Wunder ist der RKI Chef in Deutschland ein Veterinärmediziner, der noch nie einen Menschen behandelt hat. Der Fiebermess-Exekutier-Beamte macht mit einem gelben Filzstift einen Haken auf meine Boardingkarte. Wozu? Wer kontrolliert das? Genau Niemand.

Um 12. 30 bin ich in Rom. Man darf da im Transitbereich sogar in einem einzigen Restaurant an einem Tisch sitzen und wird bedient. Wow! Leben kehrt zurück. Nach einem Jahr wieder etwas Essen in einem Restaurant. Noch nie hat das Normale so abnormal und verdächtig geschmeckt. Ist das eine Falle?

Ein Jahr ist es her! Ein Jahr, in welchem ich zwei Mal in Afrika war, in Costa Rica, vier mal in Deutschland, in Rhodos, in Side, Türkei, und auf Kreta und in Athen. Man kann schon reisen. Ich sage aber nicht hier wie es geht. Nur soviel: Weshalb soll ich als unbescholtener Bürger ehrlich und folgsam sein, wenn ich von meiner eigenen Regierung nach Strich und Faden und gegen Treu und Glauben verarscht und belogen werde? Die Fantasie der Menschen wird von Bürokraten und Diktatoren unterschätzt. Die haben keine Ahnung, diese elenden Stümper!

Zehn Stunden Aufenthalt im glamurös technisch konstruierten Flughafengebäude von Rom Leonardo da Vinci. Das Haus Konstruktiv hat zugeschlagen. Die sogenannte Schlichtheit, Eleganz und Funktionalität der Moderne mit dem Ziel Räume zu bauen in denen der Bünzli das Gefühl hat er sei jemand. Der Flug nach Addis Ababa ist der letzte des Tages. 22.40 Uhr ist Abflug. In der Reihe vor mir sitzt in einer Wolke von toxischem Parfum eine korpulente, verwelkte Frau mit Kunsthaar und einer darin befestigten perlenbesetzten Haarspange. So getragen sieht auch die teuerste

Südsee-Perle aus wie Plastik. Gott nimm diese Gedanken von Verachtung von mir. "You can't judge a book by its Cover". Ich weiss es doch. Aber oft erkennt man am Cover mit welcher Absicht man eine Klientel für den bekleideten Inhalt sucht. Das meiste davon ist Mimikri, wie bei Insekten: Behauptung, jemand anderer zu sein. Das Leben einer anderen Person, einer Maske eines Schauspielers, der eine Rolle spielt in einem klassischen Theater. So torkeln heute Menschen als gespengsthafte Rollen durch ihre Aufführung von Leben. Das ist traurig. Flug durch die Nacht. Ankunft um 5.45 Uhr in der Hauptstadt Äthiopiens.

Der Weiterflug von Addis Ababa nach Kinshasa ist um 10 Uhr. Viele Leute sind am Gate. Wohlhabende. Einige Rollstühle. Ich bin der einzige Weisse. Eine grosse Boeing mit 400 Plätzen steht bereit. Der Flug geht über Tansania, Uganda, den Kivusee, Goma, 3000 Kilometer über Regenwälder mäandrierende Flüsse, Berge, Seen, man sieht keine Strassen wenige Siedlungen. Die Grösse Afrikas ist atemberaubend. Den Kongo-River überfliegen wir zwei Mal. Der Strom ist ein Bündel von Flussarmen, die sich mal teilen mal wieder begegnen, mit vielen Inseln dazwischen; ein Labyrinth in einer Flussbettbreite von zwei bis drei Kilometern; der wasserreichste und zweitlängste Fluss Afrikas. Er fliesst in einem Dreiviertel-Kreisbogen mit einem Durchmesser von 2000 Kilometern in Linksrichtung durch das unvorstellbar ausgedehnte, fast komplett tropisch bewaldete Gebiet der Demokratischen Republik Kongo. Der Flug dauert vier Stunden. Es hat viel Gewölk, aber keine geschlossene Wolkendecke. Man sieht Wasser glitzern, Wald, Wiesland aber kaum Spuren der 80 Millionen Menschen die hier leben, davon ein Viertel in der Agglomeration Kinshasa/Brazzaville. Die Landung auf dem mickrigen Provinzflughafen Kinshas ist perfekt, was dann folgt ein typischer Corona-Horror.

Die dreihundert Passagiere werden über eine Treppe aus dem Flugzeug auf das Rollfeld entlassen aber noch vor dem Flughafengebäude - also noch auf dem Flugzeugparkplatz - in eine schleusenartige Baracke gepfercht, in denen insgesamt etwa zwei Dutzend uniformierte und zivile und plastifizierte Menschen in drei aufeinanderfolgenden Räumen postiert sind. Hier werden die Einströmenden verarbeitet. Es folgt ein kafkaesker Reigen mit Formularen, Gebührenerpressung, Papieren, QR-Codes.

Der enge Schuppen ist als Melkstation für einreisende Rindviecher errichtet worden. Einige haben einen QR-Code auf dem Handy. Ich nicht. Niemand hat dies verlangt. Niemand hat zuvor informiert. Aber ich habe bisher alle drei Check-ins und Boardings überstanden. Mein PCR Test wurde an vier Schaltern verlangt. Er war tadellos. Vom Samstag dem 1. Mai datiert. Ausserdem geht es nur darum, ihn zu zeigen. Damit anfangen kann eh niemand etwas. Durch das Vorweisen ist der Schalterbeamte zufrieden gestellt. Er kann höchstens schauen auf das Datum und ob irgendwo 'negativ' steht. Wie soll ein Schalterbeamter einer Airline beim Check-in und am Gate feststellen können, ob diese Tests Fälschungen sind, oder echt? Unmöglich! Ausserdem sind Schalterbeamte keine Sanitätspolizisten. Sie haben keinerlei Befugnisse.

Item: Nun drängen sich also Körper an Körper, dreihundert Leute im Corona-Abzock-Sanitätsposten auf dem Flugfeld von N'Djili, Kinshasa. Das ganze Theater im Namen von Hygiene, Gesundheit und Social Distancing. Ein Hohn. Das Gedränge in der schütteren und düsteren Bretterbude ist fürchterlich. Die Luft dick und feucht und fast geliert wie Sulz um ein paar Fleischklumpen. Alle Menschen Haut an Haut, schwitzend, nass, heiss und jeder mit Handgepäck, das sind üblicherweise drei bis vier Stück in Afrika. Aggressive Parfums streiten mit dem Schweissgeruch unerbittlich um die Luftüberlegenheit. Das erste Zimmer bringe ich relativ rasch hinter mich, indem ich beim Vorzeigen des PCR Tests einfach vorwärts dränge in den zweiten Raum hinein. Die paar uniformierten Sanitätsschauspieler haben keine Chance. Es sind einfach zu viele Leute aufs Mal da. Die Herde der Gnus hat die Kontrolleure des ersten Abzocksektors einfach in einer Stampede überrannt.

Der zweite Raum ist nur mit einer kleinen Türe ausgerüstet, die in den dritten Raum führt. Und vor dieser kleinen Türe wurde ein uniformierter Sanitätsschauspieler als Pförtner postiert. Auch in diesem Raum arbeiten nur Männer. Es ist völlig unklar für wen. Es ist keine Polizei da. Nur eine Horde weiss uniformierter und ziviler Korruptionsspezialisten, wahrscheinlich von irgendeinem General, oder Gesundheitsminister, der hier seine kleine private Corona-Erpressungsfabrik installiert hat.

Es heisst, dass jeder fünfzig Dollar bezahlen muss für einen Corona-Test. Ich weigere mich und stelle mich breitbeinig vor die Ausgangstüre die – wie ich durch einen Spalt sehen kann - in einen fensterlosen Gang oder Schlauch führt, der zu beiden Seiten Abteile enthält, in denen jeweils eine komplett in blaues Plastik verhüllte Frau steht; Schlachthausfeeling; eng, stickig, ungemütlich, auswegslos; der Enddarm dieses Verdauungsvorganges.

Ich bin ein Kopf grösser als der unifomierte Gatekeeper, der mir vor der Türe den Weg verstellt. Ich erkläre ihm, dass ich einen gültigen PCR-Test besitze und ein Visum und, dass nach Aussage des kongolesischen Botschafters in der Schweiz dies für die Einreise in die DRC genügt. Er sieht dies anders und will mich nicht durch lassen. Stattdessen weist er mich an zurück zu treten und anderswo zu warten. Ich ignoriere es beharrlich: "Non, Monsieur. Je reste ici!" und blockiere damit den Nachdrängenden den Weitergang in den Plastikfrauentunnel. Einige haben an der Zahlstelle bereits brav ihre 50 Dollars abgeliefert. Korruption eben. Einige lassen sie durch. Nun werde ich laut: "Voleur, Trompeurs. Marguleurs!" rufe ich auf französisch und englisch. Dann drehe ich mich zu den wartenden Leuten um: "Das sind Diebe hier, korrpute Idioten, Betrüger. Ich komme hierher für ein Entwicklungsprojekt und werde behandelt und festgehalten wie ein Stück Dreck und wie ein Kirmineller." Den meisten Passagieren macht dies wenig Eindruck. Sie senken ihre Köpfe. Die meisten Rindviecher hier sind wohl selber Profiteure des Korruptionsapparates und haben selber Landgenossen beraubt, deren Beute sie im Ausland in Goldketten, Rolexuhren und Gucchi-Täschchen investiert haben. "Ich habe kein Geld und ich werde auch nicht bezahlen", wiederhole ich: "Ihr seid Rassisten gegen Weisse". Ich merke, dass der kleingewachsene Beamte nun etwas unsicher wird. Ich rufe den Umstehenden im Gedränge vor der Ausgangstüre zu, sie sollen bitte die Polizei rufen. Ich würde hier ohne Grund an der Einreise gehindert. Ich bin nun auf 180 und blockiere weiterhin die Türe, vor welcher der kleine Uniformierte zaghaft ausharrt. Einmal lasse ich einen Mann mit Handgepäck durch, dabei blockiere ich aber mit dem Fuss das Zufallen der Türe und schreie laut in den finsteren Gang hinein Richtung Plastikfrauen, dass ich einen gültigen PCR Test besitze und schwenke das Papier wie eine Fahne. Eine der Plastikfrauen nähert sich zögerlich und hält den Finger vor ihre Maske um mir zu bedeuten ich solle ruhig sein. Sie erreicht aber genaue Gegenteil. Ich werde nur noch lauter; "Ich werde Meldung machen an den Schweizer Botschafter in Kinshasa und ich insistiere zu bleiben, wo ich bin. Je reste ici, jusque le moment quand je passe". Zwischendurch wiederhole ich meine Anklagen: "Kriminelle. Korrupte. Lügner. Betrüger. Erpresser, Idioten!"

Nun zeigt sich aus der Tiefe des Tunnels ein Mann, der zuvor offenbar am Ende des finsteren Ganges gesessen hatte und nun aufgeschreckt wurde durch meine laute Stimme und die unmissverständliche Botschaft, dass es Ärger gibt. Offenbar handelt es sich um den Chorleiter dieses Erpressungstheaters. Wohl mehr damit das Abkassieren ungestört weiter gehen kann als um mir zu helfen, fordert er mich auf ihm in den Tunnel zu folgen. Am Ende des fensterlosen Stollens grad neben dem Ausgang der Baracke, hat er seinen Bürotisch installiert und setzt sich hin. Erregt und aufgebracht wie ich bin bleibe ich stehen, beuge mich zu ihm herab und halte ihm meine Einladung von Songanzila mit den vielen Stempeln, meinen PCR Test und den Pass mit Visum unter die Nase. Die Einladung will er sehen. Er will mir erklären dass mein PCR Test hier nichts nütze, weil sie selber diese Tests machten usw. Ich lasse ihn nicht ausreden. Meine Papiere, betone ich für alle laut hörbar, reichen und damit Basta! Sonst werde ich die Polizei und den Schweizer Botschafter rufen. Ob ich denn einen Diplomatenpass hätte. Nein sage ich. Ich brauche auch keinen. Ich habe, wie man es verlangte hat, ein gültiges Visum und einen gültigen negativen PCR Test. Er wollte mir wieder erklären dass dies nicht reiche hier, blah blah. Aber dann tat ich etwas, was er wohl nicht erwartet hatte. Ich lasse ihn einfach mit seiner halbfertigen Phrase im Mund sitzen, drehe mich zur Türe, reisse sie auf und verlasse rasch und zielstrebig den Tunnel nach draussen. Im gleissenden Licht und mit schnellen Schritten überwinde ich die dreissig Meter bis zum Eingang des Flughafengebäudes. Ich denke noch, dass nun vielleicht jemand hinter mir angerannt käme. Nichts dergleichen. Niemand folgt mir.

Am Passschalter zeige ich Pass und Einladungsdokument. Die Beamtin verlangt den PCR Test. Ich sage, dass der im Sanitätsschuppen sei. Ausserdem sei hier der Passchalter und nicht der Sanitätsposten, wenn ich mich nicht irre. Sie merkt, dass ich ziemlich geladen und nicht zum Spassen aufgelegt bin. Am Schalter nebenan ist jetzt eine Frau aus dem Corona-Bullshit-Verdauungstrakt eingetroffen, die da meine Gesänge gehört hatte. Sie redet in Ngala mit der Schalterbeamtin, offenbar über mich, nicht gerade in meinem Sinne, wie ich vermutete. Ich wende mich also präventiv zu ihr und sage in französisch: "Madame, entschuldigen sie mich bitte. Ich verstehe auch ein bisschen Ngala". Augenblicklich ist Ruhe. Die Passkontrolleurin stempelt, macht ein Foto und ich kann passieren.

Dann folgte der normale Sanitätsposten, wo immer der gelbe Impfpass der WHO kontrolliert wird, weil man nur mit einer Gelbfieberimpfung einreisen darf, was Sinn macht. Auch dort aber verlangen sie neuerdings noch einen Aufenthaltsnachweis wegen Covid. Ein zurückhaltender und netter Sanittätsbeamter hilft mir ihn auszufüllen. Ich mache standhaft keine Angaben über mein Hotel. Meine Telefonnummer ist legasthenisch verschlüsselt. Ich will nicht riskieren, dass irgend ein Scherge vorbeikommt, oder Quarantänen verordnet werden. Ich sage, dass ich in Kilueka wohne. Da wird keiner dieser Schurken hinfahren wollen, um mich zu besuchen. Er wird vorher in einem Schlammloch auf der Route National16 versinken. Und wenn nicht, werde ich extra für ihn eins graben lassen.

Als ich zur Gepäckausgabe komme, kennen mich schon alle.: "Ah. Monsieur Daniel. Ihre Koffer sind da." Am Ausgang will ein Kofferprüfer ganz genau meine Gepäcktags sehen. N'Djili ist der einzige Flughafen auf der Welt, wo sowas kontrolliert wird. Dann muss man beim Rausgehen nochmals das Gepäck screenen. Nur hier wird das gemacht. In Zürich ist es weit einfacher Drogen zu schmuggeln als im Kongo. Dafür ist es im Kongo vermutlich einfacher - wenn man erwischt wird – sich freizukaufen als in der Schweiz. Vielleicht täusche ich mich aber auch darin.

Augustin, Guelord und Blaize erwarten mich draussen. Welch Abenteuer das Reisen heute ist! Welche Freude meine Freunde wieder zu sehen.

4. Mai 2021. Kinshasa, Hotel "Pour Vous".

Ich stehe um 7.45 Uhr auf, esse ein Brötchen mit dieser schrecklichen Blue Band Margarine zum Frühstück. Um 9 Uhr morgens beginnt ein Stromausfall der bis in die Nacht andauert. Geratter und Gestank von einem Symphonieorchester von Stromgeneratoren hebt an. Mein Zimmer hat zwar ein Fenster. Zwanzig Zentimeter davor ist aber eine Mauer hochgezogen, schlecht gepflastert und unverputzt. Aus einer Ritze dringt seitlich ein schwacher Lichtschimmer. Man sieht aber nicht woher. Über die Mauer zieht sich ein rostiges Blechdach. Wasser gibt es im Badezimmer keines, weil der Strom für die Pumpe weg ist.

Wir kaufen für einen Monat Proviant ein für den Aufenthalt in Kilueka.. Wir, das sind Blaize, der Chauffer, Guelord, unser Buchhalter, Augustin Konda und ich. Kilueka ist das Dorf in der Savanne, wo wir Aufforstungsprojekte und Versuche zur Domestizierung von Speiseraupen durchführen, aber auch Infrastrukturprojekte; Brunnen, Waschhäuser, Fischzuchten. Es geht um das Überleben der Menschen und die Verbesserung der Ernährungssicherheit. Im Einzugsgebiet des Projektes befinden sich ca. 50 Dörfer mit rund 10'000 Bewohnern. Augustin Konda ku Mbuta ist Projektleiter, Geschäftsführer der landwirtschaftlichen NGO Songa Nzila und einer der berühmtesten Botaniker und Ethnopharmakologen Afrikas. Er ist vor 1953 in Kilueka in einer Lehmhütte geboren worden. Nun kehrt er immer wieder dahin zurück, um seinen Landsleuten zu helfen das Leben zu meistern.

Der Innenhof des Hotels "Pour Vous" ist eine wahre Oase der Ruhe, versteckt im ersten Stock. Kaum jemand kennt das Etablissement. Morgen, sagt Augustin, komme ein Plombier, um die Widder Pumpe zusammen zu bauen. Ich werde eine gute Zeichnung machen müssen. Ausserdem soll ich über Nacht Etiketten für die Verpackung der getrockneten Mbinzo-Raupen kreieren und die kleinen Aufkleber mit dem Produktions- und Ablaufdatum.

5. Mai 2021, Kinshasa, Hotel "Pour Vous".

Um 11 Uhr sind die Zeichnungen der Widderpumpe fertig. Augustin kommt um 12. Wir suchen in einem Dutzend Quincaillerie-Schuppen die Teile für die Rampumpe zusammen. Dies dauert geschlagene vier Stunden im Gewimmel von Kinshasa. Manchmal denke ich: Wie komme ich dazu eine solche Pumpe bauen zu wollen, die ich bisher nur von Youtube und einigen Dokumentationen kenne? Ob das überhaupt funktioniert? Mein technisches Verständnis sagt klar: Ja. Das ist eine geniale Idee von Venturi, die kinetische Energie des fallenden Wassers zu nutzen um beim Zuschlagen der Klappe einen Druckpeak zu erzeugen, der Wasser auf ein höheres Niveau pumpt. Theoretisch kann ich das alles nachvollziehen. Aber es gibt noch Fragen. Wird die Widder Klappe sich auch in einem vernünftigen Rythmus öffnen? Wieviel Wasser pumpt diese Vorrichtung? Ist es genug für unseren Filter?

Unsere Odysee durch die Plomberie-Läden zieht sich dahin. Einige haben zwar unsere gesuchten Teile als Muster sichtbar im Laden, wollen sie uns aber nicht verkaufen, weil sie keine an Lager haben.

Danach sind wir erledigt. Klempner Matondo geht mit den Fittings nach Hause um die Widderpumpe zu montieren. Wir gehen ins Hotel. Augustin und ich trinken ein Tembo-Bier und essen etwas. Im Restaurant ist es extrem laut. Eine Gruppe junger Männer schaut ein Fussballspiel. Auf dem Fernsehbildschirm sieht man ein völlig leeres Stadion. Corona Idiotie in Afrika. Weil man aus "Gesundheitsgründen" das Stadion gesperrt hat, drängen sich nun hier dreissig Nasen dicht auf dicht ohne Masken und Abstand im Restaurant und brüllen und lachen ihre angeblich gefährlich verseuchten Aerosole in den Raum, ohne dass jemand erkrankt. Ich Gegenteil. Die Leute scheinen richtig aufzuleben.

7. Mai 2021, Kinshasa, Hotel "Pour Vous".

Ich hatte verwirrliche Träume in der Nacht. Noch bevor ich am Morgen einen Fuss auf den Boden setzen konnte, hatten die Traumkonstruktionen ihren inneren Zusammenhalt schon verloren. Hauptfiguren waren betagte, emeritierte Autorennfahrer, die sich schick gekleidet privat in einem lauschigen Garten an einem Clubmeeting oder Grillfest treffen. Was ich da zu suchen hatte blieb mir schleierhaft. Aber irgendwie taten die grauhaarigen Rennhelden so, als sei ich einer der ihren. Dies hat mich verwundert. Aber ich wollte ihre Gewissheit nicht stören, denn sie waren alle ganz freundlich und es schien als kannten wir uns schon seit Langem.

Das Einzige was mir als Fetzen von Einsicht haften blieb, war, dass wir zuerst für Nahrung, Obdach und Gesundheit sorgen – für den Körper also - und erst dann, dass die Seele aus ihren Fluchten und Abhängigkeiten in ein selbstbestimmtes Leben geleitet wird. Nicht so jedoch, dass die Seele sich einen anderen Körper wünscht, ein anderes Geschlecht, eine andere Hautfarbe, andere Haare, sondern so, dass die Seele ihr Hier-Sein und So-Sein annehmen kann, darin souverän Platz nimmt und damit vom Haben ins Sein kommt. Auf Augenhöhe mit dem Lebendigen. Und auch dann, wenn wir nackt sind, uns nichts fehlt; in der Liebe zum Beispiel, im Paradies wo Seele und Körper zusammen schwingen. Was die Autorennfahrer damit zu tun haben ist mir aber nicht klar und weiss wohl nur der Traum selber.

Der Kaffee ist bereit. Frühstück gibts noch keins. Man habe kein Salz, sagt die junge Frau, die die Gäste bedient. Ich kann warten. Im Essaal wischt ein älterer, hagerer Mann den Boden und nimmt ihn mit einem graubraunen Lappen nass auf. Er singt leise ein zartes, melodiöses Lied. Es kämpft mit dem aufsässigen Geplapper des Fernsehprogrammes, das niemanden interessiert. Medien sind wie das zufällige Gegacker von Hühnern, das Klappern von Türen im Wind, Rumpeln von unwuchtigen Rädern: Geräusch. Medien sind Geräusche, die sich tarnen als Mitteilungen, mit Sprachcodes, Musik, Bildern, fabriziertes Attraktionsrauschen; Mimikri von Bedeutung; Nachahmung von Wichtigkeit für den grossen Profiteur des

Nichts. Er ist eifersüchtig auf alles Lebendige und will es mit Lautstärke übertönen. Aber ich höre durch all das Geplärre hindurch das zarte Lied.

Das Lebendige durchdringt das Tote, weil es lebt. Dies ist für alles Tote eine Provokation. Deshalb will das Tote das Lebendige niederschreien. Deshalb ist das Tote heute das Lauteste, Vordringendste, Wichtigtuerischste, Aufgeblusterste, das Alarmgeiferende. Medien des Toten sind Sirenen, Alarmkrach. Das Bild der Zombies, die seit zwanzig Jahren in der Gameindustrie präsent sind, passt perfekt zum Zeitgeschehen. So wie früher Kinder von Dinosauriern fasziniert waren, so sind es heute Zombies, die die Kinderzimmer bevölkern: Lebendige Tote.

Die unschuldige Jugend findet oft treffende Bilder um traumhaft Zustände auszudrücken die sie im Bewusstsein noch nicht fassen können. Das Unbewusste hilft ihr, sich vorzubereiten auf gefährliche Begegnungen in der Gegenwart; Begegnungen mit Zombies eben; mit Leb- und Lieblosigkeit in der Hülle von Menschen. Totes, das nicht weichen will.

Man könnte ja mit Toten gut zusammen leben. Aber die missgünstigen Zombies wollen die Lebendigen zu einem der Ihren machen. Deshalb müssen sich die Lebendigen wehren. Eine amüsante Konstruktion, nicht wahr? Wie will man Tote töten? In den Games schiesst man sie einfach über den Haufen. Aber weshalb sollen sie dann tot sein? Sie waren ja vorher schon tot? Wen kümmerst. Wenn man sie richtig trifft, Blut spritzt und man sie grafisch spektakulär in ihre Einzelteile zerlegt, dann scheinen sie jedenfalls nicht mehr bedrohlich zu sein und scheiden als Gefahr für das Leben aus. Bis der nächste wandelnde Leichnam um die Ecke humpelt.

So tobt in den Kinderstuben und Jugendzimmen der Kampf um Leben und Tod. Es sieht dann vorläufig wie ein Spiel aus. Aber wie Ernst Jünger in den "Gläserenen Bienen" anmerkte, wächst die Kriegs- und die Unterhaltungsindustrie immer mehr zusammen, bis man sie am Schluss nicht mehr zu unterscheiden vermag und nicht mehr sicher ist, ob man nun im Onlinegame eine Spielfigur massakriert hat, oder einen real existierenden lebendigen Menschen an einer anderen Ecke des Planeten. Und am Ende - weil man die Frage zwischen Spiel und Realität nicht mehr unterscheiden kann - wird die Frage schlicht überflüssig. Sie wird als gegenstandlos, nichtig und irrelevant darstellt. Für die meisten sind Spiel und Realität zusammen gefallen und der Mensch ist in dieser Matrix von organisierter Orientierungslosigkeit verschwunden ist. Da raus zu kommen gelingt nur wenigen.

Raus kommen die, die raus gehen. Vom Wollen ins Leben. Das ist eine stets gegenwärtige Bewegung. Man kann sie nicht ein für alle Mal absolvieren, wie mit einem Diplom, oder einer Taufe. Das ist die grosse Lüge der Religionen. Bist Du geimpft bist du frei, erlöst, gerettet. Wo sowas geglaubt wird; genau da sind die Zombies daheim. Aber wie gesagt: Ich könnte mit Toten leben, wenn sie die Lebendigen in Ruhe liessen. Das aber können Zombies nicht, weil das Leben sie fundamental in Frage stellt und sie die Frage nicht ertragen: Wills du noch, oder lebst du schon?"

Um 10 Uhr werde ich abgeholt. Alle Waren, die in meinem Zimmer gelagert sind tragen wir runter zum Toyota Jeep, dessen Ladefläche schon zu drei Vierteln gefüllt ist. Mehrere gelbe 25-Liter Kanister stapeln sich; entweder gefüllt mit Benzin oder leer für Honig. Unterwegs will Augustin noch Wasser kaufen.

An der Autostrassenzollstelle Kasangulu halten wir nach einer Fahrtstunde an. Das ist eine Art Raststätte mit Dutzenden von Verkäufern von Esswaren, Boudains (Würste), Gourge (Kürbiskernbrot), Bananenchips, Äpfel, Getränke aller Art, Eier.... Ein Beamter in Uniform hat mich entdeckt, kommt näher und fragt wohin ich gehe. Ich frage zurück, weshalb er dies wissen wolle. Dann will er meinen Pass sehen. Weshalb, frage ich zurück. Jetzt ist er etwas irritiert. Kontrollieren sie nur Weisse frage ich ihn? Mache aber keine Anstalten ein Papier vorzuzeigen, sondern esse einen Bissen der Courge, nehme einen Schluck Wasser. Schaue in die Runde.

Er sei von der DGM sagt der Mann der Migrationsbehörde. Ich: Ah oui? Eh bien? Augustin ruft den Mann auf seine Wagenseite. Es kommen noch ein paar andere Uniformierte in anderen Farben daher. Nach zehn Minuten Palaver sage ich Augustin: "Wenn sie wollen, dürfen sie meinen Pass schon sehen" und ich reiche ihm den Schweizer Pass mit dem Einladungsdokument. Nach weiteren fünf Minuten ist alles okay. Man spricht über Mbinzo, die geschätzten essbaren Raupen. Die Fahrt geht weiter.

Augustin muss um 14.30 in Kisantu sein um bei Gericht Beweise vorzulegen für den Brand in Mvumbi Masa. Auf der Fahrt hat er zuvor ein Telefon erhalten von einem Richter. Offenbar wurde eine falscher Zeuge verhaftet, der nicht zur Anhörung erschienen ist. Man habe den Namen verwechselt. Das gefällt Augustin gar nicht. Er will nicht, dass ein Unschuldiger zu Schaden kommt. Am 10. Mai ist der Gerichtstermin, an welchem es darum geht den Mann zu verurteilen, der für den unkontrollierten Brand veranwortlich ist, der einen beträchtlichen Teil der Wiederaufforstung unseres Projektes zerstört hat. Die Sache ist wichtig, weil damit ein Zeichen gesetzt wird gegen das gedankenlose Abbrennen der Savanne, das oft zu schweren Schäden an anderen Kulturen und an den Wäldern führt. Und immer will es danach niemand gewesen sein, der das Feuer entzündet hat. Der Mann, der das Feuer gelegt hat, soll - als er erfahren hat, dass man ihn sucht, um ihn zur Rechenschaft zu ziehen - nach Kinshasa geflohen und dort untergetaucht sein. Aber durch Zeugen kennt man seinen Namen. Vier der aufgerufenen Zeugen sind nicht erschienen, deshalb hat man Haftbefehle gegen sie erlassen um sie dem Gericht vorzuführen.

Die wichtigste Strassenverbindung des Landes von Kinshasa nach Matadi besitzt nun einen weissen Mittelstreifen mit ausgezogenen Linien da, wo man nicht überholen soll. Aber Verkehrsregeln sind hier freiwillig. Wer sich auf sie verlässt ist selber schuld. Blaize fährt schnell aber sicher. Die Landschaft ist grün. Hohe Quellwolken türmen sich in den blauen Himmel auf. Überall ist buntes Volk unterwegs. Niemand mit Maske. Mit den 500FCC, die sie hier kosten, kauft man sich ein Stück Fisch mit Tomatensauce und ein Chiquang. Oder soll man wegen einer dreisten Gesundheitslüge mit einer blauen Maske verhungern? Einen solchen Blödsinn können nur dumme Reiche sich leisten. Und etwas hart gesagt: Es werden ja nur Dumme reich, weil sie mit dem Geld nichts anzufangen wissen, sondern sich darin gefallen es anzuhäufen. Und wenn sie gegen ihr Lebensende merken, dass ihr Reichtum nichts nützt, erfinden sie Impfkampagnen, Marsflüge und sonstigen Blödsinn, wie um erst recht zu beweisen, dass nur Dumme reich werden. Ihr Reichtum ist die Armut der Anderen, weil er da fehlt, wo das Lebendige bedürftig ist.

Um 14 Uhr sind wir in Kisantu. Augustin besucht den Gerichtspräsidenten, während Guelord Fische, Fleisch und Poulet einkauft und Blaize Kredite auf das Telefon von Augustin lädt.

Die Lehmpiste mit dem stolzen Namen Route Nationale 16, die von Kisantu durch die Savanne nach Lemfu und dann nach Angola führt, ist eine ungeteerte glitschige Schlammspur. Es hat vor wenigen Minuten geregnet. Das Wasser hat tiefe Gräben in das Trassee gerissen. Noch vor Lemfu müssen wir zum dritten Mal pausieren, weil ein überladener Camion in einem Graben halb umgekippt eingesunken ist und ausgegraben werden muss. An steilen Stellen der Piste haben sich metertiefe Canyons in das sandige Terrain gefressen. Scharen von Motorrädern kommen uns entgegen. Die meisten sind mit drei bis vier Personen bepackt, dazu Ziegen, Kanister, Reissäcke, Fischkartons usw. Beim Passieren sehe ich die zum Zerreissen angespannten Gesichter der Fahrer. Alle sind jung und bis zu den Knien mit Schlamm bespritzt. Eine falsche Bewegung auf einem seifenglatten Grat und die ganze Fuhr liegt in der braunen Sauce. Noch ein Lastwagen steckt röchelnd fest und blockiert die Strasse. Man gewöhnt sich daran. Viele Motorradchauffeure lassen laut Musik plärren, wohl in der Hoffnung, dass die Klänge die Schicksalsgemeinschaft in eine schützende Blase hüllen und sie damit sicher an ihr Ziel bringen. Airbags aus Musik.

Die Sonne versinkt am Horizont und bescheint mit ihren letzte Strahlen von unten die tief herabhängen Wolken. Wir fahren seit einer Stunde durch die Savanne. Der Himmel glüht orange. Aus schwarzen Stellen blitzt es. Es beginnt zu regnen. Als wir in Kilueka sind bricht die Nacht herein. Es ist 18 Uhr. Die Fahrt von 70 Kilometern hat dreieinhalb Stunden gedauert.

Nacht wird es hier in einem Augenblick, fast so als hätte man das Licht mit einem Schalter ausgeknipst. Jolie, die Haushälterin und die Kinder des Nachbarn erwarten uns. Jolie bemerkt meinen Bart. Ich erkläre, dass ich geschworen hätte ihn solange wachsen zu lassen, bis der Corona-Irrsinn ein Ende hat. Sie lacht.

Alles ist sauber und sorgfältig vorbereitet für unsere Ankunft. Jedes Ding an seinem Platz auf dem ich es vor sechs Monaten zurück gelassen hatte. Es rumpelt und blitzt und tropft. Es ist schon meine achte Reise hierher. Ein bisschen Heimat. Die Geckos kleben an der Decke. Es sind jetzt neun Stück, ziemlich fett. Mücken sind auch schon da.

8. Mai 2021, Kilueka

Es regnet die ganze Nacht und Gewitter rollen in rumpelnden Wellen vorbei. Gegen Morgen tropft es in meinem Zimmer von der Decke. Direkt neben dem Bett klatschen die Tropfen auf den Bettvorleger. Ich hole in der Dunkelheit – weil der Strom der Batterien aufgebraucht ist – einen leeren Kochtopf aus dem Essraum nebenan, um das Wasser aufzufangen. Die Koffer bringe ich in einiger Distanz in Sicherheit. Um 5.45 Uhr mache ich Kaffee und setze mich draussen unter dem Vordach an den Tisch, um zuzusehen, wie aus dem Rauschen, Plätschern und Blitzgezucke der Nacht sich der neue Tag unter dem Aequator heraus schält. Die Frösche sind verstummt. Sie haben mit ihrem Gequake keine Chance gegen das Trommeln und Wirbeln des Regens. Auch die Hühner sind noch abwesend. Die Stunde gehört ganz den Wolken, dem Wasser, den Blitzen. Selbst das Licht lassen sie nur widerwillig durch. Es ist dunkelgrau-grünlich und kühl vielleicht 20 Grad.

Beim Abendessen gestern hatte sich Augustin noch echauffiert bei der Frage, wo die beiden Packungen Kinderschockolade geblieben sind, die er im City Markt in Kinshasa gekauft hatte. Beim Auspacken und Verstauen des Proviantes hatte er bemerkt, dass sie fehlten.

Ich sagte ihm, dass wir nach dem Einkauf eine Tragtasche mit Getränken und eine Schachtel der Kinderschockolade ins Auto genommen hätten, um uns vier - Augustin, Blaize, Guelord und mich - zu erquicken. Er, Augustin habe aber abgelehnt von der Schockolade zu essen, weil er sie für später aufbewahren wollte. Also müsse diese Schachtel wohl noch im Auto geblieben sein auf der rechten Seite der Hinterbank wo Guelord gesessen habe. Die andere Schachtel müsse bei den Einkläufen liegen, die wir in meinem Hotelzimmer in Kinshasa gelagert hatten. Ich versicherte ihm, davon selber nichts gegessen zu haben. Ich nahm die Sache ernst und unterliess es über Augustins Aufregung Witze zu machen. Ich weiss, dass es ihm nicht um die Schockolade geht und schon gar nicht um sich selber, sondern um das Prinzip, dass man nicht ungefragt Dinge Anderer in Besitz nimmt und verbraucht. Es geht um das Vertrauen in die Gemeinschaft der Menschen, mit denen man zusammen lebt. Es geht da auch um die ganz kleinen Dinge. Auch um ein Stück Schockolade.

Es ist nicht nur rührend, sondern beglückend zu sehen, dass der grosse Augustin Konda ku Mbuta, der bekannte Botaniker und Pharmakologe, der überall von Kisantu bis Nzuma bewundernd erkannt und ehrfürchtig gegrüsst wird, sich auch um solche unbedeutende Lappalien kümmert, wenn sie für das grosse Ganze wichtig sind.

Wegen der Schockolade hat Augustin Guelord, seinen Sohn, den Buchhalter unseres Projektes, und Blaize, den Chauffeur, im Verdacht. Ich bin sicher, dass es sie fragen wird wo die Schockolade geblieben ist - aus Prinzip. Seine Strenge ist mit Bedacht und mit Sorge zum Guten gemauert. Stur und unnachgiebig manchmal. Penetrant sogar. Ich kenne das von mir und habe volles Verständnis, wenn es von einem Mann kommt, der selber nicht "needy" ist. Wir sind ja nicht hier um Freunde zu machen und wir tun nicht Dinge, um von allen geliebt zu werden. Wir wollen Umstände erhalten und bewahren, in denen Freundschaften überhaupt möglich sind. Dazu gehört der Respekt vor der ungeschriebenen Verfassung des Menschseins: Aufrichtigkeit, Anstand, Rücksichtnahme, Ehrlichkeit, Tun was man sagt, Bescheidenheit, Respekt, Achtung alles Lebens, Dankbarkeit. Daraus kann Mut zu einer Freiheit entstehen, mit welcher nicht bloss Loslösung von Abhängigkeiten gemeint ist und nicht Absonderung in Paradies-Zirkeln und Luxus-Quarantänen, sondern eine Freiheit als Öffnung hin zur Begegnung mit dem Lebendigen. Der Welt zuhören und antworten.

Nun ziehen die ersten klatschnassen Hühner missmutig vorbei; angetrieben vom stärksten, energiereichsten und doch komplett unsichtbaren Treibstoff der Natur: Dem Hunger.

Hunger? Wollen wir hier wirklich darüber reden? Viele, die noch nie

Hunger hatten, meinen Hunger mache gierig. Ich glaube, dass beim Menschen das Gegenteil wahr ist. Gierig sind die Satten, wenn sie ihre Dankbarkeit verloren haben gegenüber dem Geschenk der Nahrung. Gierig sind die, die meinen, sie hätten es verdient, am prallen Füllhorn der Natur zu sitzen und zu zehren. Ein hungriges Kind wird nicht hinter dir her rennen und schreien und zettern, dass es Hunger hat. Das meinen nur Sozialarbeiter, die noch nie richtig Hunger hatten. Die Hungrigen musst Du selber suchen. Sie sitzen ruhig da und warten. Sie betteln nicht. Sie flehen nicht. Sie sind nicht needy. Denn der Hunger lässt nach einer gewissen Zeit nach und der Mensch gerät in einen Zwischenraum zwischen Leben und Tod, den wir manchmal Askese nennen. Ablegen von Bedürftigkeit.

Unser Sozialsystem krankt daran, dass man nur reagiert auf die, die am meisten rum brüllen, weil man selber Ruhe haben will. Damit erschafft man sich immer nur noch mehr von denen, die rumbrüllen, während die Stillen, wirklich Bedürftigen übergangen werden. Dies war z. B. bei Pfarrer Ernst Sieber in Zürich ganz anders. Er ist selber raus gegangen in die kalte Nacht und hat diejenigen eingesammelt, die sich nie herab gelassen hätten, irgendwo zu betteln oder zu flehen oder rumzubrüllen. Viele von denen, die im reichen Zürich bei -10 Grad auf Parkbänken auf Karton und bedeckt mit ein paar Zeitungen übernachtet haben, musste Ernst inständig bitten mitzukommen und es kostete ihn manchmal viel Zeit und die liebende Suche nach richtigen Worte, um sie zu überzeugen.

Eine Politik, die dort Geld regnen lässt, wo am lautesten gefordert wird, kreiert nur Lärm. Politik muss vor allem Widerstand bieten gegen Abzocke mit Lärm und Alarmismus. Sie muss Räume frei halten für ruhige, nüchterne Analysen und wieder in den Modus des Agierens eintreten und den Modus des Reagierens verlassen. Sonst wird Politik zur Marionette von Alarmismus d.h. sinnlos. Die Corona-Krise ist ein treffendes Beispiel, wie sich damit die Regierungen gegen ihr eigenes Volk stellen. Da aber bei uns schon 95% aller Bürger Sozialhilfeempfänger der Regierung sind – auch Banker, Beamte, Aerzte, Bauern, Kulturschaffende, Rentner, Industrielle, Politiker und Medienschaffende – ist es sehr wahrscheinlich nicht einfach aus diesem Irrsinn eines lärm- und alarmgesteuerten Systems wieder heil heraus zu kommen.

Für den Einzelnen ist es jetzt und immer möglich sich aus Unrechtssystemen heraus zu nehmen. Aber es kostet etwas. Nur die ganz guten Könige machen für ihr Volk einen Pakt mit dem Himmel, um den Himmel auf Erden zu vergrössern. Jeder kann ein solcher König sein. Das wären Volksvertreter in wahren Sinn. Wo sind sie? Die stellen sich nicht selber zur Wahl. Sie wollen und brauchen das nicht. Man muss sie suchen und bitten. Diejenigen, die es werden wollen, kannst du spülen.

Manchmal werden neue Könige berufen von der Zeit. Sie stehen auf, sind selber erstaunt über sich, erheben ihre Stimme und zeigen sich. Meist werden sie bekämpft, weil die falschen Könige wissen, dass nun ihr Ende naht. Sie schicken all ihre Schergen, ihre Lakaien und Günstlinge und hetzten das Volk auf, um die Thronfolge zu verhindern. Aber sie wird nicht aufzuhalten sein. Wer nicht zu den Berufenen steht, dem wird nichts bleiben als "The Great Regret": Das grosse Bedauern.

9. Mai 2021, Kilueka, Sonntag

Ein dichter Bodennebel liegt über der Savanne. Darüber blauer Himmel mit schleierartigen, dünnen und sehr hohen Gewölkstreifen. Auch auf dem Tisch unter dem Vordach, wo ich den Computer aufstelle und mich hinsetze, sind feine Tautröpfchen verteilt. Es riecht frisch blumig wie nach einer Mischung von Yasmin, Zitrone und Basilikum. Boika, der Hund des Surveillants Frank schaut kurz herein. Er guckt nur um die Ecke, schaut mich an und verschwindet wieder. Er ist ruhig geworden und etwas scheu. Vor einem halben Jahr hatte er noch oft hysterische Anfälle, wenn er angebunden und Frank nicht in der Nähe war.

Gestern hat mir Augustin nach dem Abendessen bis tief in die Nacht hinein die Details der Geschichte des Brandes in Mvumbi Masa erzählt: In der Trockenzeit im Oktober des vergangenen Jahres hatte ein Mann da einen Brand gelegt, um sein Feld vorzubereiten für den Anbau von Maniok. Das Feuer ist seiner Kontrolle entglitten und hat eine zweihundert Meter breite Schneise in das dürre Gras gebrannt. Nach einem halben Kilometer frass sich die Feuerwalze in die Aufforstung, die wir da seit zweieinhalb Jahren betreuen und zerstörte rund die Hälfte der Jungbäume auf einer Fläche von mehr als zwölf Hektaren. Christian, der Agronom und Chef des Gartenteams, der da mit seinen Männern gearbeitet hatte, war am Boden zerstört und weinte. Er hatte jedoch glücklicherweise ein paar Filmaufnahmen mit dem Handy gemacht. Der Mann, der das Feuer gelegt hatte, war einfach nach Hause gegangen.

Augustin war ausser sich. Dies wollte er nicht hinnehmen. Er schwor den Mann zur Verantwortung zu ziehen für den Schaden den er angerichtet hatte; nicht nur am Jungwald des Mbinzo-Aufforstungs-Projektes, sondern auch bei Nachbarn, denen ein Zuckerrrohrfeld und Maniokfelder niederbrannten durch das verantwortungslose Tun. "Je veut le voir dans la prison!" Er soll in den Knast. Augustin erstattete Anzeige bei der Polizei. Dermutmassliche Brandleger tauchte unter. Der Kommandant der Polizei von Lemfu besichtigte vor Ort mit Christian den Schaden und machte Skizzen zu handen des Gerichtes. Augustin aktivierte sein Netzwerk von Kontakten, um herauszufinden wo der Zeusler steckt. Zeugen wurden identifiziert, vor allem Frère Jean, der Prediger einer amerikanischen Sekte in Lemfu, der das Feld gerade neben dem des Brandstifters bewirtschaftet. Man fand die Namen der Besitzer der anderen betroffenen Felder, darunter eine Frau und vier Männer. Frère Jean scheint Augustin höchst verdächtig, denn er gab an, seinen Feldnachbarn nicht zu kennen, obschon man feststellte, dass sein eigenes Feld kein bisschen vom Brand betroffen war, weil man da sorgfältig einen Streifen Savanne geräumt hatte und man offenbar das Feuer mit Maniokwedeln gelöscht hatte, wie man beim Augenschein feststellte. Das Feuer wurde also von Frère Jeans Feld aus in die andere Richtung getrieben, wo es sich dann ungebremst durch die Landschaft frass.

Die Gewalt von Savannenfeuern kann man sich schwer vorstellen. Der Biomassezuwachs beträgt hier pro Jahr über ein Kilogramm pro Quadratmeter. Die Gräser sind mehr als zwei Meter hoch und explodieren förmlich wenn sie dürr sind. Zehn Tonnen dieser holzigen Stengel verbrennen so auf einer Hektare in kürzester Zeit. Die darin stehenden noch kleinen Baumsetzlinge haben gegen die Gluthitze keine Chance, sie mögen noch so gut freigelegt sein, damit sie Licht erhalten. Die ersten drei vier Jahre sind kritisch für den Aufbau eines Waldes. Denn erst wenn der Jungbaum die Vegation deutlich überragt, entwickelt sich der Wald von selber weiter. Zuvor muss man im Jahreslauf drei bis vier Mal das Savannengras um die Setzlinge entfernen, denn das wuchernde Unkraut bringt sonst jeden Baumnachwuchs um, indem es ihm Platz, Nährstoffe und Licht raubt. Der Brand war die bisher grösste Katastrophe im Projekt. Ein gewaltiger Rückschlag.

Die Klage gegen den Urheber kam vor Gericht. Nach und nach fand Augustin mit Hilfe von Informanten, die er bezahlt hatte, heraus, dass der untergetauchte Mann Lehrer in einer Schule in Kinshasa ist. Man sandte zwei Spione zu ihm, die in seine Klasse gelangten und dort von ihm Fotos machten. Man erfuhr, dass er eine Frau oder Freundin in Lemfu, im Nachbardorf von Kilueka hat. Mit dieser habe er ein Kind.

Das Gericht schickte einen Vollzieher nach Lemfu, um den mutmasslichen Brandstifter zu befragen. Aber jedermann weiss in Lemfu, dass der Gerichtsmann kommt, lange bevor er überhaupt in Lemfu ist. Hier auf dem Land reisen Nachrichten schneller als Menschen. Das Warnsystem funktioniert hervorragend. Dies sieht man überdeutlich dann, wenn sich ein Steuereintreiber in Kisantu wieder einmal aus seinem Büro wagt, um entlang der Route National 16 von kleinen Budenbesitzern 'Impôts' abzujagen. Wenn Steuereintreiber unterwegs sind, ist die sonst geschäftige Strasse wie ausgestorben. Alle Inhaber der Läden und Schuppen ziehen sich für ein paar Tage in die Savanne zurück und besuchen entfernte Familienmitglieder.

Zur Befragung des mutmasslichen Brandlegers musste man eine andere Taktik finden, eine geheime, eher James Bond mässige. Der Gerichtspräsident von Kisantu übergab Augustin den Haftbefehl. Er könne diesen dem Polizeichef aushändigen, um den Mann festzunehmen, sobald man wisse wo sich der Täter befindet. Das Haus seiner Freundin war bekannt.

Von einem Nachbarn dieser Frau, der mit einem Arbeiter von Songa Nzila verwandt ist, erfuhr man, dass der Brandleger ab und zu heimlich nach Lemfu kommt um Freundin und Kind zu besuchen; auch jetzt während er von der Polizei mit Haftbefehl gesucht wurde. Man musste nur warten, bis er wieder kommt.

Ein Nachbar, der als Spion eingesetzt wurde, berichtete, dass der Gesuchte jeweils zwei bis drei Tage verweile, das Haus aber nie verlasse. Man verabredete, dass der Informant sofort anrufen soll, wenn der Gesuchte das nächste Mal aus seinem Versteck in Kinshasa kriecht und Lemfu besucht. Und tatsächlich klingelte eines Nachts Augustins Telefon: "Er ist da! Er ist gerade angekomen!" Augustin schickte Christian nach Lemfu zum Polizeikommandanten, um ihm den Haftbefehl vorzulegen. Man beschloss mit dem Zugriff zu warten bis in die frühen Morgenstunden. Um vier Uhr schlich sich der Polizeikommandant mit zwei Männern zum Haus und klopfte an die Türe: "Aufmachen. Polizei!" Die Frau wachte auf. "Wir suchen ihren Mann. Öffnen sie die Türe!" "Er ist nicht da!" rief die Frau. "Öffnen sie. Wir wissen dass er da ist!" Schliesslich fand man ihn unter dem Bett versteckt. Er wurde festgenommen und nach Kisantu gebracht.

Etwas Unerwartetes geschah. Am Tag darauf fand sich die ganze Verwandtschaft des mutmasslichen Brandlegers vor dem Gerichtsgebäude in Kisantu ein. Zwei Dutzend Menschen. Sie hatten offenbar gute Beziehungen zum Oberstaatsanwalt. Kurzerhand entzog dieser das Dossier des Falles dem bisher damit betrauten Staatsanwalt Fossin, der es sorgfältig bearbeitet hatte und übergab es einem seiner kadavergehorsamen Adepten mit Namen Valentin. Fossin war stocksauer, aber auch eingeschüchtert und erniedrigt. Er rief Augustin sogleich an und informierte ihn, dass der Oberstaatsanwalt ihm das Dossier entzogen habe. Er solle vorsichtig sein. Was da abgehe sei gefährlich. Man nehme Einfluss von Aussen. Tatsächlich, sagt Augustin, ist ein Metzger von Kisantu ein Verwandter des Brandlegers und sehr eng mit dem Oberstaatsanwalt verbandelt. Augustin vermutet dass Geld geflossen ist. Ausserdem wurde eine Kaution bezahlt. Der Zeusler kam frei und tauchte natürlich sofort unter, ohne jemals zu einer Gerichtsverhandlung und Befragung zu erscheinen. Der neue Staatsanwalt vernichtete ausserdem alle wichtigen Dokumente aus dem Dossier und gab es dergleichen ausgedünnt an den Gerichtspräsidenten weiter, der sich genötigt sah mitzuteilen, dass mit einem solch mageren Dossier der Fall nicht weiterkomme. Alle Fakten über die Person des Täters und die Skizzen des Polizeikommandanten fehlten.

Augustin wollte nicht locker lassen. Ein Anwalt riet ihm den Wechsel des Dossiers anzufechten. Ergebnislos. Nun müssen alle Dokumente nochmals neu erstellt werden. Der Gerichtspräsident hatte vorgestern jedoch versichert, dass man an der Verhandlung das Video zeigen dürfe, auf dem der Schaden und die Spuren gut zu sehen sind. Nur eine einzige Zeugin wird allerdings anwesend sein. Die anderen drei bleiben untergetaucht, wohl aus Angst. Es wurden gegen alle Haftbefehle ausgestellt, weil sie nicht zur Befragung erschienen sind. Man will sie mit Gewalt vorführen lassen, um sie zu befragen. Vor allem Frère Jean scheint eine undurchsichtige Rolle zu spielen. Morgen ist Gerichtstermin in Kisantu. Auch Augustins Anwalt ist dazu soeben eigens aus Kinshasa angereist.

Nun ist es sieben Uhr morgens. Die Sonne blendet mich, sodass ich den Bildschrim kaum mehr sehe. Die Tautropfen sind schon weggeschmolzen. Jolie bringt das Frühstück und holt die beiden Thermoskannen um sie mit heissem Wasser zu füllen, damit ich immer Tee oder Kaffee zubereiten kann. Alle Pumpen im Fischhaus stehen still. Ich lasse die Schlüssel suchen, um die Türe des Elektrikkastens zu öffnen. Der Inverter hat sich abgeschaltet, vielleicht durch einen Kurzschluss. Ich schalte ihn wieder ein. Die Batteriespannung ist gut. Danach laufen alle Pumpen wieder. Ich flicke das Kabel, das den Kurzschluss an einem Knick beim Stecker verursacht hat. Es ist Sonntags und ruhig hier.

Um neun Uhr besucht uns der Polizeikommandant von Lemfu. Er ist in Zivil, ganz légèr mit Baseballkappe und T-Shirt. Seine Frau begleitet ihn, sorgfältig und bunt für die sonntägliche Promenade herausgeputzt. Man trinkt Kaffee, isst ein Pain de Lemfu, ein Brötchen mit langezogenen Enden.

Der Kommandant fragt, ob man von der Ermordung des Motorraddiebes am vergangenen Mittwoch in Lemfu gehört habe. Augustin verneint. Jolie weiss offenbar mehr. Sie schaut aufgeregt fragend um sich und nickt vielsagend. Ein notorischer Motorraddieb, der schon mindestens zehn China-Töffs geklaut hatte, wurde in der Nacht beim Diebstahl eines Töffs aus dem Haus eines Mannes in Lemfu erwischt. Eine Frau schlug Alarm als sie den Burschen sah, wie er das Motorrad in der Dunkelheit aus dem Dorf schob. Eine Schar von Männern folgten ihm, stellten ihn und haben ihn kurzerhand bewusstlos geprügelt. Er sah wie ein blutiger Fleischklumpen aus. Die Leute haben es nicht ertragen, dass jedes Mal, wenn der notorische Dieb geschnappt wurde, er schon tags darauf wieder auf freiem Fuss war und provokativ und grossmäulig durch die Strassen stolzierte. Man hatte genug. Die Polizei konnte nichts machen. Als der zerschundene, blutende Bandit aufgefunden wurde, lebte er noch. Man hatte aber keine Mittel, um ihn nach Kisantu zu bringen. Wenig später starb er. Alle sind froh. Das war einer der ganz üblen Sorte. Zu ermitteln gibt es nicht viel, wenn mehrere Dutzend Menschen beteiligt sind, anonymisiert sich die Verantwortung.

Das Vertrauen in die Justiz ist bei einfachen Leuten sehr klein. Niemand kann es sich leisten für seine Verluste zu klagen vor Gericht. Aber wenn man einen solchen üblen Gauner erwischt, und eine Schar - wahrscheinlich Jungs, die selber als Motorradchauffeure ihr Geld verdienen – kurzen Prozess machen, kann man es als Notwehr der Bevölkerung betrachten. Nicht mal der Vater des Gauners wollte sich für seinen Sohn einsetzen. Er war erleichtert, dass er tot ist.

Der Kommandant erzählt, dass er vor kurzem einen Mann festgenommen habe, der seine Frau getötet hatte. Am nächsten Tag sei der Bruder des Mörders zu ihm gekommen mit einem Couvert von 500'000 Franc Congloaise, 250 Dollar. Er hätte es abgelehnt und dem Staatsanwalt gemeldet.

Und vor ein paar Tagen – erzählt der Kommandant weiter – sei der Kongolesische Erziehungsminister verhaftet worden. Er sass schon mit seinem Sohn im Flugzeug. Er hatte eine Tasche dabei mit zwei Millionen Dollars! Deshalb hat sein Ministerium den Lehrern monatelang keine Löhne bezahlt.

Jetzt sitzen der Herr Politiker und sein Sohn im Gefängnis, allerdings in einem anderen als in Kisantu, nämlich mit Bett und Fernseher und Toilette. Ausserdem hat der Herr Minister sicher viele mitbeteiligte Freunde, die sich den lukrativen Job zur Selbstbereicherung teilen.

Es ist deprimierend. Vor allem auch, dass man hier meint bei uns in Europa sei alles ganz anders und viel besser. Bei uns passiert das genau gleiche, einfach die Wege der Korruption sind etwas subtiler und Gaunerei "legalisiert", indem man die Mehrheit an der Beute beteiligt.

10. Mai 2021, Montag

Um Mitternacht habe ich die Lichtfalle eingeschaltet. Ich war fast die ganze Nacht wach. Hatte immer wieder eine Idee für einen Textfetzen, stand auf, schrieb, machte Kaffee, legte mich wieder hin, stand wieder auf, schaute an der Lichtfalle. Es fanden sich viele kleine Schmetterlinge ein, einige Sphingiden (Schwärmer). Erst zuletzt nach vier Uhr ein einziger Saturnide, ein Männchen von Bunaea alcinoe. Ich sah auch zwei drei kleine Lepidopteras, die ich bisher nicht gesehen habe. Einer davon war winzig und trug auf dem Vorderkörper eine Zeichnung, die bis ins Detail naturgetreu das Gesicht eines weisshaarigen Affen zeigte. Umwerfend! Die Nacht war bedeckt, mondlos, aber trocken.

Um 6.30 kommt Augustin um sich zu verabschieden. Er fährt nach Kisantu zum Gerichtsprozess. Der Polizeikommandant habe gestern noch in der Nacht den flüchtigen Zeugen Frère Jean festgenommen. Das ist der Schlüsselzeuge, der gerade neben dem Ort wo der Brand in Mvumbi Masa seinen Ausgang nahm, sein Feld hat. Er wird auch aussagen. Mvumbi Masa bedeutet übrigens in Kikongo Wasserleiche. Mvumbi=Leiche Masa=Wasser. Augustin kann aber nicht erklären woher der Name kommt.

Nsimba, der neue Zuständige für die Fische kommt mit Guelord vorbei und bittet mich um Geld um Brot für die Fische zu kaufen. Ich sage, dass Brot kein Futter sei für Fische. Ich würde um 9 Uhr bei ihm vorbeischauen. Die Pumpen sind offenbar abgestellt. Die Batterie also leer, oder der Inverter hat abgeschaltet. Wir werden sehen.

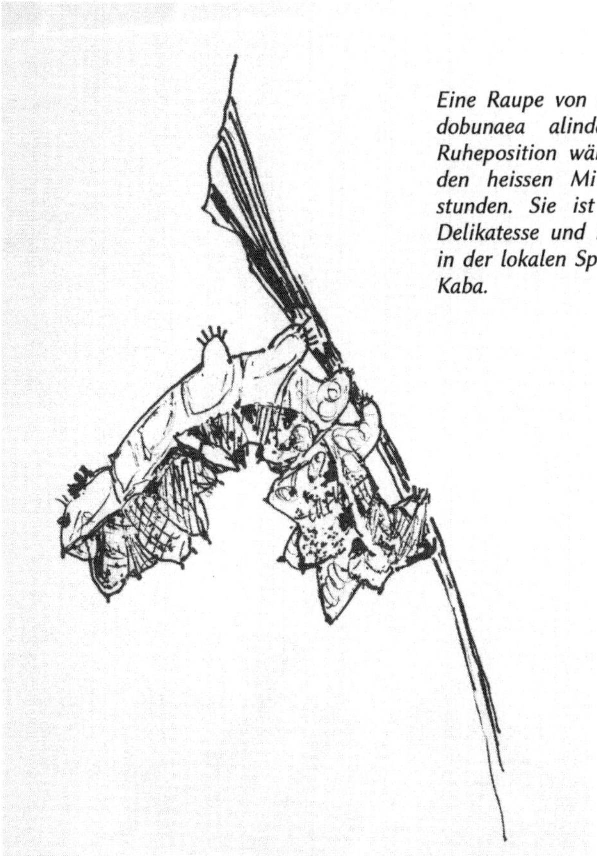

Eine Raupe von Pseudobunaea alinda in Ruheposition während den heissen Mittagsstunden. Sie ist eine Delikatesse und heisst in der lokalen Sprache Kaba.

Moïse, unser Chef des Insektenlabors, schaut vorbei. Wir reden über die zwei Generationen von Pseudobunaea alinda, die er nun bereits aufgezogen hat; draussen auf niedrig gehaltenen Büschen von Accacia mangium. Das sind hoffnungsvolle Ansätze der Domestizierung. Moïse ist bei guter Laune. Sein Computer habe aber ein Problem mit dem Bildschirm. Derjenige im Labor zeigt gar nichts mehr an; und demjenigen von Christian fehle eine Farbe der Anzeige. Höchste Zeit also, um ein Backup der Daten zu machen. Wir können dann später schauen, wie wir Ersatz finden. Seltsam, dass es gleichzeitig bei beiden Laptops passiert. Jedenfalls ein deutliches Zeichen dass die Verbindung zwischen Screen und Rechner unterbrochen oder defekt ist.

Leider sind meine Gonometa titan nicht zu einem Erfolg geworden. Zwei Weibchen seien geschlüpft, sagt Moïse, aber es habe keine Paarung stattgefunden und die Eier seien unbefruchtet gewesen und die Präparate kaputt gegangen. Schon wieder. Die Geschichte wiederholt sich. Ich werde da mit etwas Nachdruck stur bleiben. Es geht nicht, dass man Dinge ignoriert einfach deshalb, weil man sich selber nicht dafür interessiert.

Um 9 bin ich mit Nsimba zusammen. Er ist gerade daran die Tilapien zu füttern mit Termiten. Gierig nehmen die Fische die kleinen weissen Krabbler auf, die auf dem Wasser schwimmen. Die Pumpen haben wieder zu arbeiten begonnene. Offenbar stellt der Inverter selber ein, wenn genug Batteriespannung da ist. Den Kreislauf der drei Betonrundbecken richten wir neu ein. Eine der grossen Pumpen fehlt aber. Hat Dieumerci sie mitgenommen? Wahrscheinlich schon, denn Nsimba und Guelord nicken etwas verschämt. Dieumerci war schon zwei Monate nicht mehr hier. Der Herr Ingenieur, der als Chef der Fische angestellt war, hat seinen Posten einfach verlassen. Einige Facts seiner "Abreise" will man mir noch nicht zumuten. Ich werde nicht bohren. Augustin war wie immer sehr diplomatisch. Er hätte mit dem "Monsieur" dasselbe Problem gehabt wie mit Odon, den er vor ein paar Monaten entlassen hatte, weil er einfach nicht gemacht hat, was ihm aufgetragen wurde. Auch Dieumerci benahm sich von Anfang so, als sei er sein eigener Chef. Es fehlt vielen der jungen Männern hier die Erfahrung als Angestellte. Kaum haben sie ein Diplom erhalten, steigt es ihnen in den Kpopf. Sie lassen sich als "Herr Ingenieur" anreden und kommandieren andere herum. Verpflichtungen und Pflichtenhefte halten sie für freiwilllig. Dieumerci habe überall weitere Jobs gesucht, sei selten in Kilueka gewesen. Vermutlich hat er sich anderen als Berater verkauft und jetzt die Übersicht verloren, weil er noch zwei drei andere Jobs angenommen hatte und dabei alle vernachlässigte. Dann lernt man es eben so.

Ich vertraue Augustin, dass er richtig handelt mit Rücksicht auf das Team, das sich dumm vorkommt, wenn einer bezahlt wird dafür, dass er nicht da ist und für Andere arbeitet. Die Leute wissen viel mehr als jedem lieb ist. Man kann sie nicht täuschen. Gut, wenn man Konsequenz zeigt.

Augustin kehrt schon gegen Mittag aus Kisantu zurück. Der Prozess sei auf den 24. Mai vertagt, weil ein neuer Zeuge aufgetaucht sei. Frère Jean wurde in Untersuchungshaft gesetzt, weil er der Einladung nicht gefolgt war. Er habe sich mit Händen und Füssen gewehrt. Der Gerichtspräsident habe Augustin versichert Frère Jean werde bestimmt reden.

Wir besprechen ein entomologisches Problem. Eine zu grosse Zahl von frisch geschlüpften Schmetterlingen können die Hülle der Puppe an ihrem Körperende nicht abstreifen, verkrüppeln und schaffen es nicht sich zu paaren und Eier zu legen. Das Problem ist offenbar, dass die Puppenhülle nirgends fest gehalten wird, wenn der frisch geborene Falter am Kopfteil das vordere Beinpaar ausstreckt, um sich aus der Hülle zu ziehen. Das ist ein Problem, das wir selber kreiert haben, indem die Puppen offen auf einem Stück Stoff liegen und der Schmetterling sich deshalb nicht davon befreien kann. Die Lösung wäre, die Puppenhülle irgendwo festzukleben oder festzuhalten. Dies macht man normalerweise mit einem starken Stück eines schweren Stoffes, den man auf die Puppen legt, daran können die Schmetterlinge beim Herauskriechen die Puppenhülle abstreifen. Ich werde morgen mit Moise Lösungen besprechen.

Augustin und ich brechen auf zu einem kleinen Rundgang. Zuerst zur neuen Bäckerei. Sie soll einst die Versorgung der Menschen mit frischem Brot sicherstellen. Der Rohbau sieht prächtig aus, wirklich ein schönes und praktisches Gebäude. Zwei Probleme sind noch zu lösen. Das erste betrifft die Regelung des Feuers im Ofen. Normalerweise lässt man hier den Brennraum einfach offen. Damit das Holz nicht zu schnell abbrennt nimmt man feuchtes Holz. Das ist kreuzfalsch versuche ich Augustin zu erklären, weil dadurch erstens viel Energie verloren geht und der ganze Ofen durch zuviel Feuchtigkeit und Russ angegriffen wird. Man könnte viel Holz sparen, wenn man das Feuer regelt mit einem Schieber in der Türe, der den Luftzugang regelt. Ausserdem muss man ein Thermometer in den Ofen einsetzen, um zu wissen wann man die Luftzufuhr verkleiner kann, weil der Ofen zu heiss ist, respektive mehr Sauerstoff einlässt, um die Temperatur zu erhöhen. Augustin ist einverstanden dass ich einen Plan zeichne für die Türe.

Ganz neu ist bei dieser Bäckerei auch, dass wir die Abwärme des Ofens nutzen, um Raupen zu trocknen in einem gleich an den Ofen angrenzenden kleinen Raum. Hierzu fehlt noch eine Abdeckung über dem Ofen, die nun auch vermessen und fertiggestellt werden muss. Es wurde sehr gute Arbeit geleistet. Erstaunlich, was hier mit so wenig Mitteln machbar ist. Für den Betrag zur Errichtung dieser Bäckerei könnte man bei uns nicht mal das Porto für die Baubewilligungen bezahlen.

Ein noch ungelöstes Problem ist ein alter Safubaum, der hinter der Bäckerei etwas zu nah steht. Augustin wollte ihn dem Besitzer abkaufen, der den Baum von Vorfahren geerbt hatte. Augustin verhandelte. Der Besitzer wollte aber kein Geld, sondern Realersatz. Augustin kaufte deshalb zwei junge Safubäume im Nachbardorf Kijela und bot sie an. Der Besitzer lehnte aber ab. Augustin fand heraus dass der Mann in einer Kirche betet. Er kennt einen Priester dieser Kirche, mit dem er am Telefon sprach und ihn bat auf den Besitzer das Safubaumes einzuwirken, dass er einem Deal zustimmt. Erfolglos. Vielleicht muss Gott persönlich mit ihm reden.

Nun besichtigen wir das Mittelstück des Dammes, das der Architekt Richard nach unseren Plänen gebaut hat. Es ist ein befestigter Überlauf des Stausees, aus welchem Wasser in den Filter eines Bade- und Waschhauses geleitet wird. Die Umgebung des Mauerstücks ist drei Meter hoch mit Buschgras überwachsen, fast undurchdringbar. Ich bin schockiert: Der Damm ist viel höher als geplant, nämlich über zwei Meter ab Unterwasserniveau, statt wie geplant 120 Zentimeter. Dies wird ein riesiger See werden, sage ich Augustin vorwurfsvoll. Mehrere Hektaren! Das halbe Tälchen wird versinken. Zwei Rohre führen durch den Damm. Was sie zu bedeuten hätten, frage ich Augustin. Dies sei der Auslauf für die beiden Fischteiche. Das entspricht überhaupt nicht den Plänen, protestiere ich. Manchmal frage ich mich wirklich wozu man so lange Pläne zeichnet nur, um dann zu sehen, dass der Bauführer einfach macht, was ihm gerade in den Sinn kommt. Die beiden Rohre sind völlig untauglich und müssen zugemauert werden. Links und rechts von diesem viel zu hohen betonierten Überlauf den Erddamm aufzuschütten wird eine Heidenarbeit sein. Augustin hat bereits mit dem Chef eines Bauteams gesprochen, das nächste Woche mit einem Bagger vorbei kommt, um die Brücke von Mbondolo zu reparieren. Er wird die Baggerleute bitten gegen Entgelt den Damm aufzuschütten. Ich bin gespannt wie der Raupenbagger in das Tälchen hinab gelangt.

Eine Gruppe von Kindern bringen drei Kaba Raupen vorbei. Moise hatte mir versprochen die Dorfkinder zu informieren, dass sie Papa Daniel wieder Mbinzos und Makuakus bringen können. Und dass er für jede Raupenlieferung 500 FCC bezahlt. Das sind 25 Rappen. Die Kleinen investieren dies wenigstens nachhaltig in ein Stück Fisch oder Schiquang (Maniokbrot). Ältere sparen sich das Essen und laden ein paar Kreditpunkte auf ihr Handy.

11. Mai 2021, Dienstag

Die Lichtfalle habe ich um Mitternacht angeknipst. Den Wecker auf 5 Uhr gestellt. Als ich aufwache rieselt draussen in der finsteren mondlosen Nacht der Nebel in feinsten Tröpfchen herab. Wiesen und Blätter sind nass. Das Fangtuch der Lichtfalle ist voll von einer kleinen Art von Notodontiden. Ist es Minsangula, der Armyworm? Ich nehme ein paar Tiere für die Kollektion zum Präparaieren und Bestimmen mit. Es hat auch drei vier andere Insektenarten, die ich noch nicht kenne. Aber nur ein einziger Saturnide. Heute ist es ein schon altes und arg zerzaustes Männchen von Kaba, Lobobunaea phaedusa. Um 7.15 geht hinter einer am Boden liegenden Wolkenschicht die Sonne auf. Darüber ist es blau aber noch stark dunstig.

Augustin kommt um 7.30 Uhr. Er bestätigt, dass die hunderten von kleinen Faltern Minsangula sind, ein in Sichtweise der westlichen Agronomie "furchtbarer Schädling", hier aber ein beliebtes Speiseinsekt. Augustin wird die Travaileurs instruieren nach den Raupe Ausschau zu halten. Wir haben ja bereits einmal einen Zuchtversuch mit Achaea catocaloides durchgeführt. Die Tiere haben sich im Gehege des Pavillon des Chenilles gepaart, Eier abgelegt und die Raupen haben gefressen. Aber eine durchgehende Zucht ist nicht zu Stande gekommen. Soviel ich mich erinnern kann, sind die Raupen zu aktiv, haben die Pflanzen verlassen und sind entwischt oder am Boden gestorben. Eine interessante Art ist es aber auf jeden Fall, weil sie extrem polyphag ist und in riesigen Populationen auftritt, also vielleicht weniger Dichtestress Probleme hat als die grossen Saturniden.

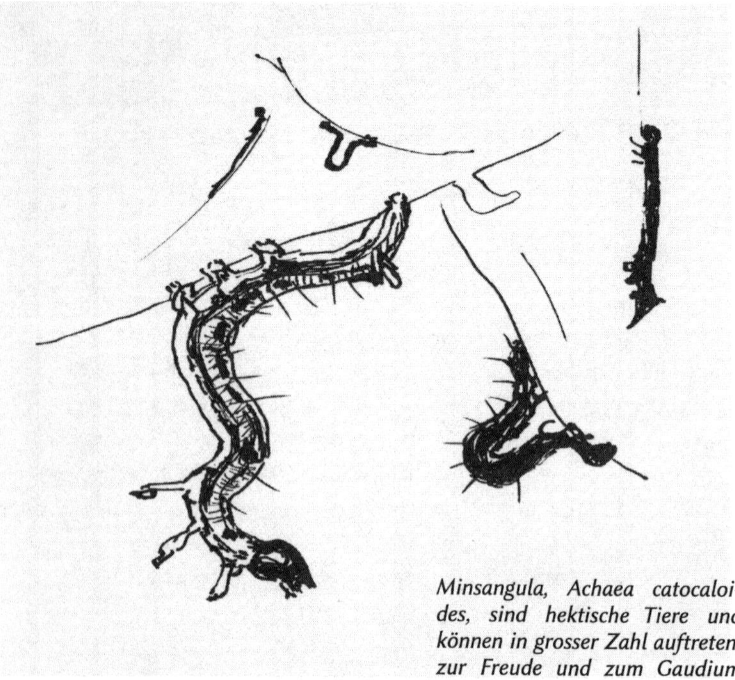

Minsangula, Achaea catocaloides, sind hektische Tiere und können in grosser Zahl auftreten; zur Freude und zum Gaudium der Einheimischen.

Das Problem mit der Zucht der Minsangula erklärt mir Augustin so. Die Eiablage findet meist zu oberst in den Sprosspitzen und Knospen von Bäumen statt. Um sich von dort zu verbreiten lassen sich die kleinen Raupen an feinen Fäden entweder vom Wind wegtragen oder seilen sich ab in tiefer, verborgenere Schichten des Waldes. Dies habe man auch im Pavillon des Chenille (unserem Aussengehege für Raupen) beobachtet. Da aber sei die Vegetation nicht so hoch gewesen und wenn die kleinen Raupen auf den Boden gefallen seien, sei es vorbei gewesen. Später ab L3 L4 (nach der 2. und dritten Häutung) hätte man sie ganz normal in Aerarien im Labor halten könne, indem einfach täglich gefüttert wurde. So hätte man die vielen Raupen vom Safubaum in Lemfu auch bis zur Verpuppung gebracht und damit eine neue Generation gegründet mit Paarung und Eiablage im Pavillon des Chenilles. Aber über die ersten beiden Raupenstadien ist man nicht hinaus gekommen wegen diesen "Filets", den feinen Fäden und Netzen an denen sie sich abseilen und verbreiten. Die Raupen findet man in Lemfu und Kinshasa auf dem Markt, manchmal getrocknet, oft aber auch gekocht in einer Art Suppe.

Wenn man Minsangulas findet, kann man sie erschrecken mit einem lauten Ruf : "Hüü!" Dann bewegen sie sich, oder man kann sie von den Bäumen schütteln wie Früchte und dann am Boden auflesen. Dies funktioniert sonst nur mit wenigen Raupenarten. Die Minsangula fressen einfach alles. Und sich können tatsächlich ganze Landstriche kahl fressen, da wo man sie nicht einsammelt und isst.

Augustin hat eine Überraschung für mich. Er sagt ich solle die Kamera mitnehmen. Wir spazieren hinunter zur Baumschule im kleinenTälchen, wo der Damm des Baignoire steht. Die Baumschule sieht prächtig aus. Ausserdem züchtet Augustin da Artemisia annua, um Samen zu produzieren für Martin Hirts Anamed in Deutschland.

Auf dem Weg fragt Augustin: "Und, siehst Du etwas?" Tatsächlich. An einem niedrig wachsenden Pomme cythère Baum leuchten orange, rote, schwarze und gelbe Raupen mit dicken Stacheln: Buneaa alcinoe. Die Delikatesse heisst hier Makedikedi, Eine Hundertschaft in L4, dem vorletzten Raupenkleid. Einfach beglückend eine solche Ansicht. Auch Augustins Augen leuchten. Er fürchtet allerdings, dass vorbeigehende Dorfbewohner sie entdecken könnten und als Leckerbissen mitnehmen. Morgen werden wir Moise bitten die Raupen zu schützen mit einem Moskitonetz, damit wir einige im Labor als Puppen aufbewahren können, um erneut Zuchtversuche druchzuführen.

Drei Kinder des Dorfes bringen mir Raupen vorbei. Drei grosse Saturniden, Athletes gigas, ein Sphingide und zwei L4 Gonometa titan Höllenhunderaupen. Ich bezahle 500 FCC jedes Mal. Etwas später kommt Jolie und sagt, dass die Kinder Raupen gestohlen hätten, um sie dann im Labor zu verkaufen. Ich verstehe. Sie will damit andeuten, ich solle nicht soviel Geld an die Kinder bezahlen. Das wird sie den Kids auch selber schon gesagt haben. Heute kommen sie wohl nicht mehr vorbei.

12. Mai 2021, Mittwoch

Lichtfalle um 23.30 eingestellt. Als ich um 5 Uhr aufstehe ist Augustin schon da und betrachtet die vielen kleinen Insekten mit seiner Stirnlampe. Es hat sich ein einziger Pseudobunaea pallens eingefunden. Immer noch sind viele Minsangula da. Aber erstaunlicherweise wenige Saturniden, verglichen mit anderen Zeiten, in denen ich hier war. Da gab es bei solchem Wetter ohne Mondschein selten Tage an denen nur ein Saturnide sich zeigte. Ausserdem sind ja jetzt viele Raupen zu sehen also müsste man erwarten können, auch die erwachenen Tiere zu sehen. Vielleicht aber - weil das Ende der Regenzeit naht - legen nicht mehr viele Falter Eier, weil ja bald weniger Nahrung zur Verfügung stehen wird, wenn der Regen aufhört. Und es scheint, dass gewisse Arten dann eine längere Dormance (Ruheschlaf) der Puppen zeigen in der Trockenzeit.

Was für ein Luxusleben darf ich führen. Hinter meinem Bildschirm, hinter den Bäumen hinter der Wiese vor dem Haus geht die Sonne auf und wärmt mein Gesicht. Ich lehne zurück, schliesse die Augen und geniesse das satte, dunkelrote Licht, welches von Blut und Augenliedern durchgelassen wird zu meiner Netzhaut. Wenn man sich etwas Zeit lässt tauchen auf dieser blutroten Leinwand traumhafte Bilder auf.

Mit Moise und Fanuelle bespreche ich kurz die Regelung für die Selektion von Elterntieren von Samia ricini, unseres Modellinsektes für die landwirtschaftliche Zucht von Speiseraupen. Wir nehmen immer die schnellsten und schwersten Exemplare einer Generation für die Weiterzucht. Das ist keine wirklich neue Regelung, aber man muss sie nochmals einschärfen. Wenn man – wie es geschehen ist, um sich die viele Arbeit zu ersparen – nicht die Schnellsten nimmt, also nicht die ersten, die sich verpuppen, sondern die Letzten, dann züchtet man sich eine Genetik heran, die das Gegenteil von dem ist was man sich wünscht, nämlich das, was wir jetzt leider vorfinden: Raupen mit schwacher Vitalität die langsam wachsen und eine hohe Streblichkeit aufweisen. Moise fragt, ob man nicht Neue bringen könne. Das ist typisch. Ich sage klipp und klar: Es ist Eure Aufgabe dies richtig zu machen und es geht nicht, dass man die Dinge aus Nachlässigkeit und Faulheit kaputt macht und dann sofort nach Neuen schreit. In Thailand und Indien machen die Leute dies seit 2000 Jahren richtig, also könnt ihr das auch. Wir werden mit der Waage die 20 schwersten Männchen und Weibchen bestimmen Puppen bestimmen und diese nehmen als unsere neuen Elterntiere.

Augustin und ich fahren mit Madilu und Nsuka, unseren beiden Motorradchauffeuern, nach Kilongi, in das Clangebiet der Vuzidi Nkuwu, des Stammes von Augustin. Es geht ein paar Kilometer auf der RN 16 Richtung Lemfu und dann nach rechts hinein in die Savanne. Auf den ersten paar Kilometern schlängelt sich der zwanzig Zentimeter breite Fussweg in einem etwa 2,5 Meter breiten, komplett zugewachsenen Strassentrassee durch drei Meter hohe Savannengräser. Zur Zeit der belgischen Kolonialisten wurde hier diese Strasse mit einem Trax gegraben. Heute fährt kein Camion mehr durch. Die Gräser branden bei der Fahrt zu beiden Seiten an den Lenker des Motorrades, weswegen die Enden der Lenkstange Schutzvorrichtungen enthalten, um die Hände zu schützen. Die Blätter der Gräser sind manchmal messerscharf und wenn sie ins Gesicht schlagen, können sie Schnitte in der Haut und auf der Hornhaut erzeugen. Zuerst bemerkt man diese gar nicht. Aber wenn man danach etwas Zitrone auf die Hand ausdrückt, spürt man ganz genau, wo die Schnitte sind.

Das Clangebiet der Vuzidi Nkuwu ist mehrere Quadratkilometer gross. Wir waren hier schon einmal, als wir die Quelle Nto Malanga besuchten, um zu erkunden, ob man eine Trinkwasser-Quellfassung machen könnte. Augustin hat ein grosses Stück des leicht hügeligen Geländes gekauft, um hier eine Auffrostung zu vergrössern, die schon vor mehrere Jahren begonnen wurde, Die Gesamtfläche schätze ich auf 20-30 Hektaren. In der Nähe des noch befahrbaren Weges - wobei befahrbar ein dehnbarer Begriff ist, der hier meint, wo man mit einem Motorrad gerade noch weiterkommt und nicht steckenbleibt, entweder im Boden oder im Gestrüpp - hat Augustin für seine im vergangenen Jahr verstorbene Mutter Theres einen kleinen Friedhof geschaffen und für sie ein Grab in schwarzem poliertem Marmor. Ich lege ein paar Blumen nieder und danke ihr, dass sie uns ihren Sohn Augustin hinterlassen hat. Dies wird der neue Friedhof sein für die erste Linie des Vuzidi Nkuwu Clans. Auch Augustin kann hier einmal ruhen, nicht aber seine eigenen Nachkommen, denn diese gehören nicht zu seinem Clan, sondern im traditionellen Matriarchat zum Clan seiner Frau.

Es wird vielleicht einigen aufmerksamen und nachdenklichen Kirchenbesuchern hier seltsam vorkommen, dass Gott seinen Sohn auf die Erde schickt, weil der doch gar nicht zum Clan Gottes gehört, sondern zu dem von Maria. Aber die religiösen Verwirrungen sind ja hier sowieso allgegenwärtig, weil überall nur Statuen und Heiligenbilder von Weissen herumstehen. Waren Gott und die Heiligen seines Stammes Albinos?

Wir beschauen uns das Terrain. Ich mache Fotos, um zuhause mit Landmaschinenbauern zu sprechen, welche Maschine zur Bearbeitung hier sinnvoll sind. Dann machen wir ein paar Erinnerungsfotos. Augustin bleibt mit den Arbeitern. Ich fahre mit meinem Motorrad Chauffeur zurück. An einer schmalen Wegstelle verkantet sich das Vorderrad unseres Töffs in einer Fahrrinne und wir stürzen kopfüber seitlich ins Gestrüpp. Aber glücklicherweise landen wir weich, rappeln uns auf und fahren weiter.

Fanuelle berichtet, dass die Kokons der Samias alle geöffnet und die Puppen gewogen seien. Männchen seien im Durchschnitt über zwei Gramm schwer und Weibchen auch. Die zwanzig schwersten Paare hat man aussortiert. Dann entwickelt sich ausgehend von einer Frage von Fanuelle ein Gepräch über die Pilzzucht, die sie im Prinzip recht gut zu kennen scheint.

Das einzige was fehlt ist offenbar die Brut, weil ihr Professor an der Uni ein Geheimnis daraus gemacht habe, woher er sie hat und wie sie hergestellt wird. Das ist typisch, sage ich, für Leute die angeblich eine Sache fördern wollen, sie aber im Grunde zerstören mit ihrer Geheimniskrämerei, die niemandem nutzt. Fanuelle kennt die Seitlingsartigen (Pleuroten) und einige der tropischen Unterarten: Flordia, Flamingo, Pulmonarius und noch andere Zuchtpilze, deren Namen sie allerdings nicht mehr präsent hat. Sie hat auch Versuche gemacht mit Substraten aus Bananestrünken, Palmen usw. Ich verspreche ihr, mit Augustin über die Neulancierung unserer Pilzprojektes zu sprechen, das wir schon einmal verschiedenen Hilfsorganisationen zur Finanzierung unterbreitet hatten.

Augustin hat mir am Morgen eine Papaya gebracht. Ich esse die Hälfte mit etwas Limonensaft. Das Paradiestor öffnet sich. Welche Wohltat und Erfrischung! Ich Glückspilz.

Nsimba verabschiedet sich um 15.30. Er spricht nicht gut französisch und versteht wohl auch wenig. Er habe die Schicht der Salvinia-Schwimmpflanzen im Katzenwelsteich entfernt. Ein Ngolo (Katzenwels) habe man in einem der Rundbecken gefunden, das für die Lemna-Wasserlinsenzucht gebraucht wird. Was der Fisch dort zu suchen hatte? Keine Ahnung. Ich werde morgen mit ihm besprechen, ob wir uns in der Fischzucht auf eine vernünftige Ordnung einigen können .

Der Tag war sehr heiss. Jetzt erinnere ich mich, dass ich am Morgen um fünf Uhr an der Lichtfalle eine Hermetia illucens, Soldatenfliege, oder eine sehr nah verwandte tief schwarze graphitglänzende Art gesehen habe.

Schon gegen 16 Uhr kommen kleine Mücken. Sie stechen vor allem an den Füssen und Armen. Deshalb ist es klug hier beim Eindunkeln Langärmeliges zu tragen und Socken. Aber daran denkt man bei fast 30 Grad nicht automatisch; erst zu spät, wenn es überall beisst und die Haut von Stichen örtlich hell anschwillt. Ausserdem bin ich natürlich ein leichtes Opfer, wenn ich still vor dem Computer sitze und viel zu lange Berichte schreibe. Sowas spricht sich rasch herum bei den Mosquitos.

13. Mai 2021

Ein Mann aus Kenia besucht uns. Er war schon ein Mal hier, hat sich umgesehen, kennt unser Mbinzo-Buch und unsere Videos. Es war abgemacht dass er Augustin eine Rolle Moskitonetz bringt, das nicht mit Insektizid behandelt ist und für unsere Aussenzuchten der Raupen verwendet werden kann. Er hat sie aber genauso wenig dabei wie die Gläser für den Honig, die er angab zu verkaufen. Sie seien in Kinshasa bei seiner Schwiegermutter geblieben. Der Besucher kennt aber nach eigenem Bekunden Prof. B. in G., Belgien, Prof. K. an der Universität Kinshasa, Leute in Wageningen und hat in seinem Labor nach eigener Darstellung schon alles gemacht, was wir hier machen und worüber wir im Internet und Buch berichtet haben: Gonometa gezüchtet, Anaphe, Seide gemacht aus Bombyx mori, selbstverständlich auch Samia ricini, obschon ich bisher nie von einer solchen Zucht in Afrika gehört hatte, er weiss wie man die Dormance von Cirina Forda Puppen abbricht mit etwas anderem als Hormon, wie man Fruchtfliegen bekämpft, wie man Stoffe macht und daraus Krawatten herstellt und wie man den Honig in einem exklusiven Geschäft im noblen Gombequartier im Herzen von Kinshasa gewinnbringend verkaufen könnte. Er kommt mir vor wie ein Hausierer, der an die Türe klopft und alles verkaufen kann von der Seife bis zum Staubsauger. Reden kann er jedenfalls. Ich glaube aber, dass er für ein Projekt, das er an Land ziehen will, die Referenz von Augustin Konda haben will, weil er der einzige ist, der etwas an Resultaten vorzuweisen hat und von dem es Videos auf Youtube gibt, die der Mann kennt. Weshalb sonst sollte er hierher kommen, wenn er schon alles selber macht?

Falls ich mal in Kenia bin würde ich ich jedenfalls gerne bei ihm einen Augenschein nehmen, um zu sehen was er mit Afrikanischer Seide gemacht hat. Er hat auf meine Frage, wie man denn die Kokons von Gonometa postica auflöse, nur geantwortet, dass man sie in kochendes Wasser werfe. Mir scheint, dass er da etwas unterschlagen hat, denn die Oxalate, die zur Verklebung der Seidenfäden benutzt werden, sind gar nicht wasserlöslich. Als ich dies erwähne wechselt er das Thema.

Er hat wie mir scheint unsere Videos auswendig gelernt. Mir kommt es manchmal vor als halte er uns einen Vortrag über all die Informationen, die wir ins Internet gestellt haben. Der Besucher aus Nairobi verabschiedet sich gegen 16.30 Uhr. Sein Redeschwall, der wie eine Nebelgranate wirkte, löst sich auf. Ruhe und Klarheit kehren ins Dorf zurück.

Vielleicht hat er tatsächlich über eine universitäre Verbindung eine halbe Million Dollars erhalten für ein Projekt um ein Produkt gegen die Mangelernährung von Kindern zu machen und nun sucht er dringend jemanden, der den Sachverstand hat und das Projekt realisiert für ihn. Genau so wie Prof. B. und Prof. K. die eine halbe Million Euros von einer europäischen Forschungsförderung für die Domestikation von Speiseinsekten erhalten haben. Sie haben einfach unser Projekt abgeschrieben und geschaut ob da Geld flüssig wird, ohne jegliche Kompetenzen zu besitzen, ausser ein paar vergammelte Container in einem heruntergekommenen Hinterhof des Campus, in denen man Hermetiafliegen hielt und ein paar Mehlwürmer.

Man muss vorsichtig sein, um nicht auf solche Schwätzer herein zu fallen, weil man meint sie würden selber etwas liefern. Meist suchen sie nur Sklaven, die für sie arbeiten, oder in der Wirtschaft sagt man denen "Subunternehmer", die man am Schluss nicht mal bezahlt. Diese Art von Wissenschaft-Kolonialimus hat in Afrika leider üble Tradition.

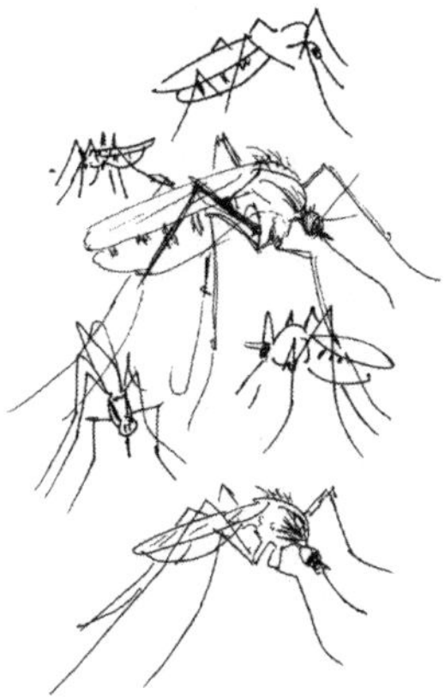

LOB DER VERGÄNGLICHKEIT

Morgens um Viertel nach Fünf ist Augustin schon an der Lichtfalle. Die leuchtende Installation besteht aus einem weissen Bettlaken, das zwischen zwei armdicken Bambusstangen aufgespannt ist. Sie wurde errichtet auf einer etwas erhöhten Wiese, von wo aus sie hinaus leuchtet in die Nacht über der afrikanischen Savanne. Vor dem Fangtuch ist eine 150 Watt Quecksilberdampflampe montiert, die über eine Drossel mit Energie von unserem "Maison d'Energie" versorgt wird, wo wir mit acht Solarpanels, vier Autobatterien und einem Inverter eine kleine Stromversorgung für allerlei Geräte gebaut haben. Damit können wir Kreissägen, Bohrmaschinen, sogar ein kleines Schweissgerät betreiben. Auch mein Computer, auf welchem ich jetzt gerade unter dem Vordach des Eingangs zum Ökonomiegebäude von Songa Nzila diese Zeilen schreibe, läuft mit dem Strom der afrikanischen Sonne.

Diese Lichtfalle habe ich 2017 hierher gebracht, um zu beobachten welche Arten von grossen Nachtschmetterlingen zu welchen Zeiten vorkommen. Das Monitoring der Insektenpopulationen ist für die hiesigen Bewohner wichtig, weil die grossen Raupen von Saturniden-Nachtfaltern zu den begehrtesten und reichhaltigsten Nahrungsmitteln zählen, die hier seit Menschengedenken gesammelt werden. Die grossen und nahrhaften Raupen von Nachtfaltern stellen einen wesentlichen Beitrag dar zur Ernährungssicherheit nicht nur in der Savanne der Provinz Bas-Kongo in der Demokratischen Republik Kongo, sondern fast überall im ruralen Subsahara Afrika.

Eine Lichtfalle funktioniert so, dass ultraviolette Anteile des Lichtes in der Nacht Insekten anzieht, die sich auf ihren Verbreitungsflügen an Lichtquellen orientieren, vor allem an Mond und Sternen. Wir imitieren also mit dem zwei Mal drei Meter grossen leuchtenden Leintuch den Mond. Und wenn die Tiere ihn – wohl zu ihrem eigenen Erstaunen - erreicht haben, setzen sie sich auf das ausgespannte Mondtuch und wir können sie in Ruhe studieren und Präparate machen für Artbestimmungen.

Die Nacht war günstig, denn der richtige Mond ist hinter Wolken versteckt. Nur einige Sterne funkeln. Wenn nämlich der richtige Mond hell und voll am Himmel steht, haben wir mit unserem mickrigen Lämpchen keine Chance.

Das kleine Dorf Kilueka mit seinem Dutzend Lehmziegelhütten und rund hundert Bewohnern liegt praktisch unter dem Äquator. Hier gibt es keine Jahreszeiten wie in Europa, sondern nur einen Wechsel von Trocken- und Regenzeiten, an denen sich auch die Insektenwelt mit ihren Lebenszyklen angepasst hat. Es gibt Arten, die während drei Monaten der Trockenzeit im Boden verborgen als Puppen schlafen, bis sie vom nächsten Regen geweckt werden, während andere sich gerade auf die Trockenzeit spezialisiert haben. Eine immense Biodiversität.

Von den etwa vierzig Arten von sehr grossen Nachtfaltern, deren Raupen hier Mbinzo heissen, was soviel bedeutet wie: "Raupen die man essen kann", sind einige in ihrem Vorkommen kritisch bedroht. Der Sog des Millionenmolochs Kinshasa hat dazu geführt, dass Wälder bis weit ins Hinterland abgeholzt und zu Holzkohle verarbeitet wurden. In Kinshasa kochen die meisten der schätzungswiese fünfzehn Millionen Menschen mit Holzkohle. Strom und Wasser haben nur die wenigsten im Haus. Die Elektrizitätsversorgung ist eine Lotterie. Mal hats Strom, mal hats keinen. Kinshasa ist eine absurde Metropole. Selbst im Stadtkern sind die meisten Strassen ungeteert und bei Regen sind überall gefährlich tiefe Löcher mit Wasser gefüllt. Hochhäuser gibt es wenige. Im Grunde genommen besteht dieser afrikanische Siedlungs-Moloch aus hundertausenden von einstöckigen Hütten, ein krebsartig ins Unermessliche wucherndes afrikanisches Dorf. Die paar Strassen sind immer hoffnungslos verstopft. Es dauert Stunden, um den Verkehrs-Infarktpatienten Kinshasa zu verlassen, oder in sein Zentrum hinein zu gelangen.

Durch grossflächige Abholzungen sind im Bas-Kongo die Habitate der Mbinzo stark dezimiert. Einige Arten verschwanden, wie zum Beispiel die berühmte "Ngala" genannte Raupe von Cirina forda, die seit zwanzig Jahren im Bas-Kongo ausgestorben ist. Augustin Konda hat versucht diese für die

Grundernährung der Menschen wichtige Art wieder anzusiedeln mit Populationen, die er aus dem östlich gelegenen Bandundu herbeigeschafft hat. Erfolglos. Die eingeführten Insekten verweigerten die Nahrungspflanze, auf der im Bas-Kongo die Tiere ursprünglich zu finden waren. Ausserdem verbringen die Puppen fast zehn Monate schlafend im Boden.

Heute haben sich an der Lichtfalle drei Männchen von Bunaea alcinoe eingefunden, ein Männchen von Imbrasia epimethea und ein Männchen von Nudaurelia dione. Die Raupen dieser Nachtfalter sind allen Einheimischen bekannt. Schon die kleinsten Knirpse kennen ihre Namen: Makedikedi, Mvinsu und Bisu heissen sie in der Sprache des Kikongo, aus der Ethnie der Bantus, die ihre Herkunft auf das Ntotila Kongo, das alte Kongo Königreich zurückführen, mit noch heute typisch afrikanischen, matriarchalen Clanstrukturen.

Bis zum Beginn unseres Projektes Mbinzo wusste kaum jemand im Dorf Kilueka, dass aus den schmackhaften Raupen, die als Symbol des Reichtums und als Geschenk aus dem Füllhorn der Natur gelten, einmal Schmetterlinge werden. Sie verpuppen sich versteckt im Boden. Die erwachsenen Falter sieht man nur nachts, wenn alle schlafen. In den traditionellen Erzählungen heisst es deshalb, dass Vögel die Eier bringen aus denen die Raupen schlüpfen. das erinnert an die Störche, die bei uns die Kinder bringen.

Die afrikanischen Nachtfalter der Saturndiden, zu denen auch die Seidenspinner zählen, gehören zu den grössten Insekten der Welt. Oft erreichen sie Flügelspannweiten von über zwanzig Zentimetern. Die Raupen wiegen gelegentlich mehr als dreissig Gramm. Eine Nacht an der Lichtfalle zu verbringen ist ein unvergessliches und eindrückliches Ereignis, das leider nur Wenigen vergönnt ist. Erst in den frühen Morgenstunden, zwischen vier und fünf Uhr, wenn die Temperaturen unter den Taupunkt fallen und manchmal dichter Nebel herrscht, aber auch bei strömemdem Regen flattern die spektakulären Schmetterlinge ans Licht. Es sind fast ausschliesslich die Männchen, denn Weibchen warten gut geschützt in einem Baum und verströmen ihre betörenden Pheromone, um einen Partner zur Paarung anzulocken. Dies muss schon in der ersten Lebensnacht gelingen, denn die prächtigen Falter essen und trinken nichts. Sie zehren von dem, was sie sich in der Raupenphase ihres Lebens angefressen haben. Nicht einmal Mundwerkzeuge besitzen adulte Nachtfalter. Sie leben von Luft und Liebe. Schon 24 Stunden nach dem Schlupf beginnt das Weibchen mit der Eiablage; selbst dann, wenn die Eier noch gar nicht befruchtet sind. Die Zeit drängt. Die Tiere leben nur drei bis vier Tage.

Für uns Forscher hat die Kurzlebigkeit der Saturniden einen entscheidenden Vorteil. Wenn ein Falter dieser Arten an der Lichtfalle zu sehen ist, wissen wir mit Sicherheit, dass es irgendwo in der Umgebung in wenigen Tagen neue Raupen geben wird. Damit können wir einen Kalender der Erscheinungszeiten der Mbinzo erstellen und herausfinden, ob es sich um Arten mit nur einer Jahresgeneration handelt, oder um solche, die in raschem Wechsel mehrere Generationen pro Jahr hervorbringen. Das Projekt ist weltweit einzigartig. Wir erforschen, ob unter den vielen Arten der Mbinzo sich solche befinden, die sich als landwirtschaftliche Nutztiere der Zukunft eignen. Die Fortschritte, die wir in diesem Neuland machen, sind auch für uns selber erstaunlich.

Vier Tage Lebenszeit sind kurz. Was würden wir wohl unternehmen, wenn wir nur vier Tage zu leben hätten? Meine Rest-Lebenszeit – ich bin jetzt 63 Jahre alt – beträgt vielleicht noch 20 Jahre, vielleicht aber ist es morgen schon vorbei. Das ist auch gut so. Wir klammern uns wahnsinnig an unsere Lebenszeit hier. Warum? Weil es uns gut geht und wir kaum Sorgen haben unseren Körper zu erhalten. Es gibt immer genug Nahrung, genug Medizin und Hilfe. Von allem Materiellen gibt es im Überfluss. Hungert vielleicht im Überfluss die Seele?

Ist es nicht absurd, dass gerade diejenigen, die schon alles haben, unersättlich sind? Die Alten wollen noch länger leben. Die Satten wollen noch mehr fressen. Die Reichen wollen noch mehr Geld anhäufen. Was fehlt ihnen denn, dass sie so unsinnig gierig sind? Ist es eine andere Zeit, eine andere Nahrung und ein anderer Reichtum, den sie suchen? Suchen sie aus blanker Verzweiflung am falschen Ort? Oder aus Wut und Trotz wegen der

Vergänglichkeit des Materiellen? Oder wegen ihrem neurotischen Zwang aus der materiellen Welt ein Paradies machen zu wollen, um sich darin selber zu erlösen? Vielleicht wäre es besser passiv: Das Paradies, das die Welt schon ist, zuzulassen; den willentlichen Zugriff auf die Welt zu lockern; sie für uns das sein zu lassen, was das Orakel meint: Reiner Zufall, der nichts bedeutet. Ein Geschenk, das uns zufällt und ist was es ist.

Vielleicht aber benötigen wir dazu einen anderen Begriff von Natur und einen anderen Begriff von Naturwissenschaft. Einen nämlich, der das Lob der Vergänglichkeit nicht anstimmt als Grabgesang auf Lebendiges, sondern als dessen Befestigung. Vergänglichkeit als Mauer des Gartens Eden; als Prüfstein für unsere innere Befestigung im Ewigen. Zeit und Dauer als schützendes Kleid unseres Ewigen.

Vom Ewigen und Lebendigen kann man nichts wissen. Der Glaube daran ginge jedoch gut zusammen mit Wissenschaft. Die Wissenschaft muss dazu aber ins Lebendige eingebunden sein, sonst ist sie nichts weiteres als ein in sich selbst verliebtes, narzistisches Spiel.

Wissenschaft befasst sich mit den Gesetzen des Materiellen, des Körpers. Der Körper ist aber Nichts ohne das Lebendige, das ihn erschafft, erhält und beseelt. Eine Naturwissenschaft, die den Bezug zum Lebendigen verloren hat, produziert nur sinnlosen Blödsinn und wird missbraucht, um absurde Phantasmen von Machtgierigen im Auftragsverhältnis zu "beweisen". Wissenschaft braucht den Bezug zum Lebendigen. Nein, vielmehr so: Die Wissenschaft empfängt ihre Berechtigung einzig vom Lebendigen. Für sich selber ist sie Nichts. Mir kommen deshalb heute Mathematik, Physik, Medizin und Rethorik oft vor wie Hämmer ohne Nägel, Sägen ohne Holz, Löffel ohne Suppe, Studieren ohne Realität, Politik ohne Volk. L'art pour l'art. Fruchtloses Gewixe. Aber zum Glück vergänglich.

1 

2 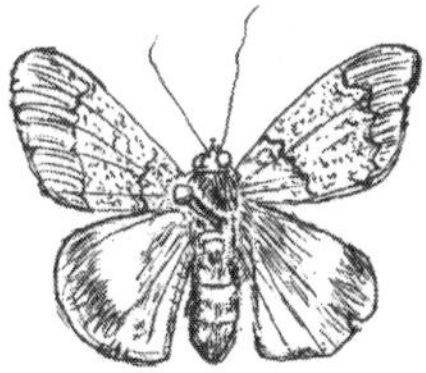

1 Ephihora ploetzi. Typisch sind die Schlangenköpfe an den Enden der Vorderflügel.
2 Minsangula, Achaea catocaloides.
3 Noch nicht identifizierte Art eines Schwärmers.

3 

15. Mai 2021

Vor dem Abendessen kommt Madilu vorbei, einer der beiden Motorrad Chauffeure. Er war in Kilongi im Einsatz, wo man versucht hat, am Aussenrand einer Aufforstung ein Feuer so zu legen, dass ein Streifen entsteht, auf dem kein Savannengras mehr wächst, sodass im Falle eines Buschbrandes das Feuer dort stoppt und nicht in die Aufpflanzung eindringen kann. Man fand aber, dass das Gras noch zu nass sei und nicht richtig brennen wollte. Man werde es wohl in zwei drei Wochen nochmals versuchen.

Es scheint sich zu konkretisieren, dass wir eine grosse Reise auf dem Kongofluss machen können. Augustin informiert sich bereits über grosse Schiffe, die da unterwegs sind, und uns auch einen gewissen Komfort bieten würden. Denn so wie Kongolesen auf Kongoschleppern reisen, ist es wohl keine angenehme Expedition, wenn sie mehr als einen Monat dauert: Schlafen an Deck, Ohne Dach. Im Regen. Essen aus dem Rucksack, Toilette irgendwo. Eine Kabine wäre toll. Früher gab es sogar touristische Passagierschiffe. Aber diese Zeiten sind längst vorbei. Der Kongo zählt zu den am wenigsten touristischen Ländern des Planeten. Dabei hätte das Land so viel zu bieten. Aber die Infrastruktur ist katastrophal und die Preise sind horrend im Vergleich mit Asien, oder Südamerika.

Der Hauptgrund für die exorbitanten Preise ist der, dass das Land praktisch nichts selber produziert. Bodenschätze werden von internationalen Börsenkonzernen ausgebeutet und das Geld landet in der Tasche von Aktionären, korrupten Beamten und Politikern, Generälen und Milizen. Reiche westliche Länder exportieren ihre Überschüsse mit staatlichen Subventionen nach Afrika und zerstören damit die einheimischen Produktionen. So geschehen mit vielen Konservenprodukten, Milchpulver, Kaffepulver, Tomatenpaste, Tee, Maschinen, Verpackungen, Baumaterial, 90% Importe. Die Textilindustrie wurde zerstört mit Billigimporten aus China und mit den "Kleiderspenden" aus Europa. Viele andere Bereiche werden mit Müll aus Industrieländern geflutet: Maschinen, Werkzeuge, Kochtöpfe, Elektronik, Handys. Mit diesen "Geschenken" treibt man viele afrikanische Länder erst recht in eine toxische Abhängigkeit von Hilfsorganisationen, Kirchen, Wirtschaftsfonds, Entsorgungsfirmen und "Wohltätern" wie Bill Gates, die mit ihren Milliardenstiftungen in Afrika ganze Regierungen aushebeln, ersetzen und sich auch so aufführen, einfach mit dem Unterschied dass sie keine Verantwortung übernehmen; eine Entwicklung, die man neuerdings auch in Europa im Zuge der Corona-Idiotie im Detail studieren kann.

Ich verstehe sehr gut, sage ich Augustin, dass es den Stolz der afrikanischen Menschen verletzt, wenn sie stets dazu gezwungen sind zu betteln und erst noch bei denen, von denen sie zuvor beraubt und ausgebeutet wurden und die es noch weiter tun. Der Mensch möchte doch für sich selber sorgen können und auch – wenn er mit Kraft und Gesundheit beschenkt wurde – für Andere, Schwache, Bedürftige seiner Gemeinschaft und seines Volkes. Diese Erfüllung ist vielen Afrikanern versagt. Sie dürfen immer nur anstehen in den langen Schlangen vor den Verteilzentren der Hilfswerke.

Das Bild des Opferstockes kommt mir in den Sinn, der früher an Ausgängen von Kirchen aufgestellt war; ein verneigter, mit vorgestreckten, zur Schale geformten Händen bittender Negerjunge, der mit dem Kopf nickt, wenn man durch einen Schlitz Geld einwirft. Das ist heute noch so. Wieso gibt es keine Ansätze, die diesen Irrsinn beenden, dass man mit falscher Hilfe und falscher "Gutherzigkeit" die Eigeninitiative und Würde der Menschen abwürgt?

Mir kommt dies oft in den Sinn, weil ich ja selber in einer solchen Lage bin als weisser Berater. Manchmal rege ich mich auf, dass man meine Pläne und Vorgaben und Abläufe missachtet und den Eindruck habe, dass man nicht will, dass Dinge funktionieren, die sie nicht kennen. Ja, ich weiss: Es ist eine doofe und ungerechte Unterstellung, dass es bewusst geschieht, aber es ist ebenso offensichtlich, dass Widerstände gegen Hilfe ein gewichtiger Faktor sind, weshalb Projekte nicht funktionieren. Es ist als wollten die Leute sagen: "Wir können das auch selber. Lasst uns doch einfach in Ruhe. Ihr werdet sehen. Wir können das." Diesen Stolz und diese Freude der Autonomie und Mündigkeit hat man vielen Menschen genommen, indem man sie zu Nicknegerlein von "Wohltätern" degradiert hat. Mit dieser Einsicht kann ich manchmal auch ertragen, dass sie ihre eigenen Wege gehen wollen. Solche, die ich im Moment nicht verstehen kann.

Wo ist eigentlich der Mond geblieben? Ich habe ihn seit meiner Ankunft hier vor bald zwei Wochen nie gesehen in der Nacht? Auch Augustin und Jolie können es nicht sagen. Vielleicht war gerade Neumond, ein Tag der hier als Beginn eines neuen Monates im Kalender eine wichtige Bedeutung hat, nicht unbedingt als Feiertag, aber als Rythmus.

16. Mai 2021

Um 5 Uhr 15 ist Augustin schon an der Lichtfalle. Schwarze Nacht. Es herrscht dicker Nebel. Grosse Nebeltropfen leuchten im Lichtkegel meiner Stirnlampe. Der Boden ist nass wie nach einem Regen. Die Trockenzeit hat begonnen, konstatiert Augustin. Du wirst sehen, dass es im Juni noch viel dickeren Nebel hat. Da siehst du dann kurz vor Tagesanbruch kaum die Bäume in drei Meter Entfernung.

Die grosse Zahl von Neyvamyrex Männchen sammeln wir ein, um sie den Fischen vorzuwerfen. Auch die Hühner sind ganz scharf auf diese fliegenden Würstchen. Jetzt, wo die Lichtfalle regelmässig brennt, ruckeln und glucksen die Hühner morgens in Scharen herbei, weil sie genau wissen, dass es im Umfeld der Lichtfalle bei Tagesanbruch viele Insekten zu picken gibt. Insekten sind mit grossem Abstand das wichtigste Futter der Hühner.

Weil ich in meinem Zimmer ein Aerarium mit hundert Neyvamyrex Ameisen aufbewahre, um sie später zu verfüttern, hören die Hühner die Geräusche der Insekten und umlagern erwartungsvoll und in grosser Zahl den Hauseingang, allerdings in sicherem Abstand zu mir. Sie scheinen zu wissen, dass sie unter dem Vordach des Hauses nichts verloren haben. Aber sie wissen auch, dass es im Haus noch andere Aerarien mit anderen Insekten und Raupen gibt, die ihnen das Wasser im Schnabel zusammenlaufen lassen.

Dämmerung um 18 Uhr. Augustin besucht im Nachbardorf seine Grossschwester. Ihre Nichte leidet an einem grossen Geschwulst am Fuss. Man kennt diese Krankheit, sie führt zu aufreissenden eitrigen und blutenden Wunden und manchmal legt sie sogar Knochen frei. Anibiotika würden verschlimmernd wirken. Ist es Leischmaniose? Augustin berichtet am Abendessen, dass ein indigener Herbalist die Behandlung durchführe, ein Initiierter, der dies beruflich macht, aber keine schulmedizinische Ausbildung besitzt. Seine Medizin sei sein Geheimnis. Augustin fragt mich, ob ich es erfahren wolle? "Nein, wozu?" antworte ich: "er muss doch selber wissen, wann und wem er etwas preisgeben will von seinen Kenntnissen. Solange er bei seinen Patienten erfolgreich ist, scheint jedenfalls das Geheimnis bei ihm gut aufgehoben."

Die Nacht senkt sich über den Sonntagabend. Eh Voila! Hier ist ja der Mond, halbhoch über dem Südhimmel. Eine hauchdünne zunehmende Sichel. Es war Leermond, deshalb habe ich ihn nicht gesehen. Die Mücken sind sehr lästig. Ich muss wieder Socken und die Regenjacke anziehen. Sonst ist mein Arm noch mehr verstochen. Das Problem scheint für Augustin nicht zu existieren. Das einheimische Gemück wünscht sich exotisches Blut. Sie sind unzimperlich. Man hat in Moskitoland nicht gelernt Blutspender um Erlaubnis zu fragen.

SCHMETTERLINGE TÖTEN

Sokrates: Sei gegrüsst, werter Kollege Danielos. Ich höre gerade, dass sich die Athener Sorge machen über ein paar Merkwürdigkeiten Deiner Arbeit. Hast Du etwas Zeit, um Dich mit mir darüber zu unterhalten?

Danielos: Aber sicher. Es ist mir eine Ehre. Setzen wir uns da hin in den Schatten der Platane. Worum geht es denn?

Sokrates: Man erzählt sich, dass Du Schmetterlinge tötest.

Danielos: Ja, das gehört zu meiner Arbeit.

Sokrates: Und dass Du sie danach auf Nadeln aufspiesst, trocknest und in Kästen aufbewahrst.

Danielos: So ist es.

Sokrates: Du weisst, lieber Danielos, wie rasch sich das Volk ängstigt und zu seltsamen Affekthandlungen bereit ist, wenn es verunsichert ist und nicht weiss, was es von einer Sache halten soll. Einige Leute meinen Du seist wohl ein Sadist, der gerne Tiere quält. Schmetterlinge sind doch Symbole für die Leichtigkeit des Lebens, wie sie schwerelos und bunt im Sonnenschein von Blume zu Blume gaukeln. Sie schaden niemandem, sondern beglücken unser Auge mit ihrem fröhlichen Tanz. Und dann kommt der bärtige Danielos daher und steckt sie auf Nadeln.

Danielos: Ich kann es verstehen. Du hast es trefflich gesagt.

Sokrates: Wie tötest du denn die Schmetterlinge?

Danielos: Ich versuche sie von Hand zu erhaschen, indem ich die Vorderflügel zusammenhalte, dann nehme ich eine Spritze in meine rechte Hand, in welche ich einige Tropfen von Salmiakgeist aufgezogen habe. Die Nadel stecke ich zwischen den drei Beinpaaren durch den Chitinpanzer in den Körper des Insektes und drücke wenig von dem Salmiak hinein. Das Tier stirbt dabei sofort.

Sokrates: Du sprichst von Beinen und Beinpaaren des Insektes. Ist es nicht etwas weit her geholt, diese kleinen, ästchenartigen Zappelzeiger, die man von Käfern und Spinnen kennt als Beine zu bezeichnen? Es ist ja dasselbe Wort, das wir für unsere eigenen Beine verwenden und die sehen doch ganz anders aus. Man könnte also – wenn du von den Beinen der Schmetterlinge sprichst - meinen, sie hätten daran Knie und Füsse mit fünf Zehen wie bei den Menschen.

Danielos: Ja, dies ist ein Problem. Aber schau: Bei den Vögeln ist es auch so. Man nennt ihre zwei steckenartigen Glieder, mit denen sie sich fortbewegen, auch Beine, obschon sich ihre Knie – anders als beim Menschen - nach hinten biegen und sie nur vier Zehen haben statt fünf, wovon einer meist sogar beim Vorwärtsgehen nach hinten zeigt.

Sokrates: Dies würde bedeuten, dass das Wort Beine gar nicht unsere eigenen Beine meint, sondern viel allgemeiner eine Konstruktion eines Körpers, um sich damit fortzubewegen?

Danielos: Genauer noch: Um sich damit auf dem Boden fortzubewegen.

Sokrates: ... oder auf einer anderen Unterlage, zum Beispiel einem Ast eines Baumes, oder auf einer Blume.

Danielos: Wir kommen der Sache näher.

Sokrates: Aber wir schweifen ab. Lass uns erörtern, wozu Du Schmetterlinge tötest. Welche Gründe kannst Du anfügen, um den Leuten klar zu machen, dass das Töten dieser Tiere einen Sinn macht?

Danielos: Du weisst , dass es viele verschiedene Schmetterlinge gibt, die man leicht von Auge unterscheiden kann. Dunkle, weisse, rote, solche mit Augenzeichnungen, behaarte, aber weisst Du auch, dass alle diese Wiesengauckler früher Raupen waren, die meist Blätter von Pflanzen fressen?

Sokrates: Eine waghalsige Behauptung. Gibt es dafür Beweise?

Danielos: Ja, durchaus: Man kann mit etwas Geduld beobachten, dass sich Raupen am Ende ihrer Fresszeit zu starren Puppen verwandeln und dann später daraus Schmetterlinge ausschlüpfen, die sich paaren und Eier legen.

Sokrates: Es ist das erste Mal, dass ich sowas höre.

Danielos: Vieles, was wir noch nie gehört haben, haben wir nur deshalb noch nie gehört, weil es bisher niemanden interessiert hat. Wen kümmert es schon, woher die Schmetterlinge kommen? Sie sind ja zu nicht nutze.

Sokrates: Ich höre Dir gerne zu. Fahre weiter.

Danielos: Der Bauer, der sich für seine Hühner interessiert, oder für seine Tauben, der weiss ja auch, dass sie aus Eiern schlüpfen. Und bei den Ziegen und Schafen weiss auch jedes Kind, dass sie lebendige Lämmer gebären. Das ist kein Rätsel, weil wir sie ja selber züchten und als Nutztiere und Haustiere halten.

Sokrates: Du meinst also, dass unser Interesse, oder besser: unsere absichtsvolle Einstellung zu den Dingen unseren Wissensdurst beflügelt?

Danielos: Ja, zweifellos, und auch die Sprache herausbildet. Kennen wir nicht von den Ziegen Dutzende von Varianten mit Namen und Wörter wie Hörner, Euter, Fell, Klauen, Bock, Meckern, melken, Käse, Joghurt, Pansen.

Sokrates: Gut erwähnst Du das: Ich hätte fast vergessen beim Metzger Xanthos das Stück des Ziegenpansens abzuholen, das ich gestern bestellt habe. Sonst gibt es wieder ein Donnerwetter, wenn ich ohne Einkauf zu Xanthippe nach Hause zurück kehre.

Danielos: Aha! Und da macht es dann den Athenern keine Sorgen, dass man Ziegen tötet?

Sokrates: Man kann sie ja nicht leben lassen, wenn man sie essen möchte.

Danielos: Da hast Du allerdings recht.

Sokrates: Ich glaube sogar, dass die Athener es verstehen würden, dass du Schmetterlinge tötest, wenn man sie zu einem feinen Meze, oder einer Wurst verarbeiten könnte.

Danielos: Genau so ist es in Afrika. Da werden zwar nicht die Schmetterlinge, aber ihre fetten Raupen gegessen. Es sind höchst geschätzte Delikatessen, wie unsere eigenen wild gesammelten Tiere von den Hirschen, Murmeltieren, Hamstern, Siebenschläfern zu all den Vögeln, ihren Eieren, und den tausenden von seltsamen Muscheln, Krebsen, Garnelen, Kalamaren und den Spinialos, den Eiern der Seescheiden von Kalimnos. Man kennt in Afrika mehrere Dutzend Raupen, die man in Wäldern und in der Savanne sammelt und isst. Und ich möchte herausfinden, ob es unter ihnen bestimmte Arten gibt, die man als Nutztiere züchten und halten könnte wie Ziegen, Schafe, Hühner und Tauben.

Sokrates: Wozu soll man sich diese Arbeit machen, wenn man sie in den Wäldern sammeln kann?

Danielos: Es gibt immer weniger der beliebten Raupen, weil man die Wälder abholzt, aber nicht um Schiffe zu bauen wie die Griechen, sondern um Holzkohle herzustellen für die Küche.

Sokrates: Wechseln wir das Thema. Man spricht nicht gerne darüber, dass einige unserer schönsten Inseln der Ägäis kahl und unbewohnbar geworden sind, seit wir die Wälder für den Schiffbau abgeholzt haben; nur um später zuzuschauen wie diese Schiffe in den Seeschlachten zerstört und versenkt werden und nun auf dem Grund des Meeres liegen zusammen mit den Gebeinen einiger unserer besten Krieger.

Danielos: Das macht den Athenern offenbar weniger Sorgen, als wenn ich einen Schmetterling töte, um heraus zu finden, ob man sie zum Nutzen der Menschen züchten könnte.

Sokrates: Ah, da kommt ja der Metzger Xanthos und bringt mir den Ziegenpansen!

Xanthos: Ich laufe Dir nicht nach, lieber Sokrates wegen dem Ziegenpansen, oder wegen dem bisschen Geld, das sich heute damit verdienen lässt. Aber ich will einfach verhindern, dass Xanthippe wieder mit Töpfen nach Dir wirft und die ganze Agora von Deinem Eheunglück tratscht.

Sokrates: Das ist lieb von Dir, geehrter Metzger Xanthos. Aber jetzt wo Du da bist. Darf ich dich etwas fragen?

Xanthos: Nur wenn es nicht so lange dauert, wie das letzte Mal als wir von deinem Besuch beim Orakel von Delphi sprachen und ich deswegen alle meine Kunden verärgert habe, die vor meinem geschlossenen Laden warteten.

Sokrates: Ich werde mich kurz fassen. Es geht also darum: Die Athener empören sich, dass Danielos Schmetterlinge tötet für ein Forschungsvorhaben. Und die Frage, die ich für Dich nun bereit stelle, lautet: Ist es weniger verwerflich eine Ziege zu töten?

Xanthos: Was wollen wir über Moral reden? Man kann Ziegen ja nicht leben lassen, wenn man sie essen möchte.

Sokrates: Meine Worte.

Xanthos: Die Athener würden es sicher besser verstehen, wenn man die Schmetterlinge, oder das Forschunsgvorhaben von Danielos essen könnte. Denn was ihnen nützt ist schon allein dadurch gerechtfertigt.

Sokrates: An Dir ist ein wahrer Philosoph verloren gegangen, lieber Metzger Xanthos.

Xanthos: Ich muss leider gehen.

Sokrates: Nur noch eine Frage: Fühlst Du Dich denn nicht schuldig, das Leben dieser Ziege ausgelöscht zu haben, um mir diesen Pansen zu verkaufen, der ja streng genommen Dir gar nicht gehört, sondern der Ziege?

Xanthos: Weshalb machst Du die Dinge immer so kompliziert, lieber Sokrates. Ich muss ja von etwas leben. Und als Metzger weiss ich sehr genau, dass ich mein Leben dem Leben der Tiere verdanke, die ich schlachte. Und hätte ich nicht soviele Kunden, die Fleisch kaufen wollen, müsste ich auch nicht so viele Ziegen töten.

Danielos: Würden die Athener Schmetterlinge essen, hätte keiner ein Problem damit sie zu töten.

Sokrates: Das hatten wir schon. Aber gehen wir einen Schritt weiter.

Xanthos: Ja. Ich gehe jetzt raschen Schrittes weiter in Richtung meiner Metzgerei. Seid wohl behütet. Auf ein ander Mal!

Sokrates streicht sich nachdenklich durch den Bart.

Sokrates: Ist es nicht ungerecht, dass die Sterblichen gezwungen sind sich vom Leben anderer zu ernähren?

Danielos: Wie meinst Du das?

Sokrates: Es ist ja nicht die Schuld des Menschen, dass er Hunger hat und essen muss, um sich am Leben zu erhalten. Und dass er sich nur von Lebendigem ernähren kann, von Tieren, Pflanzen, Fischen, meinetwegen auch Raupen.

Danielos: Genau. Aber wer hat diese Essschuld, die den Sterblichen aufgezwungen wurde, zu verantworten?

Sokrates: Vielleicht die Götter, die Unsterblichen?

Danielos: Weshalb sollten sie?

Sokrates: Jedenfalls diejenigen, die uns hierher geschickt haben. Und zwar ohne, dass sie uns zuvor gefragt haben, ob wir überhaupt geboren werden wollen, wo, wann und als was genau. Und ob wir es gut finden, dass wir essen müssen, um am Leben zu bleiben.

Danielos: Stimmt. Ich kann mich auch nicht erinnern jemals dazu befragt worden zu sein.

Sokrates: Für die meisten, die ich kenne, die nicht zur exklusiven Bürgerschaft Athens gehören, ist jedenfalls das Leben kein Zuckerschlecken und Essen nicht etwas, worauf man sich freut und Lust hat, sondern eine Last, die einen täglich bedrückt.

Danielos: Dies würde aber doch letztlich ausserdem bedeuten, dass wir gar nicht stolz sein dürfen, Athener zu sein, weil unser Schicksal mit uns gar nichts zu tun hat, sondern mit der Absicht derer, die uns in Athen zur Welt kommen liessen und nicht zum Beispiel in Sparta.

Sokrates: Was für ein schrecklicher Gedanke!

Danielos: Oder in Afrika bei den Raupenfressern.

Sokrates: Dann lieber verhungern!

Danielos: Es gibt ja auch Vegetarier, die versuchen einen Ausweg zu finden aus der Schuld, die mit dem Essen verbunden ist, weil Essen immer töten heisst.

Sokrates: Man muss es ja nicht übertreiben, lieber Danielos, wie die Asketen, die uns immer ein schlechtes Gewissen einreden wollen, wenn man mit einem Stück Ziegenpansen vom Markt kommt. Sie essen doch Pflanzen, die genau so lebendig und beseelt sind, wie Tiere, und sie ernähren sich auch nicht von Steinen.

Danielos: Es gibt sogar Fruktarier, die sich nur von Früchten von Pflanzen ernähren, wodurch die Pflanzen selber am Leben bleiben.

Sokrates: Und die Apfelkerne, die die lebendigen Samen neuer Bäume sind? Essen sie diese denn nicht ? Und wie halten sie es mit den Weizenkörnern, die doch die lebendigen Kinder des Weizens sind? Ist das wirklich zu Ende gedacht?

Danielos: Es gibt die indischen Sadhus, die aus Angst vor karmischen Verstrickungen vor sich beim Gehen den Weg wischen, um keine Ameisen zu zertreten und Masken tragen, um keine Mücken beim Einatmen umzubringen.

Sokrates: Diese Maskenträger verbreiten sich gerade massenhaft in Athen. Sind es alles Sadhus aus Indien?

Danielos: Nein, es gibt gerade viele Athener, die Angst haben vor Krankheiten.

Sokrates: Mir scheint , dass für Sadhus und Athener gleichermassen gelten kann, dass ihre Angst die Krankheit ist, an der sie leiden.

Danielos: Schon möglich. Es bliebe dann die Frage, für wen sich diese Angstkrankheit lohnt. Irgend jemand muss ja etwas davon haben, weil alle Dinge zwei Seiten haben und was dem einen schadet dem anderen nutzt.

Sokrates: Ich vermute, dass vor allem die Quacksalber sich freuen werden. Denn sie haben am meisten Erfolg immer dann, wenn es eigentlich nichts zu heilen gibt. Und wenn jemand wirklich krank und bedürftig ist, dann ziehen sie den Schwanz ein und verduften.

Danielos: Du willst also die Angstkrankheit der Athener kleinreden als etwas Nichtiges?

Sokrates: Ja, vorläufig schon. Es sei denn Du kannst mir einen überzeugenden Beweis dafür erbringen, dass jemand an Angst gestorben ist. Die Ziege, die früher diesen Pansen enthalten hat, ist jedenfalls nicht an Angst gestorben, sondern wegen dem Messer des Metzgers Xanthos.

Danielos: Dies leuchtet ein. Selbst die Ziege würde Dir vermutlich zustimmen.

Sokrates: Wenn sie könnte.

VERLORENE GELASSENHEIT

Vor Afrika verbrachte ich einen Monat in Kreta. Von der Stimmung dieser Reise möchte ich ihnen nachfolgend berichten. Vielleicht werden sie finden die Schilderung böte nicht gerade ein Bild von stoischer Gelassenheit. Durchaus. Oder ich würde mich nicht in tugendhaftem Licht zeigen. So ist es. Aber es soll hier nicht darum gehen mich als wellenbrechenden Betonklotz zu produzieren, sondern aufzuzeigen, wie die Brandung uns zerzaust; manchmal bis wir die Beherrschung verlieren und an unsere Grenzen stossen. Und spannend könnte danach sein zu beobachten, wie wir wieder unser Gleichgewicht und zu uns zurück finden.

Die Vorgeschichte ist die, dass ich bisher zwei Vorfälle hatte mit der Polizei in Zusammenhang mit den Corona-Massnahmen. Es war nicht die richtige Polizei, sondern die sogenannte Transportpolizei, eine Truppe von Sicherheitsleuten der SBB, den Schweizerischen Bundesbahnen, die den Namen Polizei tragen dürfen und ähnliche, allerdings stark auf bahnbetriebliche Massnahmen reduzierte Vollmachten besitzen. Sie dürfen zum Beispiel niemanden festnehmen, nur festhalten bis die richtige Polizei kommt. Oft arbeiten bei der Transportpolizei Leute, die bei der richtigen Polizei nicht aufgenommen wurden. Deshalb zeigt sich ihr Minderwertigkeitskomplex deutlich darin, dass sie viel mehr wie Polizisten daher kommen als Polizisten. Alles Polizeiliche an ihnen ist übertrieben: Wie sie da stehen, wie sie reden. Sie tragen leuchtgelbe Westen, auf welchen gross Polizei drauf steht, lassen die Handschellen am Gurt klimpern, tragen Gilets mit einer Art Patronentaschen. Was weiss ich was sie da drin haben: Pokemonkarten? Aber sicher keine Patronen. Und sie sind immer zu zweit.

Diese Transportpolizisten haben eine brutale Gewissens- und Tugendprüfung zu bestehen in Zeiten von Corona. Sie sind ja eigentlich da, um Bahnreisende zu schützen. Manchmal aber werden sie selber zur Bedrohung ihrer Schützlinge, weil sie falsch instruiert und instrumentalisiert sind von Corona-Wahnsinnigen, die feige versteckt in Büros und Hinterzimmern neue Idiotien erfinden, deren Umsetzung sie den Polizisten überlassen und diese dadurch oft jenseits von Gesetz und Pflichtenheft agieren. Vielleicht ohne es zu merken. Vielleicht aber auch, weil sie es geil finden, oder keine Eier haben, um zu remonstrieren.

Es gibt den Artikel 3b der Schweizer Coronaverordnung (geändert im Juni 2021 auf 6b), in welchem Ausnahmen der Tragepflicht von Masken definiert sind, medizinsche und besondere Gründe. Ich berufe mich immer auf besondere Gründe, insbesondere religiöse, soziale, politische und zum Schutz meiner Gesundheit, weil die Masken erwiesermassen eine gesundheitliche Bedrohung für den Träger darstellen und auch nicht gegen Viren schützen, wie allgemein bekannt ist. Ein Attest muss niemand mitführen und vorzeigen. Die Befugnisse dazu sind im Gesetz nicht geregelt. Dies gilt auch für die Bundesbahnen, obschon sie alle zehn Minuten ihre Passagiere per Lautsprecherdurchsagen ermahnen, dass in der SBB und auf den Bahnhofsgeländen eine Maskenpflicht gelte. Von Ausnahmen spricht man da natürlich nie. Man tut so als gäbe es sie nicht.

Wenn ich unterwegs genug Zeit habe um mit Kontrolleurinnen und Bahnpolizisten zu diskuttieren, dann trage ich die Maske aus Prinzip nicht. Nur mit Gesprächen und Dialogen kommen wir gemeinsam weiter. Manchmal aber will ich einfach meine Ruhe haben. Dann ziehe ich eine meiner Protestmasken mit dem weissen Schweizer Kreuz auf schwarzem Grund an. Wer sie kennt weiss, dass es eine Protesmaske ist, die bedeutet: Hört auf mit dem Maskenschwachsinn. Hardliner der Corona-Massnahmen-Gegner empfinden dies vielleicht als Verrat an den Idealen des Widerstands gegen verfassungsfeindliche, illegale und repressive Massnahmen des Schweizr Bundesrates. Sie haben vielleicht sogar recht. Aber ich habe auch das Recht meinen Gedanken nachzuhängen ohne von aufsässigen Corona-Polizei-Stechmücken belästigt zu werden. Einmal wurde ich sogar von einer Passagierin hysterisch angekeift und sie hat dabei mit ihrem Stinkefinger vor meinem Gesicht rumgefuchtelt. Das muss ich nicht immer haben. Diese Corona-Krise hat sowieso ziemlich üble Charaktere an die Oberfläche geschwemmt, wie die anaerobe Schlammschicht eines erstickten Baggersees, die nach oben quillt und gewaltig stinkt: Blockwarte, selbsternante Sheriffs, Sadisten, die Kinder zwingen Masken anzuziehen, auch Lehrer und Kindergärtnerinnen,

Herzlose, die alten Menschen verbieten ihre Liebsten zu sehen, Leute mit Gewaltfantasien, auch viele junge Antifas, Denunziantenpack, Diffamierer, Journalisten und deren Chefs und Verleger, die gegen besseres Wissen und aus purer Lust Panik, Angst und Schrecken verbreiten usw. Die Arschlöcher haben Hochzeit.

Den ersten Vorfall habe ich in meinem Facebook Account am am Sonntag dem 30. Dezember 2020 so beschrieben:

" Hatte heute erstes Rencontre mit zwei Polizisten im Zug. Um 19 Uhr. Der eine hat schon auf dem leeren Bahnhof Ziegelbrücke, als ich gerade in den Zug nach Landquart einstieg, mir etwas nachgebrüllt, was sich anfühlte wie: "He, da! Maske anziehen". Ich höre aber nicht auf solche Dinge, steige ein und setzte mich hin. Tatsächlich steigen auch die zwei Polizisten dann in den Zug: gelbe Weste, gross Polizei angeschrieben, Handschellen klimpern, hunderte Patronentaschen, Kampfstiefel. Zuerst sagt der ältere ich solle entweder eine Maske anziehen oder aussteigen. Darauf reagiere ich nicht. Ob ich ein Attest hätte: Ja. Ich solle es ihm zeigen. Nöö. Mach ich nicht. Ich sage den beiden dass sie mir ihre Dienstnummern zeigen sollen. Sie tun es brav. Sie wollen mein Ticket sehen. Seit wann kontrolliert die Polizei Billete? Ich rufe die Bahnpolizei an. 0800 117 117 und schildere dem Herrn, dass ich von zwei Polizeibeamten bedrängt werde. Er sagt, es sind offenbar Transportpolizei. Ich sage dem Herrn an der Alarmhotline, er solle den Fall bitte aufnehmen und diese Polizisten darüber aufklären was Recht sei, weil ich nämlich die Aufforderung den Zug zu verlassen mit gültigem Billet als Nötigung taxiere.Die beiden Polizisten hören mein Gespräch mit. Der Ältere sagt : "Aha! Der blufft ja nur. Der telefoniert mit gar niemandem." Doch dann klingelt bei ihm das Telefon. Es ist der Herr, mit dem ich soeben am SBB-Notfalltelefon war. Die beiden Polizisten geben mir noch ein "letzte Chance" um auszusteigen in Walenstadt. Ich lasse sie lächelnd verstreichen. Sie drohen mit Anzeige. Ich nur: "Go ahead!" Dann ID-Kontrolle usw. Etwas zerknirscht verlassen die beiden darauf mein Abteil. Der Jüngere droht noch: "Jeder hat bisher bezahlt, der von uns eine Anzeige erhalten hat." Schönen Abend. Diese beiden scharfen Köter hat man extra auf diese Kontroletti-Mission geschickt. Bei Youngsters und Frauen hätten sie mit ihrem primitiven Auftritt im leeren Zug sicher etwas bewirkt. "

Der Post wurde 9 mal geteilt und 87 Mal kommentiert. Tatsächlich versuchten die Transportpolizisten, mir einen Verzeigungsvorhalt zuzustellen. Ich habe ihn jedoch zurückgewiesen und nicht auf Fragen geantwortet. Dann schickte mir im Juni 2021 das Untersuchungsrichteramt Uznach einen Strafbefehl. 450.- Sfr. Ich habe Einsprache erhoben . Ohne Begründung. Bisher ist nichts weiteres geschehen.

Der zweite Vorfall ereignete sich bei Antritt der Reise nach Kreta. Wie immer beim Reisen plane ich viel Zeit ein für Zwischenfälle. Heute mehr denn je. Meist nehme ich einen der ersten Züge am Morgen, mit einem Sparbillet ist dies auch sehr günstig. Das Weitere entnehmen sie dem Brief, den ich nach dem Zwischenfall an den Direktor der Schweizer Bundesbahnen geschrieben habe, Herrn Ducrot. Mit Kopie an die Transportpolizei des Zürcher Hauptbahnhofs:

" Sehr geehrter Herr Ducrot, verehrte Aufsichtspersonen der Transportpolizei SBB

Verzeigungsvorhalt

Ich, Daniel Ambühl, 2.3.1958, wohnhaft in der Quartenerstrasse 7, 8882 Unterterzen, regelmässiger SSB-Benutzer, Inhaber des Swisspass Nr. XXXX, zeige Ihnen hiermit an, dass ich Anzeige gegen die folgenden zwei Personen wegen Nötigung, Diskriminierung, Amtsmissbrauch und Verletzung des Transportvertrages der SBB erheben werde:

Transportpolizist Z. Nr. X, der sich weigerte seinen Ausweis zu zeigen.

Transportpolizist X, der sich weigerte sich auszuweisen.

Sachverhalt:

Am Gründonnerstag, 1. April 2021 bestieg ich um 5.18 in Landquart den Zug Richtung Flughafen Zürich. Nach Sargans erfolgte die Billetkontrolle durch einen Kontrolleur der SBB. Er forderte mich dazu auf eine Maske zu tragen. Im notabene leeren Zug. Ich berief mich auf die Covid-19 Verordnung des Bundes, Artikel 3b, und machte für mich besondere Gründe geltend für das Nichttragen der Maske. Der Aufforderung, ihm ein Attest zu zeigen kam ich nicht nach. Er sei nicht befugt, irgendwelche Atteste einzusehen. Ich erklärte ihm freundlich und bestimmt an Eides statt, dass ich aus besonderen Gründen keine Maske tragen könne.

Offenbar telefonierte er darauf der Transportpolizei, die mich auf dem Geleis 11 bei der Ankunft um 6.22 im leeren Zürcher Hauptbahnhof erwarteten. Sie sagten mir, ich solle mich auf eine Bank setzen, was ich nicht tat. Ich zeigte meinen Pass und erklärte, dass meine Weiterfahrt um 6.33 sei und ich sie bitte, dass sie die Personenkontrolle zügig machen. Als ich merkte, dass die beiden Transportpolitizisten meine Weiterfahrt verhindern wollten, verlangte ich deren Dienstnummern. Nach zweimaliger Aufforderung nannte mir der kleinere der beiden, der sich als Herr Z. zu erkennen gab, seine Dienstnummer. Er zeigte aber keinen Ausweis. Der zweite Polizist weigerte sich, seinen Dienstausweis zu zeigen. Ich sähe ja, dass er ein Polizist sei. Als ich ihn erneut nach seinem Ausweis fragte, erklärte er mir, er würde mir seine Dienstnummer und seinen Namen nicht nennen. Ich würde dann seine Dienstnummer schon sehen auf der Anzeige.

Als ich merkte, dass bei dieser feindseligen und respektlosen Einstellung gegen mich wohl nicht viel zu machen sei, nahm ich um ca. 6.30 mein Telefon hervor und telefonierte der Bahnpolizei auf die Nummer 0800 117 117. Beide Transportpolizisten herrschten mich während des Wählens mehrmals an, ich solle das Telefonieren unterlassen. Darauf nahm ich jedoch in dieser Situation keine Rücksicht. Nachdem zuerst eine Meldung vom Band abgespielt wurde, nahm schliesslich eine Frau ab. Ich schilderte der Frau meine Situation, dass die Transpolizisten meine Weiterfahrt verhindern wollten, weil ich keine Maske trage und dass ich mich dabei auf Artikel 3b der Covid-Verordnung des Bundes und auf besondere Gründe berufe. Als Antwort erhielt ich lediglich, dass sie – die Frau am Telefon – ja auch eine Maske trage. Ich erklärte kurz, dass sie dies gerne tun dürfe, ihre persönliche Wahl aber mit der Sache nichts zu tun habe. Ich möchte lediglich meine Weiterfahrt mit meinem gültigen Billet antreten, was die Transportpolizei wiederrechtlich verhindere. Darauf ging die Telefonbeamtin auf 0800 117 117 nicht näher ein. Ich verlangte mehrmals, dass sie meinen Anruf registrieren soll, was sie ausdrücklich bejahte. Sie werde meinen Anruf in ihren Tageslog aufnehmen.

Statt mich nach der Personekontrolle gehen zu lassen, entschied der kleinere der beiden Transportpolizisten, der sich Herr Z. nannte, dass er mir aufgrund des Hausrechts der SBB einen 48 stündigen Verweis vom gesamten SBB-Bahnareal ausspreche, ich also heute nicht weiterfahren könne mit der Bahn und auch nicht in den nächsten 48 Stunden in der ganzen Schweiz. Unter Gewaltandrohung führten mich die beiden dann aus dem Hauptbahnhof. Ich leistete keinen Wiederstand, ging darauf zum Taxistand, wo ich ohne Maske ein Taxi nahm zu meinem Reiseziel, dem Flughafen Kloten. Das kostete mich 75 Franken.

Aufgrund dieser Vorfälle erstatte ich Anzeige gegen beide Transportpolizisten, wegen Nötigung, Diskriminierung, Amtsmissbrauch, Verletzung des Transportauftrages der SBB und Missachtung von Artikel 3b der bundesrätlichen COVID-Verordnung und verlange einen angemessenen Schadenersatz.

Eine Anzeige, die ich anfechten könnte, ist bisher nicht bei mir eingegangen. Ich gewähre den Beklagten eine Frist bis zum 1. August 2021 um sich bei mir schriftlich zu entschuldigen.

Mit freundlichen .."

Reaktion: Ein völlig anonymer Serienbrief, auf welchem sogar die Anrede im Briefteil falsch ist. Man nennt mich da "Lieber Herr Graf". Mit keinem Wort wird auf den geschilderten Vorgang Bezug genommen. Ein Standard -Blahblah des Kommunikationschefs von Herrn Ducrot. Sehr peinlich. Ein Verzeigungsvorhalt, oder Bussgeldbescheid der Bahnhilfssheriffs - wie sie es angedroht hatten - ging bei mir nie ein. Nichts. Alles leere Drohungen. Die Polizeidarsteller wissen wohl selber, dass sie illegal gehandelt haben. Sie finden es aber offenbar geil. Diesmal aber haben sie auch etwas ab bekommen. Auf dem ganzen Weg aus dem Bahnhof zum Taxistand habe ich die beiden Schlümpfe ausgelacht. Das hat sie furchtbar genervt. Gewehrt habe ich mich nur verbal: "Ah, der kleine General hat heute seinen grossen Feldzug!" "Gut gemacht, Bello! Das gibt ein Gutzi vom Herrchen". Verständnis für ihre Verhaltensweise habe ich keine. Wirklich Zero. Auch wenn Trolls von Polizei, Staat, Medien und Wirtschaft heute überall bei der Kritik von Repressionsmassnahmen pastoral um Verständnis bitten, während sie gleichzeitig den berechtigen Widerstand als Faschismus diffamieren: Es sind aber immer weniger so blöd darauf reinzufallen. Selbst den Schergen dämmert langsam, dass kein Gericht heute eine solche Busse stützt. Noch nicht. Im Gegenteil. Wenn ich eine Anzeige machen würde, müssten sie mir wohl Schadenersatz bezahlen. Aber ich war alleine, hatte keine Zeugen und habe auch keine Zeit für solchen Schwachsinn. Ich widme mich lieber anderen Dingen.

Der zweite Akt folgte wenig später beim Einchecken auf dem Flughafen Zürich. Die Dame am SWISS Schalter fragte nach meinem Covid19-PCR-Test. Für die Einreise nach Griechenland reicht einer mit einer Gültigkeit von 72 Stunden. Dies hatte ich zuvor sorgfältig abgeklärt im Internet. Nun verlangte die Dame aber einen von nur 48 Stunden. Wieso dies? Sie sagt, weil ich über Frankfurt fliege und Deutschland einen 48 Stunden PCR Test verlange. Ich reise aber nicht nach Deutschland, antworte ich, sondern nach Heraklion in Griechenland auf Kreta, wie sie auf meiner Flugbestätigung sehen könne. Egal, meint sie, man verlangt dies. Glücklicherweise war mein Test aber vor weniger als 48 Stunden gemacht worden und ich bekam meine Bordkarte. Frage: Woher soll ich als Passagier dies wissen? Ich habe weder von SWISS noch vom Touroperator eine entsprechende Mitteilung erhalten?

Wenig später beim Einstieg ins Flugzeug: Statt "Guten Tag" oder sowas ähnliches hört man bellend: "Sie dürfen diese Stoffmaske hier an Bord nicht tragen, sie müssen eine solche tragen.." und eine Stewardess streckt mir eine ihrer blauen Masken entgegen. Ich sage nur: "Nein Danke, ich bleibe bei meiner Maske", verschwinde im Gang und setze mich hin. Schon nach 20 Sekunden kommt erneut eine Stewardess angestöckelt: "Sie müssen diese Maske tragen, wenn sie mit uns fliegen wollen." "Wieso?" frage ich zurück. "Lufthansa transportiert nur Passagiere, die die von der Lufthansa verlangten Masken tragen." "Ich kann aber ihre Masken nicht tragen", sage ich, "weil ich allergisch bin darauf." "Egal," meint sie, "dann tragen sie sie eben über ihrer Maske." Und so mache ich es denn auch.

Ich war offenbar nicht der einzige, der etwas widerspengstisch war und es geschah etwas in der Geschichte meiner vierzigjährigen Flugerfahrung

Einzigartiges. Auf dem Rollweg zum Start blieb die Airbus Maschine plötzlich mit einem Ruck stehen und nach einer Kunstpause meldet sich der Kapitän. Er sagt, man könne noch nicht starten. Es gäbe Probleme an Bord, weil gewisse Leute die offiziellen Lufthansamasken nicht tragen wollten. Deshalb werde man hier solange warten bis alle Passagiere vorschriftsgemäss ihre Maske tragen. Der Unterton war klar der, dass wegen ein paar Nazis und Aluhüten an Bord, die nicht blind gehorchen, die guten Kadavergehorsamen nun vielleicht verspätet ankommen werden.

Tatsächlich blieb das Flugzeug mindestens fünf Minuten stehen. Da war mir schon klar, dass ich in Zukunft mit einer solchen Airline nie mehr fliegen werde. Auch Brussels Airline ist schon von meiner Liste gestrichen. Sie haben mir ein Jahr nach der Annulation meines Rückflugs im April 2020 und nach mehreren Mahnungen und Erinnerungen meinerseits von den 510 Schweizer Franken, die der Flug gekostet hat, ganze 168 Euros zurückbezahlt. Mit mir machen die das nicht noch ein Mal.

Der Dritte Akt folgte bei der Ankunft auf dem Flughafen von Heraklion, Kreta. Der Flug von Frankfurt war offenbar der Erste seit langem. Es war kaum ein flugtüchtiges Gerät auf dem öden Parkplatz vor dem Flughafengebäude parkiert. Die wenigen Passagiere - vielleicht fünfzig - marschierten zu Fuss vom Flugzeug in die Ankunfsthalle. Da warteten schon zwei Polizisten in schwarzen Uniformen; eine etwas untersetzte, kleine Frau und ein Mann; beide mit den blauen Lufthansamasken. Mir kamen beim Anblick dieser blauen Masken sofort die gelben Stiefel in Dürrenmatts "Besuch der alten Dame" in den Sinn. Aber item.

Beide Polizisten kontrollieren hier irgendwelche Papier, den PLF Code der Griechischen Regierung und den PCR Test. Und jetzt sehe ich, dass etwas weiter in Richtung der Rolltreppe, die zum Passschalter und Gepäckband führt, mit verzinkten Eisenrohr-Gattern eine Eingangsschleuse in einen mit Bretterverschlägen abgesonderten Bereich hingepfuscht worden war, wo drei von Kopf bis Fuss blau plastifizierte Frauen warteten. Ein Stuhl war da aufgestellt, auf den man Passagiere anwies sich hinzusetzen, während man mit einem Wattestäbchen hantierte. Vor dieser Teststrasse hatte es bereits einige Passagiere, die dumpf wie Schlachtvieh vor sich hin schwiegen. Keiner sagte etwas. Vielleicht haben sie keinen PCR Test dabei, denke ich noch. Arme Kerle.

Dann bin ich zuvorderst bei der Polizistin und zeige alle von der griechischen Regierung verlangten Papiere. Die Frau schaut nur kurz darauf und sagt ich hätte mich da bei der Testreihe anzustellen. Ich bleibe stehen. Ziehe die Augenbrauen hoch. Das muss ein Irrtum sein, Madam. Sehen sie nicht, dass ich alle erforderlichen Papiere dabei habe, PLF, PCR und sogar einen gültigen Pass? Egal meint sie. Ich müsse den Test machen. Andere Passagiere werden durchgelassen. Ich protestiere und lasse mich nicht so schnell abfertigen. Was fällt ihnen ein? frage ich. Wollen sie behaupten meine Papiere seien nicht in Ordnung? Sie drückt sich. Und wiederholt nur. "Sie müssen da hin." und zeigt zum Testeingangs-Gatter. Ich bleibe aber weiter stehen. "Nein. Das werde ich nicht machen. Ich bleibe hier bis man mich einreisen lässt, weil ich gültige Papiere bei mir habe und ich verlange gleich behandelt zu werden wie diejenigen, die sie nun durch lassen."

"So reisen sie nicht ein", sagt die Polizistin. "Dann müssen sie zurückreisen."

"Na gut", sage ich, "dann bleib ich vorläufig hier stehen."

Wie sie denn entscheide, frage ich sie, wer frei reinkomme mit den selben Papieren wie ich. Sie zeigt auf eine Nummer meines PLF-Papiers der griechischen Regierung. Daran sehe sie das. An dieser Nummer. Mehr wollte sie nicht sagen, vielleicht meinte sie, dass sie diejenigen mit der Endzahl Drei aussortieren muss, um die Testappartur der plastifizierten Frauen zu alimentieren.

"Ihr seid komplette Idioten!" rufe ich ihr ins Gesicht: "Willkürliche Idioten und Betrüger der Gäste dieses Landes."

Weiter laut: "Fucking idiots" in die Halle rufend, stelle ich mich in die Schlange der Testschafe ein: "Fucking idiots!"

Niemand reagiert, nicht einmal die Polizisten.

"Fucking idiots!"

Als ich an der Schlange zu vorderst bin, weiter in regelmässigen Abständen "Fucking idiots!" rufend, weist mich eine schon leicht verängstigte Plastikfrau mit einer Handbewegung an auf dem Teststuhl Platz zu nehmen. Ich bleibe aber einfach daneben stehen. Laut und gut hörbar für alle mache ich eine Ansage:

"Wenn irgendjemand hier mir ein Wattestäbchen in die Nase stecken will, dann muss ich euch warnen, dass es ein unkontrollierbarer Reflex von mir ist, dass ich alles hier kurz und klein schlage, vor allem die Person mit dem Wattestäbchen. Dies ist nur eine medizinische Information, falls sie später sagen wollen, sie hätten es nicht gewusst, dass der Patient im Affekt so reagiert."

Die Plastikfrauen treten einen Schritt zurück und aus einem Nebenkämmerlein schleicht ein Mann mit aufgerissenen Augen hervor, der da wohl der Oberaufseher ist. Sie tuscheln etwas.

Um den Betrieb nicht zu stören, will man mich auch hier zuerst zur Seite weisen, um zu Warten. Auch hier aber bleibe ich einfach stehen und sage nur: "Hier ist mein gültiger PCR Test. Sehen sie! Negativ! Das steht da gross drauf. Warum wird das nicht respektiert?"

Alle Antwortversuche unterbreche ich sogleich und wiederhole: "Die griechische Regierung verlangt für die Einreise ein Passdokument, einen PLF Code und einen gültigen PCR Test. Dies haben sie alles hier. Lassen sie mich einreisen. Punkt. Was sie hier machen ist komplett illegal, diskriminierend und gesundheitschädigend. Fucking idiots!"

Nun ist die Reihe der Ankommenden abgearbeitet und es stehen nur noch etwa zehn Kandiaten nach mir in der blockierten Testschlange der Ankunftshalle. Auch die beiden Polizisten kommen nun ein bisschen näher, bleiben aber ausserhalb des Gatters stehen. Sie wollen mir wieder befehlen Platz zu nehmen auf dem Stuhl; auf einem schäbigen, dreckigen Plastikstuhl übrigens. Ich wende mich aber nur zu ihnen, zeige auf beide mit dem gespitzten Zeigefinger während ich ihnen in die Augen schaue: "Schämen sie sich! Schämen sie sich! Gäste ihres Landes so zu behandeln wie Arschlöcher. Sie sind Betrüger und sie wissen es."

Die beiden sagen kein Wort und schauen verduzt hinter ihren Masken hevor. Ein Mann hinter mir will sich nun vordrängen und auf dem Stuhl Platz nehmen. Ich gebe ihm das Zeichen er solle warten. Niemand macht Anstalten, mich in meinem Protest zu unterstützen oder zu vermitteln. Niemand. Um zu verhindern dass sich andere vordrängen setze ich mich nun doch auf den Stuhl und wiederhole laut und deutlich meine Warnung. "Es kann sein, dass ich reflexartig brutal zuschlage, wenn jemand versucht, mir ein Wattestäbchen in die Nase zu stecken". Die Krankenschwester mit den Wattstäbchen hat Angst und getraut sich nicht näher zu kommen.

Nun schliesse ich die Augen, falte die Hände vor dem Schoss und falle für zehn Minuten in eine stille Meditation. Zuerst herrscht eine Minute lang um mich herum völlige Ruhe. Dann höre ich jemanden, der mir zureden möchte: " Hallo Mister. Hallo? Mister! Mister?" Dies geschieht vermutlich in der Meinung mich damit sanft aufzuwecken. Ich lasse aber regungslos weitere Minuten verstreichen. Ganz in meine Meditation vertieft ruhe ich wie eine Buddhastatue im Schlaf auf dem Stuhl. Nun beginnt man leise zu diskutieren, was denn jetzt zu tun sei. Niemand berührt mich. Weitere versuchen es mit Zureden: "Hallo Mister. Hallo?" Ich habe viel Zeit zu überlegen, was ich jetzt alles tun könnte. Ich könnte ja noch ein bisschen mehr Theater spielen. Ich könnte vom Stuhl kippen. Dann epileptisch am Boden rumzucken. Um Hilfe schreien. Schaum vor dem Mund entwickeln. Damit sie wirklich als Sanitäter etwas zu tun hätten. Aber es sind ja gar keine Sanitäter, sondern vermutlich nur irgendwelche plastifizierten Hilfskräfte, die sonst als Putzfrauen, Gepäckträger, Tierwärter, oder Schlachter arbeiten.

Schliesslich öffne ich die Augen. Ich richte mich auf dem Stuhl auf. Alle verstummen. Ich zeige mit dem Finger zur Plastikfrau mit dem Wattestäbchen und fordere sie auf: "Sie können jetzt kommen. Aber vorsichtig! Ich habe sie gewarnt!" Zuerst will die Wattestäbchenfrau sich nicht nähern. Sie schaut fragend zu ihren Kolleginnen. Dann schüttelt sie das Plastikhäubchen auf ihrem maskierten Kopf. Sie will nicht. Doch dann wiederhole ich und ermuntere sie:" Kommen sie. Ich glaube, es wird schon gehen."

Sie fasst Mut, nähert sich mit dem Wattestäübchen, steckt es nur kurz in den Naseneingang und nimmt von der Naseninnenwand einenTupfer, den sie auf den Schnelltest aufträgt. Idioten, denke ich. Das sind ja Schnelltests, wo man die Probe gar nicht aus der Nase entnehmen muss. Es reicht dazu die Mundschleimhaut. Die wissen das nicht mal. Ihre Instruktoren haben wohl nur TV-Bilder gesehen von PCR Tests und glauben nun, dass sie auch sowas machen hier.

Die Plastikfrauen sind mit Sicherheit kein medizinisches Personal. Das sind einfach nur billigste B-Movie-Schaupspieler. Als die Wattestäbchenfrau in sicherem Abstand ihre Probe genommen hat, stehe ich auf und halte noch einen Vortrag als Zugabe:

"Ist das die berühmte griechische Gastfreundschaft?" frage ich in die Runde: "Dass man die Gäste dieses Landes mit ihren gültigen Einreisedokumenten betrügt und sie in den Arsch fickt mit einem idiotischen Schnelltest, wenn sie angekommen sind? Ist das die griechische Gastfreundschaft? Sind sie stolz auf diese Art, wie sie hier ihre Freunde und Besucher misshandeln? Und denken sie, dass einer ihrer Gäste jemals wieder kommen wird in ein Land, wo er auf so schändliche Weise verarscht wird, statt sie willkommen zu heissen? Schämen sie sich alle! Schämen sie sich! Fucking idots".

Nach zehn Minuten sagt die Plastiktruppe ich sei negativ. Sie sind wahrscheinlich mehr erleichtert als ich. Ich gehe mit einem letzten "Fucking idiots" die Rolltreppe hinauf zur Passkontrolle und Gepäckausgabe. Mein Chauffeur wartet draussen ganz alleine mit der Tafel "Ambuehl" in der Abenddämmerung. Es hat zu regnen begonnen. Die Fahrt über die Berge nach Agia Galini dauert fast eine Stunde. Agia Galini heisst auf deutsch übersetzt "St.Gelassenheit". Das passt gut als Programm für die nächsten drei Wochen, die ich hier verbringen werde, um an Buchprojekten zu arbeiten.

Mein Arrangement wurde drei Mal vom Touroperator geändert. Zuerst wurde der Abflug um einen Tag verschoben, vom 31. auf den 1. April und dann die Rückkehr um drei Tage vorverschoben vom 21. auf den 18. Immer ohne Gründe, ohne Angebote von Rückzahlungen für die gestrichenen vier Tage. Corona entschuldigt einfach für alles. Je mieser das Geschäftsgebaren, desto besser ist man mit der Ausrede Corona entschuldigt. Denkt man.

Ich erfahre vier Tage vor der Rückreise, dass ich drei Tage früher zurückreisen muss, weil mich zufälligerweise die Hotelbesitzer darauf ansprechen und fragen wie ich denn nun morgen zum Flughafen zu fahren gedenke. Sonst hätte ich den Rückflug verpasst. Nun erst meldet sich der Touroperator mit einer SMS Message aus Mallorca ich müsse einen PCR Test vorweisen für den Rückflug in die Schweiz. Ich recherchiere im Portal der Schweizer Regierung. Da gibt es ein offzielles Formular für die Einreise, im Falle, dass es zu umständlich, oder unmöglich ist, einen PCR Test zu machen. Es ist ein offizielles Formular der Schweizer Regierung mit der Überschrift "Selbstdeklaration." Es wird – wie im Text steht - offziell als Einreisedokument für Schweizer Bürger, die keinen PCR Test machen konnten, anerkannt. Also versuche ich damit durchzukommen. Ich fülle das Papier aus. Weil ich aber unterdessen den Wahnsinn kenne, habe ich vorsichtshalber geschaut, wo ich in Heraklion übernachten könnte, falls man mir das Boarding trotzdem verweigert. Und es kam genau so wie ich es mir im schlimmsten Fall vorgestellt hatte.

Der Chauffeur brachte mich zum Flughafen Heraklion. Ich habe ein gültiges Ticket, den Pass, das Selbstdeklarations Formular und das Schweizer PLF Dokument dabei. Aber die Check-In Dame von Lufthansa sagt mir, das Formular der Schweizer Regierung gelte nicht, weil ich ja nach Deutschland reise. Ich sage wieder, dass ich nicht nach Deutschland reise. Wie sie leicht an meinem Ticket sehen könne, reise ich in die Schweiz. Es gäbe keine Einreise nach Deutschland. Die Lufthansa-Schalterfrau blockt und bittet mich auf einer Stuhlreihe Platz zu nehmen. Ich warte. Nach einer halben Stunde kommt eine zweite Lufthansa-Dame mit einem schickem Beret und Stöckelschuhen. Sie sagt mir, dass sie dieses Papier nicht kenne und dass es nicht gültig sei für das Boarding meines Fluges. Ich zerreisse vor ihren Augen ganz langsam mein Flugticket, schmeisse es auf den Boden, lasse sie verdutzt stehen und gehe schnurstraks zum Aegean Schalter, wo ich ein Ticket für Morgen nachmittag nach Athen buche. Neuerdings sind also die Lufthansa Schalterbeamten auch noch Zöllner, Sanitäter und Grenzpolizei. Völlig kompetenzfrei, aber mit absolutistischer Vollmacht.

Ich bleibe die Nacht in Heraklion, mache am Tag zu Fuss eine ausgedehnte Stadtbesichtigung, verbringe den darauf folgenden Tag in Athen und einen weiteren in Delphi und fliege danach von Athen mit Aegean direkt nach Zürich. Zwar ohne das Selbstdeklarationsformular der Schweizer Regierung. Wie genau sage ich hier nicht. Wir können wieder offen reden, wenn die Hygiene-Faschos verschwunden, oder besser: wenn sie alle im Knast sind.

In Zukunft werde ich von Zürich nach Athen fliegen und von dort weiter mit dem Schiff von Piräus aus. Dies ist immer eine angenehme und gute Lösung. Sicher nie mehr mit Swiss/Lufthansa und nie mehr über Deutschland. Vom Touroperator habe ich bisher nichts mehr gehört, nicht wegen den vier Tagen, die man mir gekürzt hat, nicht wegen dem Noshow in Heraklion. Corona ist schuld. Niemand kann etwas dafür.

Reisen ist wieder so abenteuerlich geworden wie im Mittelalter. An jeder Brücke lauert ein dreister Erpresser. Wer Abenteuer liebt sollte jetzt unbedingt reisen. Athen ohne Touristen ist wunderschön, leider sind die tollen Restaurants geschlossen. Auch Kreta ist ein Paradies der Ruhe. Kein Mensch am Strand. Allein mit der Natur. Und die Bewohner sind dankbar, wenn mal wieder ein Gast daher kommt. Fast ungläubig haben sie mich angestaunt in dem kleinen Hafen von Agia Galini, wo man alle Schiffe an Land gezogen hatte, um sie neu zu streichen, zu flicken, zu verschönern, was die Warterei auf Touristen etwas verkürzt. Ausserdem gibt es da in den kleinen Dörfern keine Corona-Idioten, die die Menschen drangsalieren. Aber wovon soll man leben, wenn es so weitergeht?

DIE IMPFUNG DES PRASOULIDAS

Prasoulidas, der Gemüsehändler, sucht auf der Agora in Athen nach Sokrates. Dieser ist wie immer am Schwatzen unter einem Loorbeerbaum. Der Loorbeerbaum ist gerade das Thema. Die Frage an seine Schüler lautet nämlich, ob ein Baum, unter dem man sich versammelt, einen Einfluss ausüben kann auf das, was man in seinem Schatten spricht. Den ganzen sonnigen und warmen griechischen Vormittag lang hat sich die Runde behutsam an die Hypothese heran getastet, dass der Baum zweifellos einen Einfluss hat, wenn der Baum erkannt werde, als das was er ist, und wenn Geschichten, die zum Wesen des betreffenden Baumes erzählt werden, in den Menschen, die sich unter ihm versammeln, lebendig anwesend sind.

Als Beispiel wird die Geschichte von Apoll erwähnt, der in seinem jugendlichen Übermut die Bogenschiesskünste des knabenhaften Liebesgottes Eros lächerlich gemacht hatte. Wegen dieser Erniedrigung war Eros richtig sauer geworden und hatte sich umgehend gerächt für die Herabsetzung, indem er Apoll mit einem goldenen Pfeil traf, sodass sich dieser – das Adjektiv "unsterblich" ist hier überflüssig, denn er ist ja ein Gott - in die Nymphe Daphne verliebte. Heimtückischerweise aber infizierte Eros die Nymphe selber mit einem bleiernen Pfeil, der das Herz der Dame für die Avancen Apolls völlig verschloss. Apoll jedoch liess - entflammt von der liebesentzündlichen Impfung von Eros - nicht locker die flüchtende Nymphe zu bedrängen. Diese rief schliesslich in ihrer Not – konkret weil sie Angst hatte von Apoll vergewaltigt zu werden - ihren Vater, den Flussgott Peneus, zu Hilfe. Sie flehte ihn an er möge sie verwandeln, um sie den Werbungen Apolls zu entziehen. Peneus tat wie gebeten und verwandelte seine Tochter in einen Loorbeerbaum.

Sokrates: ... und obschon diese Geschichte ja nicht gerade ein Ruhmesblatt für Apoll ist, ist der Loorbeerbaum ihm heilig und

	krönt der Gott – weil er so seiner unerreichbaren Geliebten immer nahe sein kann - sein Haupt mit einem Kranz aus ..."
Prasoulidas:	Sokrates! Ich suche Dich schon den ganzen Morgen!"
Sokrates:	.... Loorbeerblättern. Fremder! Was wagst Du mich zu unterbrechen?"
Prasoulidas:	Ich bin's doch, Prasoulidas!
Sokrates:	Bei den Göttern! Wie siehst Du denn aus? Mein lieber Gemüsehändler Prasoulidas. Was ist denn das für ein Maulkorb, den man Dir umgebunden hat?"
Prasoulidas:	Das ist kein Maulkorb, das ist eine FFP2 Maske."
Sokrates:	Eine Maske? Übst Du für die neuste Tragödie des Aischylos? Ich habe nämlich von Cheirophon gehört dass er für die pythischen Spiele ein Werk über die Dummheit der Menschen geschrieben hat mit dem Titel: "Die Schaben".
Cheirephon:	Genau. Es ist eine Anspielung darauf, dass die Athener Bürger nach der Niederlage gegen Sparta für die Abschaffung ihrer Demokratie gestimmt haben, danach die Dreissig Tyrannen an die Macht kamen und diese danach als Dank fast alle Bürger hinrichteten.
Prasoulidas:	Damit hat das alles nichts zu tun. Es ist nur eine FFP2-Maske, Sokrates. Es ist ein Schutz gegen eine tödliche Krankheit.
Sokrates:	Ah ja? Ich habe davon gehört. Und du meinst also, dass diese Maske dich dagegen schützt?"
Prasoulidas:	Ich weiss es, weil es die Wissenschaftler sagen, die es wissen müssen.
Sokrates:	Wie schlimm, dass es Menschen gibt, die etwas wissen müssen. Man zwingt sie etwas zu wissen, woran dann andere glauben wollen.
Prasoulidas:	Dann glaubst Du eben an andere Götter.
Sokrates:	Ziemlich sicher, Prasoulidas. Hast du übrigens bemerkt, das

Du gerade meine Schüler vertreibst? Normalerweise schleichen sie sich nur davon, wenn ihnen mein Gerede zu blöd vorkommt und sie sich langweilen. Jetzt sind wir schon zu zweit alleine.

Prasoulidas: Man hört eben die Wahrheit nicht gerne. Aber die Jungen, die Du verführst, werden sich noch wundern. Weil sie die Krankheit verbreiten und eines Tages zur Rechenschaft gezogen werden.

Sokrates: Sie sind also nicht mehr zu retten und werden sterben.

Prasoulidas: Genau. Aber noch schlimmer: Sie werden zuvor noch andere anstecken.

Sokrates: .. die dann auch sterben.

Prasoulidas: So ist es .

Sokrates: Gibt es denn solche, die eventuell nicht sterben?

Prasoulidas: Ja, die, die sich impfen.

Sokrates: Das wären also dann die Unsterblichen, die Götter ?

Prasoulidas: Nein die doch nicht! Die Götter sind ja schon unsterblich.

Sokrates: Du meinst geimpft?

Prasoulidas: Du ziehst alles immer ins Lächerliche.

Sokrates: Ah jetzt begreif ich es: Mit der Impfung wird der Mensch selber unsterblich.

Prasoulidas: Aber nur teilweise unsterblich. Ein bisschen.

Sokrates: Ein Partialgott also. Ein Sterblicher mit einer unsterblichen Niere, oder einem unsterblichen Ohrläppchen? Oder wie soll man sich das vorstellen?"

Prasoulidas: Er wird nur gegen diese Krankheit geschützt mit der Impfung.

Sokrates: Dafür rafft ihn eine andere dahin.

Prasoulidas: Darum geht es nicht.

Sokrates: Worum geht es denn?"

…erher gekommen, um dir den Bund Kafkali-…gen, den Du gestern bestellen liessest für die …e Deiner Gemahlin Xanthippe. Und weil Du mir …edroht hast, dass sie dich verprügeln werde, wenn ich …gässe, dich daran zu erinnern.

… ist ehrenwert, dass Du diese lebensgefährliche Mission unternommen hast, um dem todgeweihten Krankheitsverbreiter Sokrates zum letzten Mal ein paar essbare Blümchen zu bringen.

…asoulidas: Man kann es Dir einfach nicht recht machen. Du undankbarer Spötter!

Sokrates: Nein, Prasoulidas. Ich danke Dir doch für deinen heldenhaften und uneigennützigen Einsatz. Was meinst Du, könnte man mich eventuell auch am Leben erhalten mit dieser Impfung. Was ist denn das genau? Es tönt ja so wie damals als Prometheus Deucalion den Tipp gab eine Kiste zu bauen.

Prasoulidas: Ich habe jetzt nicht soviel Zeit, denn im Unterschied zu Dir arbeite ich etwas und es ist nicht mein Verdienst anderen Löcher in den Bauch zu fragen.

Sokrates: Dann mach wenigstens diesmal eine Ausnahme. Vieleicht kannst Du einen Kunden retten.

Prasouildas: Was die Impfung genau ist, weiss man noch nicht im Detail. Es ist aber auch nicht so wichtig. Wichtig ist nur, dass man weiss, wie man sie macht und wer sie an sich machen liess. Deucalion hat ja auch nicht überlegt, warum Prometheus ihm anrät eine Kiste zu bauen. Er hat es einfach getan und erst später begriffen wozu es gut war.

Sokrates: Hoppla. Das ging jetzt etwas schnell für einen Langsamdenker wie mich. Darf ich wiederholen? Man weiss wie die Impfung geht und wer sie gemacht hat, aber nicht was genau geimpft wurde.

Prasoulidas: Schau hier. Das ist die Impfung.

Prasoulidas krempelt seinen linken Aermel hoch und zeigt ein Bran[illegible] am linken Oberarm. Sokrates schaut es sich ganz genau an.

Sokrates: Ich sehe ein Brandmal. Ein kleines, rundes Brandmal mit zwei konzentrischen Ringen und in der Mitte ein Punkt. Sieht aus wie eine Zielscheibe?

Prasoulidas: Ja, das ist eine Zielscheibe. Sie dient dazu, dass Apoll unser göttlicher Arzt uns hier mit seinem heilenden Pfeil trifft und uns damit vor der Krankheit schützt.

Sokrates: Hat er dich schon getroffen?

Prasoulidas: Man hat mir im Impftempel eidesstattlich versichert dass es bereits geschehen sei und der göttliche Impfschutz bestehe.

Sokrates: Da bin ich aber erleichtert für Dich, dass Du diese Krankheit besiegt hast, lieber Prasoulidas. Aber wozu trägst Du denn die Maske, wenn Du ja nun geheilt und unangreifbar bist?

Prasoulidas: Aus Solidarität.

Sokrates: Mit wem?

Prasoulidas: Mit den Nichtgeimpften.

Sokrates: Sehr interessant. Was kümmern Dich die todgeweihten Ungeimpften? Du kannst ja nach dem, was Du mir hier erzählt hast, weder von ihnen angesteckt werden noch kannst Du selber jemanden anstecken, weil du ja geheilt und geschützt bist.

Prasoulidas: Es geht nicht um mich. Ich bin doch kein Egoist. Ich will doch nicht, dass die Leute vor mir Angst haben, weil ich keine Maske trage und sie vielleicht dann glauben könnten, dass ich sie mit der Krankheit anstecken könnte.

Sokrates: Du ziehst also – wenn ich das nochmals wiederholen darf – diese Maske an, um den Mitmenschen, die gar keine Angst haben vor der Krankheit, die Angst vor Dir zu nehmen? Vor einem gesunden, geimpften Maskierten?

Prasoulidas: Nicht vor mir! Vor der Krankheit! Die Leute haben doch Angst vor der Krankheit – zu recht – und wenn niemand eine Maske trägt, haben doch alle noch viel mehr Angst. Deshalb sollten alle - auch die Geschützten - Masken tragen, um angstfrei leben zu können.

Sokrates: Also ehrlich gesagt kann ich auf Deine seltsame Art von Solidarität gerne verzichten, lieber Prasoulidas. Ich glaube sie hat vor allem mit Dir zu tun. Ich stelle aber fest, dass ich vielleicht ein Sonderling bin. Ich lebe zum Beispiel ohne Maske ziemlich angstfrei. Ich glaube, dass ich mal zu einem Arzt gehen muss.

Prasoulidas: Aber sei vorsichtig. Die meisten lügen Dich an.

Sokrates: Ich danke Dir Prasouilidas. Ich bin jedenfalls nach all dem Gesagten sehr froh, dass Du Gemüsehändler geworden bist. Was kosten denn die Kafkalithres?

Prasoulidas: Eine Eule.

Sokrates: Eine ganze Eule? Das ist Wucher. Vor einer Woche kosteten sie noch halb so viel.

Prasoulidas: Die FFP2 Masken kosten auch Geld. Und die Impfung auch.

Sokrates: Da nimm. Ich bin froh, wenn Du an meiner Stelle die Maske trägst. Ich sehe den Aufpreis als eine Art Lösegeld. Aber schau, da kommt gerade mein Freund Hippokrates daher.

Prasoulidas: Ohne Maske? So ein Rechtsextremer Nazi!

Sokrates: Das versteh ich nun gar nicht.

Prasoulidas: 2020 nach Christus wirst auch Du es verstehen.

Sokrates: Nach Christus? Wer ist das?

Hippokrates: Ah, da ist ja unser geschäftstüchtiger FFP2 Masken Händler Prasoulidas.

Prasoulidas: Corona-Lügner!

Hippokrates: Ha. Da flieht er!

Prasoulidas: Verschwörungstheoretiker!

Hippokrates: Elender!

Sokrates: Wo bin ich bloss hinein geraten?

Hippokrates: In einen leichten Hinterhalt unseres Gemüsehändlers.

Sokrates: Kannst Du mich bitte aufklären, lieber Hippokrates.

Hippokrates: Wie lange hast Du Zeit?

Sokrates: Ich bin ja schon bald Siebzig. Deshalb bin ich froh, wenn man etwas zügig vorwärts macht, nicht dass ich die Pointe noch verpasse.

Hippokrates: Die Kurzversion lautet: Das Menschliche geht mal wieder zu Grunde wegen der Armut der Reichen, dem Hunger der Satten, wegen der Blödheit der Ausgebildeten, dem Volkshass der Demokraten und wegen der Krankheit der Gesunden.

Sokrates: Was heisst: "geht mal wieder zu Grunde"? Geschieht dieser Untergang zyklisch, regelmässig?

Hippokrates: Es ist kein Untergang im Ganzen, sondern es geht zurück zum Grund und dann von da in eine Erhebung im Einzelnen. Es ist das was Apokalypse bei uns Griechen ursprünglich bedeutet: Entschleierung, Offenbarung, Klarheit. Schmerzhaft manchmal.

Sokrates: Ist das nicht ein wenig geschwurbelt. Untergang als Chance?

Hippokrates: Ich sehe es als spirituelle saisonale Entwicklung. Ein Winterchen trennt die Spreu vom Weizen. Die Seele des Menschen wächst nicht linear, sondern in einer lebendigen Aus-

	einandersetzung mit ihrem Umgebenden. Symptome dieses Streites und dieser Krämpfe sind die Krankheiten. Es geht um die Behauptung des eigenen Wesens und um die Abgrenzung gegenüber dem, was nicht zum eigenen Wesen gehört. Wenn es dem Menschen nicht gelingt sich von dem zu befreien, was man ihm aufschwatzt .....
Sokrates:	Was ist mit dem?"
Hippokrates:	... dann läuft er jetzt eben mit einer Maske rum und lässt sich impfen"
Sokrates:	.. und ist damit gezeichnet von einer Krankheit, genau so, wie andere mit einem stinkenden Ausschlag gezeichnet sind, einem Geschwür, oder einem Eiterpickel.
Hippokrates:	Richtig. Das sind die sogenannt symptomatischen Gesunden.
Sokrates:	Man hat aber bisher immer nur von den asymptomatischen Kranken gesprochen.
Hippokrates:	Wo ist da der Unterschied?
Sokrates:	Die Frage könnte von mir sein.
Hippokrates:	Der Unterschied ist für einen Arzt völlig klar: Ein Mensch ohne Symptome einer Krankheit muss als gesund gelten. Ein Mensch aber mit Symptomen einer Krankheit muss als krank gelten.
Sokrates:	Vielleicht hat hier ein Paradigmenwechsel stattgefunden.
Hippokrates:	Aber offenbar nur bei den symptomatisch Gesunden. Also bei denen, die die Zeichen ihres Gesundseins als Ausschlag zeigen.
Sokrates:	Ja, Du sagst es, es sind eigentlich Gesunde, die ihre Angst vor der Krankheit wie ein Geschwür als Fahne vor sich her tragen: Achtung. Ich bin nicht gefährlich!
Hippokrates:	Und genau daran leiden sie. Denn niemand glaubt ihnen. Nicht mal sie selber. Alle wissen dass sie tatsächlich krank sind.

Sokrates: Aber anders als sie meinen.

Hippokrates: Trefflich

Sokrates: Aber vielleicht lohnt es sich trotzdem für sie. Weshalb sonst soll unser Prasoulidas mit einer Maske als Impfbotschafter die Agora verseuchen?

Hippokrates: Er verkauft Masken. Er hat die Impfung geschenkt erhalten, weil die Athener Tyrannen sie bezahlen.

Sokrates: Weshalb tun sie das?

Hippokrates: Frag Cheirophon, deinen Schüler. Weil die Dreissig Tyrannen die Bürger Athens dezimieren wollen. Und es auch tun. Sogar auf Wunsch der Bürger selber.

Sokrates: Ist das nicht sehr blödsinnig?

Hippokrates: Blöd und krank ist dasselbe. Kannst mal beim Grimmschen Wörterbuch nachschauen.

Sokrates: Krass! Die Athener haben ihre eigenen Tyrannen gewählt und ihre eigene Demokratie versenkt und bringen sich jetzt selber um.

Hippokrates: Es ist kein Selbstmord. Die Bürger haben gemeint, dass es die 30 Tyrannen mit ihnen gut meinen. Und als die Tyrannen kurz darauf alle Bürger mit dem Schierlingsbecher hingerichtet hatten, konnten sie ihre Meinung nicht mehr revidieren.

Sokrates: Weil sie ja tot waren.

Hippokrates: ... oder sich verkrochen hatten aus Scham und weil sie nun wirklich Angst hatten.

Sokrates: Vor wem denn?

Hippokrates: Vor ihrem Gewissen, ihren Kindern, den Weisen und denen, die voraus denken wie Prometheus.

Sokrates: Aber Du, grosser Hippokrates. Kannst Du als Arzt nicht etwas tun gegen diese Seuche der Selbstversklaverei unserer

Demokraten und gegen die Selbstverseuchung der Gesunden. Ich bitte Dich!

Hippokrates: Du hast falsche Erwartungen an mich, lieber Sokrates. Wir sind keine Götter. Und unsere Triage ist brutal, und sagen wir es doch, ungerecht. Wenn einer zu mir kommt, der ein Leiden hat, von dem er befreit sein möchte, dann gilt für mich vor allem: Zuerst nicht schaden.

Sokrates: Das ist ja klar, dass Du dem Kranken nicht schaden willst.

Hippokrates: Es ist überhaupt nicht klar, lieber Sokrates, denn die meisten reagieren gerade umgekehrt.

Sokrates: Ein Beispiel bitte!

Hippokrates: Gestern geschehen. Eine Mutter ist mit ihrem Kind, einem Säugling von einem Jahr etwa, unterwegs auf der Agora. Sie will ein Geschirr kaufen für die Küche, einen Topf oder so. Das Kind trägt sie auf dem Rücken im Tuch. Es schläft. Durch einen dummen Zufall stolpert sie über einen Amboss und das Kind fällt in einen Stand von frisch geschliffenen Messern und schneidet sich am Arm. Es blutet sofort. Das Kind erwacht. Es schreit. Die Mutter noch viel mehr. Sie bricht fast zusammen, weil sie meint ihr Kind sterbe. Ich werde gerufen. Was mache ich zuerst?

Sokrates: Du verbindest die Wunde?

Hippokrates: Nein. Ich lasse die Mutter entfernen.

Sokrates: Du wirst Dir wohl etwas überlegt haben dabei?

Hippokrates: Ja. Du musst das Kind vor weiterem Schaden bewahren. Den schon geschehenen Schaden kannst Du nicht abwenden, aber den noch viel gröseren Schaden, den die Angst daraus machen wird, den kannst Du abwenden.

Sokrates: Aber die Mutter liebt doch ihr Kind! Wie verwegen ist da die Behauptung sie wolle ihm schaden.

Hippokrates: Nein, sie will ihm sicher nicht schaden. Aber ihre Sorge macht dem Kind Angst. Die Mutter ist in Panik. Das Kind meint dann wegen der Panik der Mutter, dass es sterben wird. Und dies verschlimmert das Geschehene.

Sokrates: Aber die Mutter ist ja nicht schuld.

Hippokrates: Nein. Aber sie meint, sie sei schuld. Deshalb muss man sie entfernen, sonst kann man dem Kind nicht helfen.

Sokrates: Versteht das denn die Mutter?

Hippokrates: Nein, natürlich nicht. Sie will nicht getrennt werden von ihrem Kind, das verletzt ist. Sie will mit ihm zusammen bleiben.

Sokrates: Das versteht man doch. Das ist Liebe.

Hippokrates: Ja, Ja, Ja. Aber es hilft trotzdem nicht.

Sokrates: Und was hilft denn?

Hippokrates: Deshalb haben wir diesen ersten Grundasatz unserer Heilkunst formuliert. Zuerst nicht schaden. Weil wir keine Götter sind, nur Menschen: Zuerst nicht schaden. Wir müssen zu aller erst, wenn jemand krank oder verletzt ist dafür schauen, dass das, was ihn verletzt oder krank gemacht hat, nicht weiter besteht. Wenn jemand Angst hat, muss man schauen, dass man ihm nicht weiter Angst macht. Dass man alles Angstmachende entfernt. Deshalb haben wir die sorgende, verzweifelte Mutter entfernt. Das Kind muss beruhigt werden. Es ist ja nur eine Schnittwunde. Das kriegen wir hin. Das Blut ist gut. Es muss da raus fliessen aus der Wunde, weil es sie reinigt. Und wenn alles beruhigt und verbunden ist, können wir die Mutter rufen und sie kann ihr Kind wieder zu sich nehmen.

Sokrates: Was aber wenn die Mutter längst tot ist und der Gemüsehändler Prasoulidas zu Dir kommt. Was machst Du dann?

Hippokrates: Zuerst schaue ich ob er Symptome einer Krankheit hat.

Sokrates: Und dann?

Hippokrates: Dann frage ich ihn, ob er sich krank fühlt?

Sokrates: Und dann?

Hippokrates: Wenn er sagt, dass er sich eigentlich gesund fühlt, frage ich ihn was für ihn "eigentlich" bedeutet? Er käme doch nicht wegen nichts zu einem Arzt?

Sokrates: Jetzt wird es spannend.

Hippokrates: Wenn Du ein guter Arzt bist, wird der Mensch Dir seine Seele offenbaren. Wenn er Vertrauen hat in den intimen Raum der Begegnung, den Du ihm öffnest.

Sokrates: Und wenn nicht?

Hippokrates: Man kann niemanden zwingen, sein Herz zu öffnen. Man muss der Seele Zeit lassen, Vertrauen zu finden, meist ein Vertrauen, das schon längst verschüttet ist, missbraucht wurde, scheu. Das dauert. Wir müssen die Türe immer offen lassen.

Sokrates: Und dann, lieber Hippokrates. Mach mich glücklich bitte mit einem versöhnlichen Ausgang.

Hippokrates: Der glückliche Ausgang ist nicht etwas, was der Arzt macht. Er tritt aus der Seele des Leidenden hinzu. In unserer respektvollen Distanz können wir nur fragen: Bist Du bereit, dasjenige, was Deine Krankheit verursacht hat, aufzugeben?

Sokrates: Und weisst du denn selber was diese Ursache ist?

Hippokrates: Nein. Zunächst geht es nur um die Bereitschaft.

Sokrates: Mit Wissen hat es nichts zu tun?

Hippokrates: Wir Aerzte wissen nicht viel. Wir sind Schüler der Kranken. Wir lernen von ihnen. Von jedem Einzelnen. Und suchen dann gemeinsam Wege wie wir den Störungen begegnen können, um sie zu verstehen und auf sie zu reagieren.

Sokrates: Aber die Patienten erhoffen von Euch dass ihr ihre Krankheiten heilt.

Hippokrates: Diese Hoffnung ist die Krankheit an der gerade viele leiden wollen.

Sokrates: Leiden wollen?

Hippokrates: Prasoulidas mit der Maske und dem Impf-Brandmal.

Sokrates: Versteh ich nicht.

Hippokrates: Die Hilfe kommt nicht von Aussen, sondern von Innen. Deshalb geht es in unserer Ärztekunst vor allem darum, dem Patienten Ruhe und Schutz und Rückzug zu bieten und ihm Zeit zu geben sich zu finden. Aber viele möchten die Verantwortung für ihre Gesundheit gerne delegieren und abgeben an Aemter, Gesundheitsexperten, Impfzentren, Maskenhersteller, Hersteller von Zaubermitteln usw. Diese Hoffnung auf Erlösung von Aussen ist das Leiden, das die meisten wollen und geradezu süchtig danach sind. Die Hoffnung auf äussere Erlösung los zu lassen ist wahrscheinlich die grosse Angst, die die Menschen in die Hände von Scharlatenen und Quacksalbern treibt.

Sokrates: Glaubst Du denn, dass unser Gemüsehändler wirklich an die Gefährlichkeit dieser Krankheit glaubt?

Hippokrates: Nein, diese Händler wissen ganz genau, dass die erfahrenen Mediziner, zu denen ich mich auch zähle, recht haben, wenn sie sagen es sei eine Influenze, eine Grippe, mit der ein gesunder Körper problemlos fertig wird.

Sokrates: Weshalb aber machen sie denn mit bei diesem Theater, das ihnen diese Impfpiester aufschwatzen?

Hippokrates: Es ist nur gewinnbringende Frömmelei. Sie biedern sich an bei denen, von denen sie glauben es seien die Mächtigeren. Die Maske und die Impfung sind bloss Anbiederungen bei denen von denen sie sich ganz egoistisch Vorteile und mehr Freiheit erhoffen.

Sokrates: Freiheit durch Unterwerfung?

Hippokrates: Die Unterwerfung ist nicht echt. Es ist nur Frömmelei. Es geht den Frömmlern ja nur um sich selber, und darum den anderen zu zeigen, dass man zu den Guten gehört, zu den Solidarischen zu den Klugen, den Mächtigen, der Mehrheit. Dass man keinen Ärger will und kein Aerger macht. Und es ist eine Drohung an diejenigen, die sich weigern mitzumachen.

Sokrates: Vor solchen Frömmlern sollte man sich in Acht nehmen.

Hippokrates: Ja, Sokrates. Aber du machst selber doch genau das Gegenteil. Du stellst sie zur Rede.

Sokrates: Und was soll ich jetzt mit den Kafkalithres machen?

Hippokrates: Essen. Sie werden unser Blut stärken nach der kräftezehrenden Niederkunft des Neuen, das uns geschickt wird.

Sokrates: Aber ich werde wohl den Gemüsehändler wechseln müssen.

Hippokrates: Ihm wird es nicht schaden. Er ist geimpft.

Kafkalithres ist der griechische Name des Wildgemüses von Tordylium apulum

IDÄISCHE HÖHLE

Mitte April lag noch Schnee auf dem breiten Rücken des Ida-Gebirges im Herzen von Kreta. Der Nordwind strich darüber und blies kalte Lüfte zur Südküste und hinaus übers Lybische Meer. Der Himmel war glasklar und tiefblau. Nur der höchste Gipfel des Psiloritis trug eine flachgewehte Wolkenmütze. Da oben am Rande der weiten Nida-Hochebene befindet sich die legendäre Idäische Grotte, Idaion Antron.

Die ersten beiden Wochen meines Aufenthalts in Agia Galini sah ich das flache Gebirge bei meinen täglichen Spaziergängen immer im Hintergrund von aufblühenden Wiesen und Olivenhainen. Der Frühling in Kreta ist aufmunternd, süss gewürzt und prall farbig. Ich dachte oft an meine verstorbene Mutter, die Ida hiess, wenn ich am Horizont den Bergrücken sah. Ob sie etwas mit diesem Ort zu tun hat? Dem Namen nach jedenfalls schon und jetzt, wo hier meine Erinnerungen an sie auftauchen, erst recht. Ich spürte ihre lebendige Nähe.

Nach ein paar Recherchen entschied ich ein Auto zu mieten und einen Ausflug zu der Idäischen Höhle zu wagen. Die einzige Zufahrt befand sich vom Norden her. Ich musste also zuerst nach Heraklion fahren und dann von da aus Richtung Westen der Bergflanke entlang, um Anogia zu erreichen, von wo eine geteerte Strasse - von der ich hoffte, dass sie schneefrei war - zur Nida-Hocheben hinauf führt, zum Geburtsort der griechischen Götterwelt. Aber bevor wir da oben ankommen, muss ich jetzt ein bisschen ausholen. Denn die Mythologie der Griechen ist so reich und schillernd inspirierend. Dies möchte ich gerne mit Ihnen teilen:

Die Schöpfungsgeschichte der Griechen beginnt nicht mit einem Gott, der von Anfang an und ewig da ist, sondern die Götter werden erschaffen von den Urkreaturen der Titanen. Am Anfang sah es gar nicht gut aus für die Götterwelt, denn das Urpaar des griechischen Kosmos, die Titanen Kronos und Rhea, führten eine seltsame Ehe. Kronos war krankhaft eifersüchtig auf die Kinder, die ihm seine Frau und Schwester Rhea gebar und verlangte nach jeder Geburt, die Frischgeborenen aufzufressen. Er hatte nämlich die Weissagung erhalten, dass er einst von seinem eigenen Sohn getötet werde. Mit der Verspeisung seiner Kinder wollte er den Fluch besiegen.

Die Geschichte von Kronos erinnert an den neutestamentlichen König Herodes, der auch aus Angst vor einem prophezeiten Nachfolger, der ihn vom Thron stürzen werde, befahl alle neugeborenen Kinder in Bethlehem auszurotten. Beide Kinderfresser hatten wenig Erfolg. Jesus wurde in Ägypten in Sicherheit gebracht und Kronos wurde durch eine List seiner Frau Rhea übertölpelt. Bei der Geburt ihres vierten Kindes, eines Knaben, beschloss sie nämlich den Säugling in einer Höhle in den kretischen Bergen vor den perversen Gelüsten ihres kannibalischen Gemahls zu verstecken. Als ihr Mann nach dem Neugeborenen fragte, präsentierte sie ihm einen in blutige Windeln eingewickelten Stein, den der Rabenvater unverzüglich verschlang ohne etwas von der Täuschung zu merken. Er muss wahrlich einen titanischen Magen gehabt haben.

Der Knabe, der versteckt wurde, hiess Zeus und die Höhle mit seiner Krippe befand sich in Kreta an der Bergflanke des Ida-Gebirges. Dort, in der Idäischen Höhle, wurde der Säugling Zeus von Amaltheia, einer Nymphe, aufgezogen mit der Milch von Ziegen. Damit man das Schreien des Kindes nicht hören und Kronos nicht Verdacht schöpfen konnte, postierten sich Kureten, eine Truppe von Kriegerdämonen, vor der Höhle, wo sie lärmige Kampfspiele abhielten.

Als Zeus gross geworden war begann er seine Karriere als Obergott der Griechen, indem er seine Schwestern und Brüder aus dem Magen seines Vaters Kronos befreite. Wieder half ihm dabei seine Mutter Rhea mit einer List. Sie braute ein Brechmittel und bot es ihrem Mann an. Das Gesöff funktionierte und Kronos kotze seine verspiesenen Kinder eins nach dem anderen aus: Hestia, Hades, Poseidon, Demeter, Hera und am Schluss auch noch den Stein, von dem Kronos einst gemeint hatte, es sei sein Sohn Zeus.

Nun war die Urgötterwelt bereit. Poseidon erhielt das Meeresreich, Hades die Unterwelt und Zeus den Himmel. Hestia war die Göttin des Herdfeuers, Demeter, die Göttin der Fruchtbarkeit der Erde, und Hera Schutzgöttin der ehelichen Sexualität. Wohin aber mit dem Stein? Er hat ja eigentlich die Götterwelt begründet, indem er Kronos' Kinderfresserei beendet hatte. Der sagenumwobene Stein wurde zum Nabel der Welt, dem Omphalos - was griechisch wortwörtlich Nabel bedeutet. Er ist der Grundstein, der den Geburtsort und das Zentrum der griechischen Welt markiert und im Heiligsten des Apollotempels in Delphi aufgestellt war.

Die Strasse zur Idäischen Höhle schlängelt sich in engen Windungen zuerst bis nach Anogia, ein Dorf das vielen Kretern als Herz der Insel erscheint; Archetyp des Kretischen. Man hat von der Anhöhe einen weiten panoramischen Ausblick über die Nordküste und über das Meer. Der Ort ist berühmt für seinen Käse, seine Oliven und den Wein aber auch für den Blutzoll, den seine Söhne bezahlen mussten für die Unabhängigkeit Griechenlands. Als die deutschen Nazis 1944 die Insel überfallen hatten, boten die Bergler Widerstand und entführten einen deutschen General. Um ein Exempel zu statuieren haben darauf die Deutschen ein Strafkommando ausgesandt und alle Männer des Dorfes exekutiert.

Als ich in Anogia ankam, war nur die Tankstelle am Dorfeingang geöffnet. Die berühmten Restaurants waren verriegelt. Im Kühlschrank des Tankstellenshops gab es nur industriell vorfabrizierte Sandwich der übelsten Kategorie. Ich entschied zu fasten, bis es wieder etwas Anständiges gab.

Die Abzweigung zur Bergstrasse ist gut beschildert. Als es hier noch Touristen gab, war die Nida-Hocheben eine beliebtes Ausflugsziel. Schon wenige Höhenmeter über dem Dorf wird deutlich, dass die Natur erst kürzlich aus ihrem Winterschlaf erwacht ist. Die mageren Büsche sind gerade daran auszutreiben und in den grossen Stachelkugeln der Wolfsmilchgewächse schimmert es erst zaghaft in der Tiefe etwas grünlich nach neuem Blattwerk. Die Natur ist hier geformt von einem Tier: Der Ziege. Mehr als Hundertausend sollen es sein, die jährlich auf der Hocheben und an den Flanken grasen und dabei in der dürftigen Vegetation einen Ultrakurzhaarschnitt zurücklassen, während sie selber langhaarig und zottelig rummeckern.

Nach ein paar Kilometern erreiche ich die ersten Schneefetzen, die in schattigen Ritzen der kargen Steinlandschaft überlebt haben. Und dann plötzlich wird die Strasse flacher und ich erkenne, dass ich auf dem erhöhten Rand einer sehr weiten von einem Bergkranz umschlossenen Ebene angekommen bin.

Die Nida-Hochebene sieht aus wie eine viele Kilometer weite Grasfläche in einem aufgefüllten Krater und mir kommt das Bild des Ngorongoro in den Sinn. Im Zentrum der leicht eingesenkten, kreisrunden Grasfläche glitzert Wasser und spriesst im Sonnenlicht kräftiges Wiesengrün. Die Gebäude der Sennerei und das Besucherzentrums, die am Ende der Strasse liegen, sind geschlossen und unbesucht; der riesige Parkplatz davor vollkommen leer. Auch Ziegen sehe ich keine.

Ich parkte mein japanisches Mietauto nicht auf der geteerten Fläche am Strassenende, sondern auf einem Kiesweg, der von da ein Stück weit den Berghang hinan führt. Den Wegweisern nach zu urteilen soll sich die Idäische Grotte am Ende dieses Weges befinden. Beim Aussteigen bemerke ich, dass mir aus dem steinigen Wiesehang ein klarer Bach entgegenquillt, der neben dem Auto in eine Rinne des Kieswegs gluckst und von da zu Tale hüpft. Das Wasser gurgelt oberflächlich zwischen Steinen und Moos und Gräsern als ob da direkt es aus dem Boden drängen würde und eine grosse Zahl von frisch blühenden Gänseblümchen bilden Polster zwischen dem Geglitzer und Geplätscher.

Mir kommt beim Anblick der Blümchen sofort Andreas Krebs in den Sinn, ein Freund von mir, der mir bei meinem letzten Besuch in seinem Wohnort Diersheim in Baden Würtemberg, erzählt hatte, dass es in seiner Familie eine Tradition gäbe, oder besser: ein Ritual, welches gemäss folgendem medizinischen Konzept funktioniert: "Wenn Du die ersten drei Gänseblümchen des Jahres isst, und zwar so, dass Du dich vor ihnen niederkniest und sie mit den Lippen abzupfst, also wie ein Kuh, oder Ziege, ohne die Hände zu benutzen, dann wirst Du das ganze Jahr gesund bleiben." Eine sympathische Krankenkassen Versicherungspolice, wie ich finde.

Ich schaue nach links. Schaue nach rechts. Hinüber zum Parkplatz. Kein Mensch ist zu sehen. Der Ort hier sieht geradezu ideal aus, um sich ungestört der Zauberei hinzugeben. Ich suche zwei flache Steine und lege sie in der Nähe einer Gänseblümchengruppe auf den nassen Boden. Auf diese Steine kniete ich mich nieder und beuge mich mit dem Oberkörper vor und mit dem Gesicht herab zu den Gänseblümchen. Dabei fällt mir beinahe meine Mütze vom Kopf. Mit beiden Händen stütze ich mich seitlich ab. Dann nähere ich mich mit dem Mund den Blümchen, die sich fast ohne Stiele in ihre Blattrosetten ducken. Dann spitze ich die Lippen und zupfe vorsichtig das erste Blümchen ab, dann das zweite, das dritte und beginne zu kauen, während ich mich wieder von der grasenden in die kniende Position aufrichte. Diese Haltung – bemerke ich dabei - ist ja wie bei den Gebeten der Muslims, wenn sie ihre Gebetssteine mit den Lippen berühren, oder wie wenn der Papst beim Besuch eines Landes aus seinem Vatikan-Jumbojet aussteigt und noch auf dem Rollfeld den Boden küsst. So fühlen sich also Ziegen.

Die Gänseblümchen schmecken ausgezeichnet. Man isst sie im Frühjahr mancherorts als Salat. Sie sind süss und erfrischend und es fehlt ihnen das Bittere, das viele Wildpflanzen auszeichnet. Mit dem grünen Wiesenklang im Mund ergreife ich meinen Rucksack und wähle nicht den Kiesweg, sondern einen als Fussweg ausgeschilderten schmalen Pfad hinauf zur Idäischen Höhle.

Einige Familien aus Anogia aber auch Clans von entfernteren Dörfern besitzen hier oben seit Jahrhunderten kleine Kapellen, Kirchlein, Steinhaufen und private Friedhöfe. Sie werden heute noch an bestimmten Tagen besucht. Es wurden Bäume gepflanzt, die Schatten spenden. Steinerne Tische und Bänke sind aufgestellt. In alten Feuerstellen liegt nasse Kohle.

Die Ankunft des schmalen Wegleins auf der Bergterasse vor der Höhle ist ernüchternd. Es sieht mehr nach einer verlassenen Mine aus. Zwei rostige Schmalspur Geleise einer Böllerbahn führen in Richtung des breiten, dunklen Höhlenschlitzes, der sich in einer senkrechten Felswand wie ein zahnloser Mund öffnet. Keine Säule, keine Dekoration kein einziger bearbeiteter Stein, keine Spur kultureller Tätigkeit. Nur Kies, Geröll, Felsen, Gebröckel. Und in schüchterner Distanz eine grosse, schon vom Licht schwer abgeschossene Aluminiumtafel, auf der einige Fundstücke abgebildet sind, die man hier ausgegraben hat und wo etwas literarischer Fastfood der Geschichte der Höhle dargeboten wird.

Als ich mich dem Höhleneingang nähere fliegen zwei Tauben auf, die – wie ich später merke - in einer Nische an der Höhlendecke nisten. Auch ein Rabe flattert hoch vorbei. Nun erst erkenne ich die Dimensionen. Der Eingang ist eine veritable Halle, etwa zehn Meter hoch und darin steigt man über eine abschüssige Steinhalde in den Höhlenschlund hinab. Der Zugang ist jetzt noch mit einem meterdicken Schneehaufen versperrt, der im Schatten lange gegen Licht und Sommer Widerstand leistet. Von der Decke der Grotte hängen Eiszapfen. In der einströmenden Wärme der Mittagszeit tauen sie auf und tropfen. Im Sekundentakt hört man wie einzelne dieser Glaszähne losbrechen, auf dem Höhlenboden aufprallen und zersplittern. Der Weg hinab zu ein paar unspektakulären Steinplatten, die in der Tiefe der Höhle schwach zu erkennen sind, ist verschüttet und unpassierbar. Wenn man da abrutscht, ist man schneller unten, als einem lieb ist und man bricht sich ein paar Knochen, die man später noch brauchen könnte. Hat man sich so das Bethlehem der griechischen Götter vorgestellt? Das Kinderzimmer des grossen Göttervaters Zeus? Also sinnierend setze ich mich vor dem Höhleneingang auf ein Steinmäuerchen und lasse die Sonne mein Gesicht wärmen. Nach einer Weile der Einkehr lasse ich meinen Blick schweifen über die Steine, Blumen, Dornbüsche, die vielen Geissenbölleli, die überall verstreut sind, sehe ein Büschel von Ziegenunterwolle, das sich in einem kratzigen Gestrüpp verfangen hat. Nun höre ich Motorengeräusch. Vom Tal her schleicht ein fetter, schwarzer Hochglanz Mercedes-Jeep mit getönten Scheiben ängstlich auf dem holperigen Kiesweg heran.

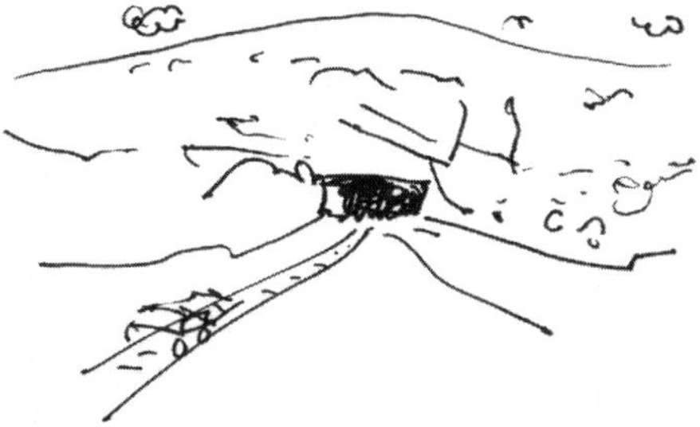

DAS ORAKEL VON DELPHI

In Griechenland kann man trefflich über den Untergang von Weltreichen, Höhepunkten der menschlichen Kultur, Agonie von Imperien und Bauchlandungen von Idealen sinnieren. Überall liegen die prunkvollsten Tempelknochengerüste verstreut unter meterdickem Staub und Erde. Ich habe mich immer gefragt: Weshalb haben die Nachfolger nicht wenigsten die Fundamente genutzt um darauf ihre kleineren und bescheideneren Häuser zu bauen? Weshalb wuchsen die Strassen zu? Ist die versunkene Pracht so unheilvoll erschienen? Sind die Kulturkadaver aus Angst gemieden worden, oder aus Verachtung, oder vieleicht einfach deshalb, weil die zyklopischen Bausteine von keinem normalen Menschen bewegt werden konnten, sondern nur von Sklavenheeren, die es nicht mehr gab? Jedenfalls wurden sie verlassen, vergessen und man hat schon wenig später den selben Unsinn erneut gemacht mit demselben Resultat, dass alles den Bach runter ging.

Warum haben unsere Stadt- und Staatgründer nicht aus der Geschichte gelernt? Sie haben doch genug Zeit gehabt. Wer drei Mal denselben Fehler macht, sagt man, sei dumm. Es sind aber schon mehr als drei Male. Sehr oberflächlich gezählt sind es seit Babylon, Ninive, Katal Hüyük, Jericho, Sodom und Gomorrha, Luxor, Athen, Troja, Side, Karthago, Rom schon ein Dutzend und mit dem zehnjährigen Tausendjährigen Reich des Herrn Adolf H. schon dreizehn. Braucht es wirklich so viele Bankrotterklärungen menschlicher "Hochkulturen", bis man einsehen kann, dass es vielleicht der falsche Weg ist? Eine zyklisch wiederkehrende unendliche Verschwendung menschlicher Lebensenergie? Oder ist das normal?

Weil man mir den Flug zurück in die Schweiz über Frankfurt verweigert hatte, war ich also in Athen gestrandet. An der Plexiglasreception des Hotels schnappte ich mir einen Stadtplan, spazierte zur Agora, wo einige Läden schüchtern geöffnet waren, einige Polizisten herumstrolchten, besuchte an einem wundervoll dunkelblauen, wolkenlosen Tag die Akropolis. Es hatte eine handvoll Einheimische da oben. Ein riesiger Kran war im Parthenon installiert, um da irgend etwas aufzubauen.

Ein Direktflug zurück nach Zürich war erst wieder am 22. April möglich. Ich hatte also noch einen zweiten Tag frei. Ein Traum von mir war schon immer, den Apolltempel und die Anlagen von Delphi zu besuchen. Aber reichte ein Tag dafür und reichte dazu mein Geld? 200 Euros hatte ich noch auf meiner Travelcash Karte. Ich hob sie kurz entschlossen ab, buchte einen Privattaxi und liess mich früh am nächsten Tag, dem 21. April 2021, von einem gemütlichen Chauffeur hinfahren. Delphi liegt 180 km westlich von Athen.

Nach einer bequemen Fahrt durch fruchtbare aber trockene und weite Täler, steigt vor uns in der Ferne das Gebirge des Parnass in den Himmel. Die Strasse führt durch einen engen Canyon in die Berge, am einzigen Nobelskiort Griechenalnds vorbei, Arachova, und von da sind es nur noch ein paar Strassenkehren Richtung Golf von Korinth entlang einer steilen, abschüssigen und bröckligen Bergkette bis zum berühmtesten Ort des antiken Griechenlands, dem Mittelpunkt der damaligen Welt. Ich war ein bisschen enttäuscht, als ich da ankomme. Weshalb gerade an diesem Ort? An einem Abhang? Er liegt wie zufällig unter einer Bergwand des Parnass, dessen Felsabbrüche und Erdrutsche schon einige Male Tempelteile zerstört haben. Nichts an Delphi ist wirklich spektakulär. Ausser die Geschichten. Für den, der sie nicht kennt, ist Delphi einfach eine der vielen archäologischen Geröllhalden mit dem Charme eines verlassenen Steinbruchs.

Um der Bedeutung des Ortes Delphi näher zu kommen, werde ich die vielen Geschichten, die da zusammen laufen, aufteilen. Beginnen wir zuerst mit denen der Götter:

Kronos ist der Sohn von Himmel und Erde, von Gaia und Uranos. Er ist der Anführer der Titanen. Kronos zeugt mit seiner Schwester, der Titanin Rhea, die griechischen Götter. Und zwar gegen seinen eigenen Willen. Er wollte sie ja alle verschlingen. Der Omphalos, der Stein, den Rhea ihrem Gemahl Kronos an Stelle von Zeus zum Frass vorlegte, wurde zum Nabel und Mittelpunkt und zur Geburtsstätte der griechischen Götterwelt. Delphi heisst griechisch Gebärmutter.

Der frischgebackene Göttervater Zeus heiratete seine Schwester Hera, aber diese Ehe war noch konfliktträchtiger als diejenige seiner titanischen Eltern. Denn Zeus war ein notorischer Schürzenjäger und bei seinem Hang zum Ehebruch leider mit der falschen Frau liiert, der Schutzgöttin der Ehe. Es ist also leicht vorstellbar was in dieser Ehe so alles abging. Dummerweise erfuhr Hera auch immer wieder von den Seitensprüngen ihres Ehegattengottes, oder es wurde ihr von böswilligen und missgünstigen Intrigantinnen absichtlich unter die Nase gerieben, um Ärger und Zwietracht zu säen. Die griechische Mythologie übertrifft mit ihren Abgründen und Ausschweifungen fast in jeder Hinsicht die süffigsten Netflixdramen.

Als Hera die Weissagung erhält, dass Zeus mit einer Nebenbuhlerin Kinder zeugen wird, die mächtiger sind als ihre eigenen, platzt ihr der Kragen. Sie sendet einen gefürchteten Drachen aus, den Python, der in Delphi lebte, um Leto, die schwangere Geliebte des Zeus zu töten. Diese versteckt sich aber, wird sogar auf einer eigens geschaffen Insel, Delos, zur Niederkunft hingebracht, platzt aber beinahe, weil die Göttin der Geburtshilfe sich weigert sie zu entbinden. Es ist furchtbar. Und ein Wunder, dass Artemis und Apoll überhaupt zur Welt kamen. Erstaunt stellen wir fest: Selbst für unsterbliche Götter war das nicht Peanuts.

Auch nach der Geburt der göttlichen Zwilinge Artemis und Apollo, wird Leto weiter vom Drachen verfolgt. Apollo will seine Mutter von diesem Fluch befreien und sucht den Python in Delphi auf, wo dieser das Orakel hütet, tötet ihn und begräbt das Schlangenmonster unter dem Omphalos.

An der Stelle Pythons übernahm fortan Pythia den Job des Orakels und sitzt seither im Apolltempel auf dem Dreibein, das mit der Haut des Drachens Python bespannt ist.

Das Apoll-Heiligtum in Delphi ist das Wichtigste der Antike. Apollo selber gilt als Gott der Künste, der Heilkunst und der Bogenschützen. Er stiftete in Delphi die pythischen Spiele, eine Art musisches Gegenstück zu den Olypischen Spielen; mit Musikwettbewerben, Schauspiel- und Dichterwettkämpfen, ein antikes "Griechenland sucht den Superstar."

Alle grossen Griechen haben Delphi besucht von Homer, Hesiod über

Aischylos, Sokrates, Hippokrates, Platon, oder haben dort Rat gesucht wie Alexander der Grosse, und viele mehr. Pythia, sass auf einem dreibeinigen Stuhl über einer Erdspalte, aus der Dämpfe aufstiegen, die sie in Trance versetzten. Der Überlieferung nach äusserte sie sich in einer unverständlichen Sprache. Priester mussten ihre Mitteilungen interpretieren.

Ausserdem fanden Weissagungen nur an bestimmten Tagen statt, die nicht vorhersehbar waren. Eine Ziege wurde dazu verwendet. Wenn sie beim Bespritzen mit kaltem Wasser zusammenzuckte, fand das Orakel statt. Sonst nicht.

Damit sind wir jetzt bei der Menschenwelt angekommen. Wie wurden die Griechen erschaffen? Nach den mythischen Erzählungen gab es schon zur Zeit der Regentschaft des Titanen Kronos Menschen. Sie lebten im sogenannten Goldenen Zeitalter, was wir mit Paradies übersetzen können, ein Superhabitat in welchem es kein Leid gab, keine Krankheit, keine Boshaftigkeit und keinen Hunger, keinen Krieg. Alle waren Veganer. Es herrschte sogar ein Tierfrieden, das heisst auch die Löwen, Adler und Raubfische waren Vegetarier. Alles war perfekt geregelt. Nicht mal Wünsche gab es aber auch kein Glück, weil ja das Pech fehlte.

Unter den Titanen war Prometheus der Freund, Förderer und Beschützer dieser beneidenswerten Menschen. Als aber Zeus auftritt, der neue Göttervater, gibt es Ärger. Er verlangte nämlich Opfertiere von den Menschen, wird aber von Prometheus, der die Opferteilung vornimmt, übervorteilt. Zeus nimmt darauf den Menschen das Feuer weg. Prometheus klaut aber heimlich das Feuer von Zeus und gibt es den Menschen wieder zurück. Zeus bestraft darauf Prometheus, indem er ihn an einen Felsen schmieden lässt und ein Adler kommt, der täglich ein Stück seiner Leber aus seinem Körper reisst, und das lebenslänglich, weil er als Titan ja unsterblich ist. Bei einigen Dichtern gibt es sogar ein Happy end. Prometheus wird begnadigt.

Der griechische Dichter und Philosoph Hesiod erzählt in seinem Buch "Werke und Tage" um 700 v. Chr. eine etwas andere Schöpfungsgeschichte der Menschen. Weil sie von Zeus das Feuer geklaut haben, will der Obergott die Menschen bestrafen. Beim Aushecken von Greueltaten waren die griechischen Götter immer sehr erfinderisch. Teuflisch drastisch. Zeus beauftragt seinen Bruder Hephaistos, den Gott der Bildhauer und Schmiede, aus Lehm eine Menschenfrau zu erschaffen. Sie soll mit allen erdenklichen Finessen, Begabungen, Fähigkeiten und Schönheiten ausgestattet sein. Aphrodite spendet etwas Liebeszauber, Hermes eine geschliffene Rethorik, Schmuck und Schmäh vom Feinsten. Und sie nennen die Lehmfrau Pandora, "Die mit Allem Begabte", diejenige, der man alles gegeben hat. Unwiderstehlich. Aber als Brautgeschenk für ihren künftigen Gemahl gibt ihr der Fiesling Zeus einen Krug mit, der bis oben gefüllt ist mit allen Flüchen, Übeln, Plagen, Bösartigkeiten und Krankheiten, die die Menschen bestrafen sollen für den hinterlistigen Diebstahl des Feuers.

Zeus schickt den Götterboten Hermes mit der verführerischen Pandora zum Titanen Epimetheus, dem Bruder des Feuerdiebes Prometheus. Epimetheus ist hoch erfreut und vergisst, dass ihn Prometheus gewarnt hatte, ja nie ein Geschenk des Zeus anzunehmen. Pandora ist einfach zu verlockend. Ausserdem heisst sein Name Epimetheus: "Der, der erst nachher denkt", im Unterschied zu Prometheus, dessen Name bedeutet: "Der, der voraus denkt". Nomen est omen.

Das Unheil nimmt seinen Lauf. Pandora und Epimetheus heiraten Sie öffnet als Brautgeschenk den Krug - ein Wort das fälschlicherweise mit Büchse übersetzt wurde, aber egal – und daraus ergiessen sich Unbill, Schmerz, Gier, Hass, Blödheit, Krieg, Missgunst, einfach das ganze Arsenal des Schreckens über die Menschheit. Nur etwas bleibt zu unterst im Krug zurück. Die Hoffnung. Die Hoffnung? Was macht die Hoffnung in diesem Krug mit allen Übeln? Und weshalb wurde sie zurückbehalten? Wir werden darauf später zu sprechen kommen.

Jedenfalls ist mit der Büchse der Pandora das Goldene Zeitalter der Menschen zu Ende. Man hat immer wieder Pandora mit Eva und Epimetheus mit dem alttestamentarischen Adam verglichen. Die Parallelen sind zweifellos bemerkenswert, vor allem auch was die Misogynie betrifft, den Frauenhass, der sich in manchen patriarchalen Gesellschaften darauf gründet. Pandora ist ja die Frau, die den unbedachten und naiven Epimetheus verführt und damit die Vertreibung der Menschheit aus dem Paradies des Goldenen Zeitalters bewirkt.

Es kommt noch heftiger. Pandora und Epimetheus haben eine Tochter mit Namen Pyrrha. Auch Prometheus hat einen Sohn mit Namen Deukalion. Die beiden mögen sich. Der vorausdenkende Prometheus bittet seinen Sohn, eine Kiste zu bauen. Er kennt Zeus und weiss, dass er alle Menschen vernichten will. Tatsächlich schickt der zornige Göttervater eine alles vernichtende Flut und nur Deukalion und Pyrrha überleben in dieser Zweierkiste. Allerdings ohne die vielen Tiere, die in der Arche des Noah zusammengedrängt wurden. Ausserdem dauerte bei den Griechen die Sintflut neun Tage und die Kiste landet nicht auf dem Ararat, sondern auf dem Parnass, also genau auf dem Berg, an dessen Flanke Delphi liegt. Aus dem ersten Paar Pyrrha und Deukalion entstehen alle heute lebenden Griechen. Delphi ist damit also nicht nur Geburtsort der Götter sondern auch Geburtsort der Menschen. Allerdings haben diese jetzt alle Übel aus der Büchse der Pandora am Hals. Aber sie besitzen auch einen Draht zum grossen Heiler unter den Göttern, Apoll, der in Delphi durch das Orakel zu den Menschen spricht.

Ich war am 21. April 2021 der einzige Besucher in Delphi. Das Original des legendären Omphalos-Steines ist verschollen. Römische Marmor Kopien davon sind erhalten geblieben. Sie zeigen einen phallisch geformten glatten Stein, der mit einem groben Netz von Pflanzen-, oder Wollgirlanden dekoriert ist. Als Ersatz für den Omphalos hat man in Delphi einen anderen Stein an den Weg gestellt, der ein bisschen aussieht wie die Spitze einer Mondlandefähre.

Auf dem Gelände des Weltkulturerbes der UNESCO waren überall maskierte Aufseher postiert in kleinen Häuschen, oder beim Amphiteater unter einem Sonnenschirm. Nach Bezahlung des Eintrittgeldes von zwölf Euro ermahnte mich eine eifrige Angestellte ich solle eine Maske anziehen. Ich lachte sie aber nur laut aus und spazierte über die einstige Prozessionsstrasse gemütlich hinauf zur Plattform, auf welcher der Apolltempel stand; vorbei an den vielen Schatzhäusern, die von den Teilstaaten des griechischen Bundes mit Beute aus ihren Kriegszügen und mit Gaben für das Orakel und für Apollo gefüllt waren.

Delphi war eine Art Bankzentrum der Griechen. Ein bisschen wie Zürich Paradeplatz mit seinen Börsenorakeln. Man musste aber vorsichtig sein beim Befragen des Orakels. Krösus, der sprichwörtlich reichste aller Könige, hatte einst vor einem bevorstehenden Kriegsgang das Orakel befragt und zur Antwort erhalten: "Du wirst ein grosses Reich zerstören". Er zog darauf ermutigt in die Schlacht und zerstörte - wie es prophezeit wurde - ein grosses Reich: Sein eigenes

Ich setzte mich unter einen Olivenbaum, inmitten der Trümmer der einst prächtigen Anlage. Weit unten im Tal hörte ich das Rauschen des Flusses, ab und zu auf der Strasse einen Jeep voller Geissen, das Summen von Bienen, das Geträller eines Vogels. Das Knirschen der Steine unter den Schuhsohlen. Wind in den Gräsern. Idyll in Ruinen.

Nach einer schönen Weile, während der ich mich streicheln lasse vom Rinnen der Zeit, erhebe ich mich, ziehe meinen Rucksack an und mache ein paar Schritte in Richtung des für Touristen angelegten Weges. Da spricht mich plötzlich eine kleine Blume an, die zwischen zwei grossen, schrägen Steinquadern im kargen Wiesland stand. Ein unscheinbarer weisser Doldenblütler, mit vielen zarten Schirmchen, die umtanzt sind von strahlen weissen Bänderblüten in Form von Herzen. Einzigartig. Ich erkannte diese Pflanze sofort, aber ich kannte sie nicht. Also nahm ich drei Blütenschirmchen in einem der braunen Glasfläschen zu mir.

Apoll besiegt die Schlange Python, die in Delphi hauste. Mit dem Drachenblut, das vergossen wurde, gingen die hellseherischen Kräfte der Erdschlange auf den Ort und auf das Orakel über.

DIE DUMMEN UND DIE RÄUBER

Danielos:	Schönes Wetter heute.
Sokrates:	Das nennst Du schön? Ich finde es zu heiss und zu hell und trocken. Ich finde das Wort schön in Zusammenhang mit dem Wetter ganz grundsätzlich sehr fragwürdig. Mir scheint dass wir uns in dieser Sache wohl nicht so rasch einig werden.
Danielos:	Es war ja nur so eine Verlegenheitsfloskel. Ich begegne ja nicht jeden Tag dem grossen Philosophen Sokrates.
Sokrates:	Sei bloss froh.
Danielos:	Bin ich ja.
Sokrates:	Ach, Danielos, was treibst Du Dich in den Ruinen von Delphi herum?
Danielos:	Das wundert mich auch. Ich bin das erste Mal hier. Du jedoch gehörst fast schon zur Ausstattung.
Sokrates:	Ja, das ist wahr. Ich gehöre zum Mobiliar dieses Trümmerhaufens, nicht wahr?
Danielos:	Als was kommst Du Dir denn vor darin: als Stuhl, oder als Bett?
Sokrates:	Am ehesten als Kleiderhaken, an dem jeder sein Tuch, mit dem er seine Nacktheit zu verhüllen sucht, aufhängen kann.
Danielos:	Und es dann nie mehr anziehen kann, weil Du es stur festhältst.
Sokrates:	Ja, das ist der Haken an der Sache.
Danielos:	Einige sagen: Das Unangenehme an Sokrates.
Sokrates:	Du findest mich unangenehm?
Danielos:	Das Wort ist vielleicht nicht richtig gewählt. Irritierend wäre vielleicht besser.

Sokrates: Ach ja? Und was genau wäre am Wort irritierend besser als unangenehm?

Danielos: Bei irritierend weiss man nicht so genau ob es unangenehm ist, oder ob es nur so scheint.

Sokrates: Du meinst, weil man beim Stolpern aufwacht.

Danielos: Ja, und man sich fragt, was der Stein, der auf dem Weg lag, mit diesem Aufwachen zu tun hat.

Sokrates: Ob man ihm dankbar sein soll, oder ob man lieber weiter geträumt hätte.

Danielos: Dies hängt wohl von der Grösse des Steins ab, und ob man sich beim Aufwachen weh tut und gar hinfällt.

Sokrates: Der Schmerz wäre dann in Relation zur Blindheit zu setzen, mit der man unterwegs ist.

Danielos: Vielleicht ist man ja auch nur geblendet, wie jetzt an der gleissenden Mittagssonne.

Sokrates: Stimmt. Lass und da hin sitzen unter den Olivenbaum.

Die beiden setzen sich auf eine schlichte Bank ohne Rückenlehne und schauen hinunter in das tief eingeschnittene Tal. Aus einiger Entfernung kommt ein dunkel gekleideter Mann daher mit einer schwarzen Maske über Mund und Nase. Er trägt an einem blaugelben Band ein kleines Plastikschild mit seinem Bild und irgendwelchen Barcodes um den Hals.

Aristophanes: Meine Herren, hier herrscht Maskenpflicht.

Sokrates: Haben sie einen Namen, werter Wärter?

Aristophanes: Ich bin Kleptespis, der Oberaufseher des Weltkulturerbes Delphi.

Sokrates: Angenehm. Ich bin Sokrates und das ist ein Besucher aus der Schweiz mit Namen Danielos.

Aristophanes: Wir kennen ihn. Er hat bereits unten neben dem Zahlhäuschen die Aufforderung der Assistentin des Maskenpflichtbeauftragten für das Weltkulturerbe Delphi missachtet.

Danielos: Es war ein Missverständnis, verehrter Oberaufseher Kleptespis. Ich habe gedacht sie sei das Orakel.

Sokrates: Ich bin gespannt, Danielos, ob er dies lustig findet.

Aristophanes: Keineswegs. Sie wissen doch, dass es seit 419 nach Christus das Orakel von Delphi nicht mehr gibt, dass es zerstört, verbrannt, umgebracht und vernichtet wurde.

Sokrates: Setzen sie sich ein wenig zu uns, Herr Oberaufseher, es hat ja heute keine weiteren Besucher und wir können uns also die Zeit gönnen, die Sache etwas mehr in der Tiefe zu erörtern.

Aristophanes: Das geht nicht. Die Mindestabstände von 1,5 Metern können auf diesem Bänklein nicht eingehalten werden.

Sokrates: Welche Mindestabstände?

Aristophanes: Die Mindestabstände die zwischen zwei Menschen eingehalten werden müssen, die sich auf dem Gelände des Weltkulturerbes Delphi aufhalten.

Sokrates: Wieviele Zentimeter sind erlaubt?

Aristophanes: 150 Zentimeter oder 1500 Millimeter.

Sokrates: Ich bekenne mich schuldig , Herr Oberaufseher.

Danielos: Ich auch, Herr Oberaufseher.

Aristophanes: Ich fordere sie erneut auf, eine Mund Nasenbedeckung anzuziehen und den vorgeschriebenen sicheren Mindestabstand von 1,5 Metern einzuhalten.

Sokrates: Das ist mir zu mühsam, Herr Oberaufseher. Ich probier es mal mit einer Weigerung.

Aristophanes: Dann muss ich sie verwarnen.

Sokrates: Tun sie das. Ich bin gespannt.

Aristophanes: Ich zähle bis drei. Und dann werde ich da oben ferngesteuert mit Bluetooth das Türchen zum Athener Schatzhaus öffnen. Darin sind drei hungrige Höllenhunde eingesperrt, die darauf trainiert sind, jeden der keine Maske trägt aufzufressen.

Sokrates: Das trifft sich gut. Ich habe eine Hundehaarallergie.

Aristophanes: Eins

Danielos: Jetzt verstehe ich, weshalb es hier so wenige Besucher hat.

Aristophanes: Zwei

Sokrates: Schönes Wetter heute. Nicht wahr?

Aristophanes: Drei.

Alle drei drehen ihre Köpfe und schauen hinüber zum Schatzhaus der Athener. Nichts rührt sich dort. Der Oberaufseher zieht darauf wortlos die Maske von seinem Gesicht. Mit einem breiten Grinsen umarmt er Sokrates.

Sokrates: Aristophanes! Mein meistgehasster Lieblingskomödiendichter.

Aristophanes: Ja, mein lieber Sokrates, mein meistverhunzter Lieblingsphilosoph. Theater ist immer noch meine Leidenschaft. Vor allem dann, wenn die Zuschauer meinen es sei die Wirklichkeit.

Sokrates: Dann sind die Aufseher hier in Delphi alles Schauspieler?

Aristophanes: Ja. Auch die Polizisten.

Danielos: Auch die Polizisten in Athen? Und in Heraklion?

Aristophanes: Überall. Und die Sanitäter und die Plastikfrauen und die PCR-Test-Kontrolleure. Alle. Es ist das einzige Theater, das sie noch spielen dürfen. Es ist ja sonst überall Lockdown, und wovon sollen Schauspieler sonst leben?

Sokrates: Das nenn ich Kreativität in der Krise: Das Schauspiel sucht jetzt sein Publikum heim.

Aristophanes: Darf ich mich zu Euch setzen?

Sokrates: Ja klar.

Aristophanes: Ich bin gerade an der Arbeit für ein neues Stück und mich würde Eure Meinung zu meinem Entwurf sehr interessieren.

Sokrates: Nichts lieber als das. Sprich. Worum geht es denn?

Aristophanes: Ich werde Euch, wenn ihr erlaubt, den ersten Aufzug des Stücks so wie er bereits im Gerüst fertig gestellt ist, erzählen. So kurz es eben möglich ist.

Sokrates: Wir hören.

Aristophanes: Das Schauspiel wird eröffnet mit einem Monolog des Räuberhäuptlings Dovurtsa. Er beklagt sich bitterlich über das schwere Los der Räuber, dass sie gezwungen seien, andere auszurauben und von niemandem dafür geachtet würden, obschon sie doch Teil der Gesellschaft seien und erst noch die Branche mit der höchsten Wertschöpfung. Stigmatisiert als Böse und Abschaum und von der Wertschätzung ihrer Mitbürger ausgeschlossen fristeten sie ein unwürdiges Leben als Kakerlaken in den finsteren Ecken von Athen.
Dazwischen singt der Chor der Räuber immer zustimmende Slogans: "Wir Räuber sind auch nur Menschen!" usw.
Dovurtsa steigert seine Klagerede in den Ausspruch: "Wir wollen, dass nicht mehr immer wir, die Bösen, leiden müssen. Nein. Das muss jetzt ändern. Wir verlangen, dass endlich auch die Guten leiden; die Folgsamen, die Tugendhaften, Ehrlichen, Naiven und Gutgläubigen und Aufopfernden."
Dazwischen immer der Chor der Räuber: "Sie sollen auch mal leiden. Auch die Guten sollen spüren wie schlimm es ist böse zu sein."
Eine aufrüherische, revolutionäe Stimmung entsteht in der Versammlung der Räuber. Alle sind sich einig, dass man die Berufsrisiken der Räuber minimieren und die Imageprobleme ihres Gewerbes lösen müsste, aber wie?
Nach einigem Hin und Her findet man, dass es am einfachs-

ten wäre, wenn die Leute, die etwas besitzen, sich in Zukunft selber berauben, bestehlen und ausbeuten. Der Chor der Räuber darauf: "Sie sollen sich selber berauben. Ja, warum immer wir? Sollen sie sich doch selber berauben! Aber wie machen wir dies? Wie soll das gehen?"
Der Räuberhäuptling bereitet nun vor seinen Kollegen einen Aktionsplan aus: "Wir müssen die Dümmsten in die Regierung wählen, damit sie Gesetze erlassen, um den Räubern Geld aus dem Steuersubstrat zu überweisen." Man könne doch damit zugleich wirksam die Kriminalität bekämpfen und es wäre allen gedient. Chor der Räuber: "Aber so dumm ist doch niemand. So dumm ist doch niemand."
"Eine Alternative wäre", spricht der Räberhäuptling weiter, "dass wir die Regierung der nur Halbsodummen bestechen. Das kostet allerdings viel und wir würden noch mehr in die Beschaffungskriminalität gedrängt. Also wäre es günstiger, wenn sich die Halbsodummen selber gegenseitig bestechen. Und zwar so dass für uns etwas abfällt. Chor der Räuber: "Aber es sind ja nur die Halbsodummen. So dumm sind die doch nicht."
Aber nun stimmt zum ersten Mal der Chor der Dummen ein: "Doch! Wir sind dümmer als ihr meint. Wir sind doch gerne die Dummen, weil wir auch mal regieren wollen."
Drauf antwortet der Chor der Räuber: "Also, dann lasst es uns mal probieren."
Dovurtsa, der Räuberhäuptling, zögert noch: "Wie, liebe Mitträuberinnen und Miträuber," fragt er: "Wie wissen wir denn, welches die Dümmsten der Dummen sind? Wir können ja nur mit den Besten unter den Dümmsten gewinnen."
Dies ist der Moment, wenn der Mischler Angurios hinzutritt, ein hochdekorierter Rekrutierer von Söldnertruppen und ein gerissener Vorsitzender eines Think Tanks. Angurios spricht: "Ganz einfach ist euer Problem zu lösen, hochverehrter Räu-

berhäuptling Dovurtsa, liebe Räuberbande! Die Dümmsten, das sind diejenigen unter den Guten, Tugendhaften und Gerechten, die mit den Räubern Mitleid haben und ihnen helfen möchten ein menschenwürdiges und ehrenhaften Leben zu führen. Mitten in der Gesellschaft. Mit entsprechendem Einkommen versteht sich."
Der Chor der Räuber fällt ein: "Beute, Beute, Beute!"
Angurios: "Nein! Einkommen heisst das jetzt."
Chor der Räuber: "Einkommen, Einkommen, Einkommen!"
Angurias weiter: "Der Staat muss den Räubern helfen sich vom erniedrigenden Zwang der Räuberei zu befreien, damit sie nicht Sklaven ihres Schicksals bleiben und nicht auf ewig verdammt sind andere zu bestehlen. Man kann sie ja mit Steuergeldern zufrieden stellen."
Chor der Räuber: "Genau! Satisfaction!"
"Und man muss – das wird jeder einsehen," spricht der Mischler Angurio, "die Räuber entschädigen für ihr grausames Schicksal und die Stigmatisierungen als Böse, die ihnen aufgedrückt wurden."
Chor der Räuber: "Genau! Entschädigen! Aber werden wir jemanden finden der so dumm ist?"
Drauf der Chor der Dummen: "Aber ja doch. Wir sind doch die Dümmsten. Wir sind hier, wir sind dumm und Eure Regierung. Wir können das!"
Vorhang!

Hier hält Aristophanes kurz ein. Schaut auf seine nachdenklichen Zuhörer Sokrates und Danielos.

Aristophanes: Könnt ihr soweit folgen?

Sokrates: Ja, klar. Jetzt hast Du die Räuber und die Dummen eingeführt. Und es scheint, dass sie gut zusammen passen. Aber wo ist da ein Gegenpol? Es muss ja jetzt irgendwie spannend bleiben. Es muss sich doch jemand wehren!

Aristophanes: Ja, schon, aber wer? Eigentlich müsste das Schauspiel doch hier aufhören. Es gibt ja nur noch Räuber und Dumme.

Danielos: Also mir kommt das Stück irgendwie bekannt vor.

Sokrates: Ich finde es ist eindeutig zu früh, um hier aufzuhören. Es ist ja auch auch gar nicht lustig. Eher eine Tragödie. Wann kann man denn mal lachen?

Aristophanes: Du hast recht, Sokrates. Ich bin frustriert.

Sokrates: Ich kenn Dich. Aristophanes. Du kriegst das schon hin.

Aristophanes: Aber heute wird's nichts mehr werden. Ich habe gerade über Funk mitbekommen, dass Besucher aus China angekommen sind. Vielleicht sind sie aber auch nur krank. Jedenfalls muss ich sie ein bisschen zurechtweisen. Ich arbeite ja noch bis 17 Uhr.

Sokrates

GRIECHISCHE APOTHEKE

Es wird niemanden erstaunen, wenn ich hier beichte, dass das Anstrengendste meiner Lebensart das Finden und Darlegen von Gründen und Argumenten ist für das, was ich gerade tue. Klar, ich könnte ganz darauf verzichten. Alleine kommt man mit seiner Selbstverständlichkeit in der Regel ganz gut zurecht. Aber ich verstehe diese soziale Frage: Weshalb machst Du das? Für was und wen? Und ehrlich gesagt möchte ich es selber auch gerne wissen. Ein bisschen zumindest. Hinter der Neugier steckt doch auch ein existentielle Grundaufforderung an den Menschen, wenn man die drei Gebote bedenkt, die über dem Eingang des Apolltempels in Delphi geschrieben standen: Erkenne dich selbst. Halte Mass. Du sei.

Ich möchte nichts Besonderes, Spezielles oder Heroisches aus diesen Schicksalsfragen machen. Viele Menschen fragen sich noch viel drängender als ich, weshalb sie eigentlich das machen, was sie machen. Aber sie haben es meist einfacher eine vordergründig zufriedenstellende Antwort zu finden, weil sie sagen können: Es ist mein Beruf und ich verdiene damit meinen Lebensunterhalt. Das reicht gemeinhin als Begründung. Aber einer, der durch das Gebüsch stapft und Kräuter sucht für eine Apotheke? Wovon lebt der eigentlich? Darf der das?

Ich habe schon seit einiger Zeit überlegt, wie ich eine Autobiographie von mir betiteln könnte. Ich fand folgendes treffend: "Ohne Auftrag - Mein planloses und dilettantisches Leben als analoger und digitaler Nomade." Darin würde ich die Gnade des Alters betonen, die mir gönnt, dass ich ansprechbarer bin als je zuvor. Und dass ich vor allem in der Natur ein ausgeprägtes Gefühl von Geborgenheit empfinde. Je einsamer ich werde, desto deutlicher. Ich weiss, dass ich dabei nicht alleine bin. Im Gegenteil. Viele reden mit ihren Blumen auf dem Balkon, mit den Spinnen und den Blattläusen und Vögeln und Bäumen und den Wolken die vorbeiziehen. Ich bin mit ihnen. Und viele hassen das dreckige Geschirr, das stumm und leblos im Schüttstein wartet und uns vorwurfsvoll anstarrt. Wie gerne sähen wir, dass das, was wir müssen, einfach zuwächst mit Schimmel, Schleimpilzen,

Schaben, Algen, Moos, Efeu und Farn, es da in Sanftmut zu sich einkehren und zur Ruhe kommen kann und sich zugleich friedlich und zwanglos unser Dürfen erhebt aus der verwitterten Mühsal des Müssens.

Die Ereignissen in Kreta kann man ganz profan und kurz beschreiben. Es wurden insgesamt sieben Urtinkturen für homöpathische Verarbeitungen gewonnen. Sechs Pflanzen und ein Skorpion. Auslöser dafür war eine Reaktion meines Freundes Thomas Primas auf die Veröffentlichung des Fotos eines prächtigen Riesenfenchels, Ferula communis, auf meiner Facebookseite. Thomas schrieb zu dem Bild: "Den will ich haben" und mein Auftrag war klar. Ferula communis gibt es noch nicht als homöopathisches Mittel. Also sammelte ich den Riesenfenchel. Daraus entwickelte sich sogleich eine Expedition. Typisch für mich. Ich übertreibe immer. Statt es bescheiden bei dem Riesenfenchel zu belassen kommt dann noch dies und jenes dazu und der Ausflug nach Nida und Delphi. Alles wird gleich episch und artet aus in eine Odyssee. Und es sieht so aus als warte ich immer nur darauf, dass irgend etwas dazwischen kommt, wo man noch einen neuen Weg einschlagen kann. Vielleicht eine Abkürzung? Meist ein Umweg.

Am Schluss bestand die griechische Apotheke aus sieben Ur-Tinkturen. Fünf davon sind in braunen Glasfläschchen aufbewahrt, die ich in der einzigen Apotheke in Agia Galini bestellt hatte. Die beiden weissen PET-Flaschen enthielten ursprünglich Sodawasser der Marke Esperis. Der Name gefiel mir. Deshalb habe ich die Etikette drauf gelassen. Als Alkohol benutzte ich einen billigen, klaren, unparfümierten kretischen Whiskey.

Die ersten beiden Ur-Tinkturen in den Esperisflaschen sind: Nr. 1: Ferula communis. Der gemeine Riesenfenchel. Nr. 2: Foeniculum vulgare – der Gartenfenchel, griechisch Marathon.

Ferula communis ist eine in Kreta weit verbreitete Pflanze, die überall wild auf Ruderalflächen aber auch in Olivenhainen, neben Strassen und Wegen wächst. Die Stengel schiessen im Frühjahr hoch auf und überragen alle anderen Gewächse. Die blütentragenden Stiele werden bis fast drei Meter hoch. Aus der Basis spriessen fein haarig gefiederte Blätter mit einer Länge von gegen einem Meter. Diese riesigen Wedel treiben alle aus der Wurzelknolle heraus. Die gelben Blütendolden auf dem einzigen, hohen und fast nackten Stamm ziehen viele Insekten an, nicht nur Bienen und Rosenkäfer, sondern auch Fliegen und Bockkäfer. Der Riesenfenchel riecht nicht so sehr nach dem süsslichen Fenchel, als vielmehr heuwürzig aromatisch nach den Blättern des Bockshornklees, griechisch Heu, Fenugreek, Trigonella fenum-graecum.

Der Duft erfüllt die ganze Luft in den Gebieten, wo die Pflanze häufig ist. Die grossen Wurzelstöcke des einjährigen Riesenfenchels sind das Substrat für eine Varietät des begehrten Speisepilzes mit dem deutschen Namen Kräuterseitling, Pleurotus eryngii. Die Unterart wird Pleurotus ferulae genannt. Die halb verholzten Stiele der Blütenstände können an der Basis armdick werden. Sie widerstehen auch den harten, böigen Winden, die im Frühjahr vom Norden her in die Täler einfallen.

Diese Pflanze ist mir als erstes aufgefallen nach meiner Ankunft in Agia Galini am 1. April 2021, als es noch finster, wolkenbehangen, kalt und regnerisch war. Nur ein einziges Restaurant war im Dorfzentrum geöffnet, das eine Art Crèpes über die Gasse verkaufte. Danach war das Wetter fast immer wolkenlos, sonnig aber gelegentlich mit kühlen Winden. Anfangs war ich mit dem Layout des Handbuches Food from Wood beschäftigt. Bei Spaziergängen wurde ich aus meinen Tagträumen geweckt von grossen, schwarzen Rosenkäfern, die gelegentlich auf den Dolden des Riesenfenchels landeten. Ich sammelte den einen, oder anderen ein, um ihn Benjamin zu bringen. Er half auch die Tiere zu bestimmen. Viele andere Arten von Käfern tummelten sich da. Sodass ich bei den Spaziergängen mehr und mehr die Wiesen durchstreifte auf der Suche nach Rosenkäfern, die in den ersten sonnigen Frühlingstemperaturen sich aufwärmten und Nektar tranken.

Am 10. April 2021 war ich mit den zwei PET-Flaschen und dem darin eingefüllten kretischen Whiskey bei strahlendem Sonnenschein unterwegs zu einer Wiese, auf der hunderte der Riesenfenchel wuchsen und auch sonst viele Kräuter, vor allem die Teepflanze Sideritis. Als ich da zur Mittagszeit hinschlendere kommt mir aus dem Feld eine kleingewachsene Frau mit grauen, langen Haaren und freundlichem, offenem Gesicht entgegen.

Sie hatte da offensichtlich etwas gesammelt. Ich konnte aber nicht sehen was es war, denn sie hatte ihr Sammelgut sorgsam in einem Tuch aufbewahrt, das sie sich um den Bauch gebunden hatte. Als ich sie grüsste und ansprach merkte ich, dass sie kein Englisch verstand. Ich zeigte fragend auf die Riesenfenchel, die rings um uns standen. Sie schüttelte den Kopf und winkte ab. Rasch öffnete sie das Sammeltuch und präsentierte mir die zarten und typisch süss duftenden Fenchelblätter, die sie gesammelt hatte. Danach zeigte sie mir, von welchen Pflanzen sie stammen. Erst jetzt erkannte ich, dass zwischen den Riesenfencheln verdorrte Stengel einer letztjährigen Pflanze aufragten, die an der Basis erst wieder jetzt neu ausschossen und dort diese feinen zarten Blätter entwickelten. Es war zweifellos der Gartenfenchel, Foeniculum vulgare. Ich bedankte mich für die Aufklärung und die Frau verabschiedete sich. Wie ich später erfuhr sind diese wilden Gartenfenchel ein beliebtes Frühjahrsgemüse, das die Kreter wil einsammeln. Es heisst griechisch Marathon, wie die berühmte Stadt, wo die Griechen einst die Perser in einer Schlacht besiegt hatten. Als deutsche Stadt würde Marathon wohl Fenchelfeld heissen.

Ich pflückte also von beiden Pflanzen, vom Riesenfenchel und vom Gartenfenchel an diesem Platz die Blätter und Früchte, die in den beiden durchsichtigen Esperis Flaschen drin sind. Vom Gartenfenchel Foeniculum vulgare, nur die frischen, grünen Blätter. Die letztjährigen Samen waren längst verweht. Thomas schrieb mir dann, dass er aufgrund meiner Beschreibung nun den Gartenfenchel potenzieren will.

Die Urtinkturen Nr 3 bis Nr. 5 stammen von der Idäischen Grotte.

Nr. 3 Bellis perennis, das Gänseblümchen.

Nr .4 Taraxacum officinale, der Löwenzahn.

In der Nähe der Idäischen Höhle befand sich ein verlassenes Zahlhäuschen für Besucher. Hübsch aus grob behauenen Steinen geschichtet. Auf einem Fensterbrett lagen drei faustgrosse Steine an der Sonne. Ich dachte, dass ich vielleicht einen der Brocken mit nach Hause tragen könnte. Also nahm ich den mittleren auf und siehe da: darunter befand sich ein kleiner dunkelbrauner Skorpion. Bewegungslos, aber intakt. Vorsichtig legte ich ihn zu ein paar anderen Blümchen, die ich gepflückt hatte. Vielleicht, dachte ich, würde er an der Wärme wieder erwachen. Es war ein Euscorpius carpathicus. Später, als er doch nicht erwachte, legte ich ihn ein in Alkohol.

Nr. 5 Euscorpius carpathicus, der karpatische Skorpion.

Mir fällt dazu dieses Ereignis ein. Einst bin ich nach einem Vortrag über essbare Insekten in Chiang Mai, Nordthailand, vor Schweizer Expats einer 90-jährigen Frau aus dem Wallis begegnet. Sie sprach mich nach dem Vortrag an und erzählte mir ganz begeistert, dass ihr Vater im Wallisser Obergoms jährlich Besuch hatte von Händlern aus Italien, die Skorpione verkauften, um sie in Schnaps einzulegen. Das sei das einzige Medikament ihres Vaters gewesen. Sie selber hätte als Mädchen im Sommer mit geschälten Kiefernästchen in Haufen der Roten Wegameise gestochert, um danach die prickelnd sauren Aufspritzer der Ameisensäure wegzuschlecken. Die Brause der Alpen. Vergessene Medizin. Beim Abstieg vom Höhleneingang hinunter zum Besucherparkplatz, pflückte ich drei Gänseblümchen um sie in Alkohol einzulegen.

Nr. 6 Matricaria chamomilla, die echte Kamille.

Beim der Rückkehr vom Strand zum Hotel stolperte auf einem Umweg in Agia Galini über eine stark duftende Matte dieser Kamillen. Sie baten förmlich darum, dass ich sie mitnehme.

Nr. 7 Tordylium apulum, der Apulische Zirmet.

In der Nähe des Apollotempels in Delphi, wo einst der Ompahlos aufgestellt war, etwa zehn Meter westlich davon, neben ein paar Steinblöcken, sah ich diese eigenartige Pflanze mit elegant geschwungenen, herzförmigen weissen Blütenblätter die locker wie tanzend um einen runden Kelch versammelt waren. Ich kannte die Pflanze nicht. Sie war aber so typisch und einzigartig auffällig anders als die vielen anderen Doldenblütler, die es dort gab. Also nahm ich einige Blüten in einem Glasfläschchen mit.

Wieder zurück im Hotel in Athen suchte ich noch am selben Abend im Internet Informationen zur Identifikation der Pflanze; zuerst bei den Doldenblütlern, Schafgarben, Kerbeln, Kümmeln, dann bei den Iberis. Einige kamen nah, aber das Unverwechselbare der tanzenden herzfömigen Blütenbänder fand ich nicht. Erst in Facebook anwortete ein Freund, dass es der Apulische Zirmet sei, Tordylium apulum. Eindeutig. Ohne Zweifel. Zuvor hatte ich noch nie gehört von dieser Pflanze, die seit dem Altertum als Gemüse und Heilkraut genutzt wird. Hippokrates und Aristoteles sollen den Zirmet erwähnt haben; Dioscurides auch, viele arabische und persische Ärzte. Der englische Name "Hartwort" soll daher stammen, dass Hirschkühe (Hart) nach Mitteilungen von Aristoteles, diesen Zirmet gesucht und gefressen haben nach ihrer Niederkunft. Das passt gut zu Delphi, dessen Name vom Wort Gebärmutter hergeleitet ist. Da braucht man solche Kräuter.

APULISCHER ZIRMET

Die Pflanze mit dem Namen Apulischer Zirmet, wurde vom schwedischen Naturforscher Carl von Linnée im Jahre 1753 in die binominäre Nomenklatur als Tordylium apulum eingeführt. Er notierte zum Fundort des Holotyps, also desjenigen Exemplars der Pflanze, das der Erstbeschreibung zu Grunde lag: Apulia incultis, was soviel heisst wie: von unkultiviertem Land in Apulien stammend, also Brachland. Auf Ruderalflächen und an Wegrändern findet man die Pflanze im ganzen Mittelmeeraum und in Kleinasien. Meines Wissens wird Zirmet bis heute nicht landwirtschaftlich genutzt.

Der sonderbar und geheimnisvoll klingende Name Zirmet, der sonst nirgends in der deutschen Sprache vorkommt und nur für diese eine Pflanze verwendet wird, ist ab 1584 historisch belegt. Das Wort wird gemäss Grimmschem Wörterbuch erstmals im Arzneibuch des Heidelberger Apothekers Christoph Wirsung (1500 -1571) sowohl männlich als "Der Zirmet" als auch weiblich als "Die Zirmet" verwendet und heisst damals auch Seselkraut oder Silermontan. Am ehesten kann man sich vorstellen dass Zirmet aus dem romanischen Sprachraum übernommen wurde, dem italienischen Sciarmontano oder dem französischen Sermontayn und zu Zirmet verkürzt wurde. Die Silbe "Zir" würde demnach der Stammwurzel Siler, Seser, oder Sesel entsprechen und die Silbe "met" dem lateinischen Wort für Berg: mons, monte, montagne. Für eine solche Herleitung spricht der Hinweis in der antiken Literatur, dass eine Pflanze mit Namen Seseli Handelsware in Massilia war, der südfranzösischen Stadt Marseille.

Seseli ist als Name für eine Heilpflanze bekannt seit der griechischen Antike und findet sich in den Hippokratischen Schriften, also im 4. Jahrhundert vor Christus. Seser, siser, und zirret sind antike griechische Bezeichnungen für süss oder zuckrig. Man findet sie in Namen von uralten Nutzpflanzen wie der Zuckerwurzel, Sium sisarum, die ein begehrtes Wurzelgemüse aus der Familie der Doldenblütler war, aber heute in Vergessenheit geraten ist.

Abbildung des Apulischen Zirmet (links) aus einem Kräuterbuch des neapolitanischen Botanikers Fabio Colonna von 1616.

Sesel ist die wissenschaftliche Bezeichnung für eine Gattung mit über hundert Arten von Doldenblütlern; unter ihnen dem Bergfenchel, einer Heilpflanze, die seit alters her bekannt ist und – ebenfalls bei Dioskurides – als menstruationsfördernd, fruchtabtreibend, bei Gebärmutterkrämpfen, Atemnot, chronischem Husten, Leibschmerzen, Eingeweideleiden, wiederkehrendem Fieber und als erwärmend empfohlen wird. Es ist sehr gut möglich dass Zirmet ursprünglich eine der vielen umgangssprachlich verkürzten Bezeichnung für die Heilwurz, den Weihrauch-Bergfenchel, Seseli libanotis war. Die Pflanzen selber, Heilwurz und apulische Zirmet, sind jedoch unmöglich dieselbe Art.

Tordylium ist eine lateinische Anlehnung an das griechische Tordylion, das in der Materia Medica von Pedanius Dioskurides, dem griechischen Arzt aus Tarsos, der im 1. Jahrhundert n. Christus lebte, erwähnt wird. Die Herleitung von tordylon ist mir unbekannt.

Weshalb Pflanzen aus der Familie der Doldenblütler auch gelegentlich Drehkräuter genannt werden, ist mir bis heute auch nicht klar. Es gibt dazu kaum Hinweise. Möglicherweise wurde tordylion über den lateinischen Wortstamm tor- , zum Beispiel in torquere, drehen, oder tortum, tortur, verdrehen, verrenken, martern, foltern, ins deutsche Wort Drehkraut übersetzt. Denkbar ist auch ein Hinweis auf eine Pflanze, die Schwindel verursacht. Dass sich, wie man landläufig sagt, alles im Kopf, oder die ganze Welt dreht, oder wie bei der Drehkrankheit von Schafen, und selten auch von Menschen, dass sie sich wegen der Infektion eines Bandwurms im Gehirn im Kreise drehen bis sie sterben. Mir ist jedenfalls nicht klar, wo sich sonst an dieser Pflanze - ohne die Fantasie zu sehr zu strapazieren - eine Drehung und etwas Drehend-Krümmend-Folterndes erkennen lässt. Aber schauen wir erst einmal weiter.

Die Zirmet – ich verwende hier nun abwechslungsweise die weibliche Form - ist mit Sicherheit eine der ältesten Nahrungspflanzen der Menschheit, eine jedoch, die nie die Bedeutung ihrer berühmten Verwandten aus der grossen Familie der Doldengewächse erreicht hat; den Nutzpflanzen Koriander, Dill, Petersilie, Karotte, Sellerie, Pastinake, Kerbel, Fenchel, Liebstöckel, Kümmel, Bärenklau und vielen anderen.

Die Doldengewächse, Apiaceae, sind eine riesige Familie mit weltweit fast 4000 Arten. Das Wort Apiaceae bezieht sich auf den Wortstamm Apium, die lateinische Bezeichnung für den Sellerie, also eine Typenpflanze der Doldenblütler. Interessant ist aber, dass apium lateinisch in der Klassik auch als Genitiv Plural für die Biene verwendet wurde, apium also heisst: Der Bienen. Gut hörbar ist die Kernsilbe in Biene: Bi (germanisch), Bee (englisch), oder Beieli (Berndeutsch) im lateinischen Wortstamm Apis. Apis mellifica lautet der wissenschaftliche Name der Honigbiene. Von Apis=Biene, Melli=Honig, fica=machend. Wobei das lateinische Wort für Honig, mellum, vom griechischen Wort Melissa stammend auch einfach Biene heisst.

Die Bezeichnung Apiaceae für die Doldenblütler ist noch nicht so alt. Sie wurde erst 1853 vom englischen Botaniker John Lindley in die Taxonomie eingeführt. Er war es, der bei der Namensgebung Bezug nahm auf das bei Plinius dem Älteren im ersten Jahrhundert nach Christus erwähnte Apium für Sellerie. Zuvor wurden Doldenblütler Umbelliferae genannt, also übersetzt: Diejenigen, die einen, oder mehrere Schirme tragen. Das ist bildlich gut an den Blütenständen nachvollziehbar. Und mit dem Schirm (umbella) hätten wir ja auch wieder etwas Rundes, das man drehen kann. Aber lassen wir das. Vorläufig.

Die Umbelliferae waren in der Botanik die erste Gruppe von Pflanzen, deren gemeinsame Merkmale im 16. Jahrhundert erkannt wurden und die im 17. Jahrhundert systematisch beschrieben wurden. Dieses besondere Interesse verdanken die Umbelliferae dem Umstand, dass sie für die Menschen seit Urzeiten wichtige Nahrungsmittel und Gewürze sind, als Nutzpflanzen daher allgemein bekannt waren und man sie ausserdem sicher bestimmen können musste, denn sie wurden oft wild gesammelt, wie heute noch Fenchel (marathon) und Zirmet (kafkalithres) in Griechenland; eine nicht ganz ungefährliche Sammeltätigkeit, wenn man bedenkt wieviele hochgiftige Arten es unter den Doldenblütlern gibt, darunter eine der tödlichsten Pflanzen überhaupt, den gefleckten Schierling. Aber dazu mehr später.

1930 machten die französische Archäologen Ferdinand Chaphoutier und Pierre Demargne die Entdeckung ihres Lebens. Sie arbeitete an der Ausgrabung eines bronzezeitlichen Gebeinhauses in Kreta, nahe der altminoischen Palastanlage von Malia. Der Grabungsort war in der Bevölkerung bekannt unter dem Namen Chrysolakkos, was so viel wie Goldgrube heisst. Schon bei der ersten Grabung 1921 war bekannt, dass die Gebäude aus der ersten Phase der Minoischen Kultur stammten, 3000-2000 vor Christus. Es war ausserdem belegt, dass Kontakte zur ägyptischen Hochkultur der Pharaonen bestand. Die Minoer benutzen eine bildzeichenhafte Schrift, genannt Linear A, die bis heut nicht entziffert ist. Daher kennt man den ursprünglichen Namen des Tempes und der Nekropole von Malia nicht. Erst nach Ausbruch des Theravulkans auf Santorin 1625 v. Christus, und als die Grabstätten von Malia bereits verlassen waren, benutzten die Bewohner Kretas die Silbenschrift Linear B, die 1952 entziffert wurde, wodurch man viele Namen der Städte und Paläste aus dieser Zeit kennt, die heute berühmt sind: Knossos zum Beispiel.

Das Ossarium von Chrysolakkos ist ein Steinbau ohne Fenster und Türen. Die vielen, kleinen Grabkammern waren nur von oben zugänglich. Darin wurden offenbar die Leichen und Knochen von Verstorbenen mit Grabbeigaben beigesetzt. Deshalb waren sicher schon Heere von Grabräuber aktiv, die den Namen Goldgrube kreierten. Aber einen Gegenstand hatten die Grabplünderer übersehen: Ein kleines, goldenes Amulett mit einem eigenartigen und einzigartigen Design. Es wird heute als "Die Bienen von Malia" bezeichnet und soll zwischen 1800 und 1700 v. Ch. entstanden sein, also kurz vor dem Ende der Siedlungszeit in Malia.

Abgebildet sind zwei Bienen, die sich einander zuwenden. Sie scheinen einen Tropfen Honig gemeinsam zu tragen, sind mit dem Hinterteil ihrer Körpers verbunden und stehen auf einer Kugel, die das Nest mit den Waben darstellen könnte. Die Flügel der Bienen sind zu beiden Seiten des Amuletts ausgebreitet. Über den Bienen erkennt man etwas, was nach Meinnung von Experten eine Goldkugel in einem Käfig darstellt. Mich erinnert dieser Käfig aber an die Beine einer Spinne, die diese Kugel festhält, oder eingespinnt hat. Von den beiden Flügeln und den Enden der Abdo-

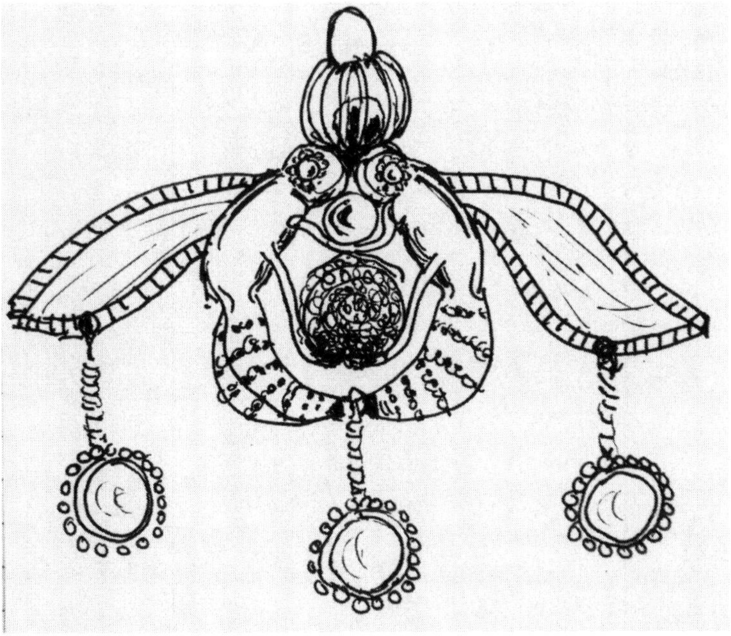

men der Bienen hängen runde, münzenartige Objekte. Diese drei Scheiben mit granuliertem Rand aus kleinsten Goldkügelchen wurden gedeutet als Samen der Apulischen Zirmet, Tordylium apulum. Der Vergleich ist tatsächlich verblüffend. Die Form der Samenkapseln der Apulischen Zirmet ist so einzigartig und typisch, dass diese Interpretation jedermann sofort einleuchtet. Ein bisschen anders verhält es sich mit den beiden Insekten, die als Bienen bezeichnet werden. Honig ist in der minoischen Kultur ein hoch geschätztes Gut. Und in fast allen Kulturen ist die Biene in der Bronzezeit ein verehrtes, ja heiliges Tier. Entomologen fanden dennoch, dass der Form nach die beiden Tiere eher der Gelbstirnigen Dolchwespe (Megascolia maculata) entsprächen. Dies leuchtet mir aus kulturgeschichtlichen Überlegungen überhaupt nicht ein. Aber diese Dolchwespe besitzt für mich ganz andere faszinierende Eigenheiten. Sie ist nicht nur der grösste Hautflügler Kretas, eine gefährlich nach einer Hornisse ausschauende Riesenwespe, sondern die einzige Dolchwespe, die ich kenne, deren Larven an den Larven von Nashornkäfern fressen. Mir ist aber bewusst, dass ich mit diesem staunenden Interesse wohl ziemlich alleine bin.

Wie steht es mit dem Vergleich der Goldscheiben des Amuletts und den Samen von Tordylium apulum? Warum gerade diese Pflanze? Gibt es nicht noch andere Erklärungsmöglichkeiten? Doch, durchaus: die sogenannten Kernos. Es sind Opferschalen, die man in der damaligen altgriechischen Welt vielerorts fand, auch in der Tempelanlage von Malia. Kernos sind runde Teller, oder Schalen, die am Rande Vertiefungen besitzen, in denen Opfergaben eingestellt, oder hineingelegt wurden: Blumen, Esswaren, auch Flüssigkeiten, Honig vielleicht, Wein, Opfertiere, Gewürze, Weihrauch usw. Man nimmt an dass die Kernos in den Kulten der Götterverehrung eine wichtige Rolle spielten.

Ausserdem sind Versammlungsplätze der Bronzezeit oft kreisförmig angelegt, mit aufgerichteten Säulen, oder Steinen, in deren Rund sich bei Zeremonien die Teilnehmer aufstellten. Von daher ist gut nachvollziehbar, dass die kleinen Fruchtkapseln der Zirmet, die den damaligen Menschen zweifellos bekannt und nah waren, weil die Pflanze ja zu ihrer Nahrung gehörte, sie an ihre Opfer-, Götter- und Versammlungskulte erinnerten und ihnen daher auch als Dekorelemente ihrer glücksspendenden Schutzamulette für Verstorbene dienen konnten.

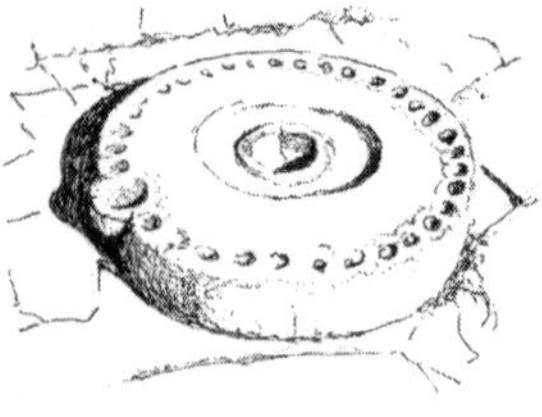

Kernos Opfertisch aus Malia, Kreta, 18.Jh. v. Chr. mit 33 kleinen Vertiefungen.

Früchte mit Samen von Tordylium apulum. Rechts: Aussenseite.

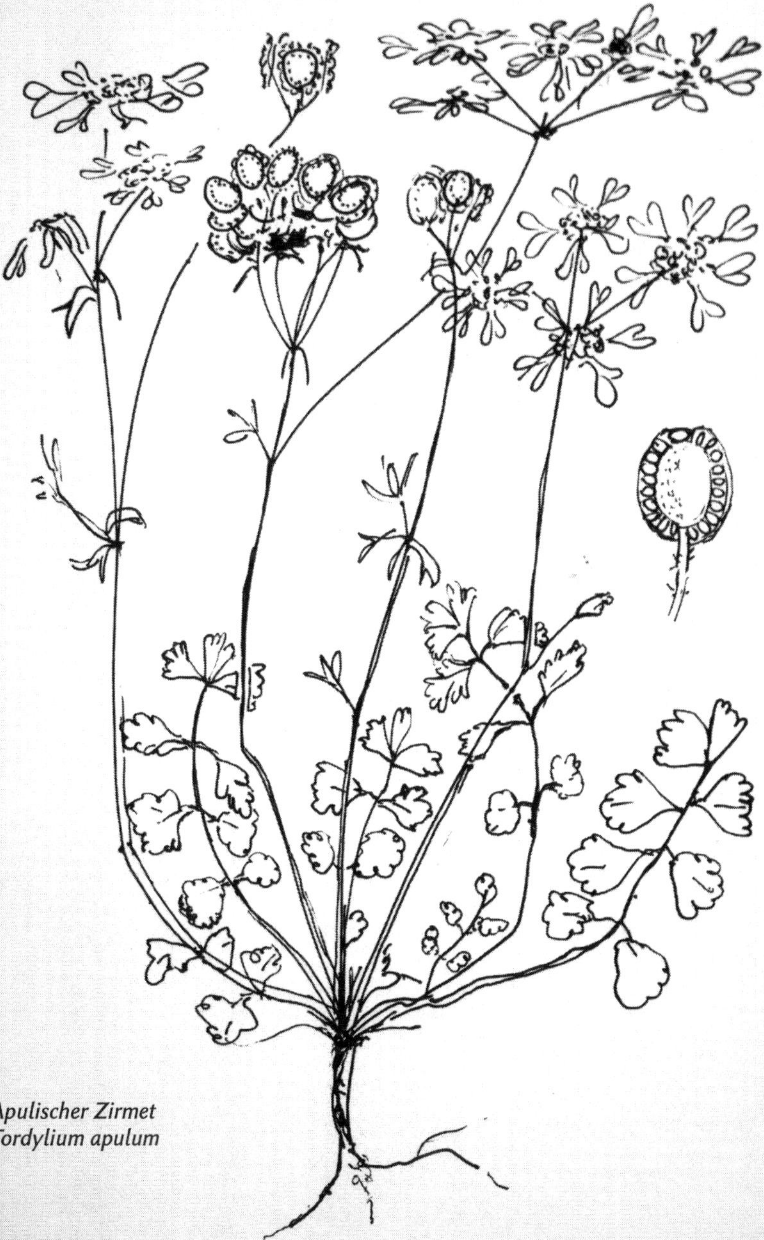

Apulischer Zirmet
Tordylium apulum

HOFFNUNG

Sokrates: Ah! Endlich! Da bist Du ja.

Aristophanes: Du suchst mich?

Sokrates: Ich warte, um es genauer zu sagen.

Aristophanes: Worauf?

Sokrates: Dass es endlich weiter geht. Ich finde es etwas frech, dass Danielos ohne uns zu fragen zwei Kapitel eingeschoben hat über seine zufällige Sammlung von Kräutern.

Aristophanes: Er darf das. Es ist sein Buch.

Sokrates: Glaubst Du an diese Homöopathie?

Aristophanes: Glaubst Du an Himbeeren?

Sokrates: Was haben die beiden Dinge miteinander zu tun?

Aristophanes: Das habe ich von Dir. Du sagst doch, dass man an Dinge, die da sind, nicht glauben muss.

Sokrates: Sage ich das?

Aristophanes: Ich glaube, dass ich das so von Dir gehört habe.

Sokrates: Nein, ich habe gesagt, dass man an Dinge, die da sind, nicht glauben kann.

Aristophanes: Ja, so ist es.

Sokrates: Eben gerade nicht "muss", sondern "kann": An Dinge, die da sind, kann man nicht glauben.

Aristophanes: Okay. Aber kann man an Dinge glauben, die nur in unserer Vorstellung da sind?

Sokrates: Auch das nicht. Wie sollten wir? Denn wie können wir uns Dinge vorstellen, ohne dass sie da sind? Sie sind ja dann da zumindest in unserer Vorstellung.

Aristophanes: Lassen wir das, Sokrates. Mir wird sonst schwindlig.

Sokrates: Der Schwindel macht uns schwindlig.

Danielos: Leute! Können wir jetzt bitte weiterfahren mit dem Theaterentwurf von Aristophanes?

Sokrates: Ah, da ist ja Danielos! Wo kommst Du denn plötzlich her?

Danielos: Aus dem vorherigen Kapitel.

Sokrates: Sehr abstrakt. Das versteht doch niemand!

Danielos: Jeder kann es nachlesen.

Aristophanes: Das hat was.

Sokrates: Nachlesen? Will dies heissen, Danielos, dass Du jetzt unsere Konversation hier wörtlich in Deinem Buch wiedergibst?

Danielos: Du sagst es.

Sokrates: Müsste man nicht fragen, ob man das darf?

Danielos: Du bist verjährt.

Aristophanes: Einspruch!

Danielos: Was ist?

Aristophanes: Seid ihr fertig?

Sokrates: Nein, lieber Aristophanes. Das müssen wir zuerst klären!

Aristophanes: Nein !!

Danielos: Ich geb Dir ein Kapitel, Sokrates. Etwas weiter hinten. Okay?

Sokrates: Versprochen?

Danielos: Du kannst da schreiben was Du willst. Versprochen!

Aristophanes: Das würde ich mir an Deiner Stelle noch einmal in Ruhe überlegen. Werter Danielos.

Danielos: Weshalb?

Aristophanes: Sokrates hat bisher nie etwas geschrieben. Es war Platon, der über ihn schrieb.

Sokrates: Zu spät: Versprochen ist versprochen! Es gilt.

Aristophanes: Können wir jetzt bitte weiterfahren?

Danielos: Ich weiss nicht. Frag Sokrates.

Sokrates: Schiess los, Aristophanes.

Aristophanes: Wisst ihr denn noch, wo wir stehen geblieben sind?

Sokrates: Für wie blöd hältst Du mich?

Aristophanes: Ja, sorry, Sokrates, aber wir müssen doch hier auch auf Danielos und seine Leser Rücksicht nehmen.

Sokrates: Die können ja zurückblättern.

Danielos: Für wie blöd hältst du uns?

Sokrates: Ich weiss nicht, Danielos. Aber irgend etwas mit eurer Erinnerung scheint ja doch schief gelaufen zu sein, dass ihr alles aufschreiben, posten und speichern müsst, was ihr meint zu denken und meint gesagt und erlebt zu haben. Das interessiert ja später genau niemanden.

Danielos: Mich schon. Von Dir jedenfalls, verehrter Sokrates.

Sokrates: Schmeichler.

Aristophanes: Seid ihr fertig?

Sokrates: Du fragst zuviel, Aristophanes. Es ist höchste Zeit, dass Du zur Sache kommst.

Aristophanes: Gut. Im ersten Aufzug haben die Räuber die Dümmsten an die Regierung gebracht und die Bürger berauben sich nun selber gegenseitig, erfreuen sich ihrer neu gefundene Aufgabe, bezahlen die Gangster mit Steuergeldern, diese sind plötzlich geachtet und respektiert und alle sind zufrieden. Man kämpft nur noch pro forma - sozusagen zur Unterhaltung - gegen plakative Knackis, die vom Ausland herangeschafft werden; mit Hinrichtungen, Gladiatorenspielen, Hexenverbrennungen usw. Die eigenen Banditen sind sorgsam integriert in die Regierung.

Nun kommt der zweite Aufzug. Er beginnt mit dem Auftritt

und Wehklagen von Brachionos, dem Chef der Dummen und Präsidenten der Regierung: Es sei eine wunderbare Erfahrung, sagt er, die Dümmsten in der Regierung zu haben, weil man jetzt nie etwas falsch mache, weil sowieso niemand wisse worum es geht. Aber nun sei ein Punkt erreicht, wo es sogar ihnen zu dumm werde.

Der Chor der Dummen fällt ein: "Warum sind immer wir die Dummen?" "

Und der Chor der Räuber stimmt auch ein: "Wir sind ja jetzt auch keine Räuber mehr. Wir gehören jetzt ja auch zu den Dummen. Warum sind wir schon wieder die Dummen?

Da platzt mit Schrecken und Verzweiflung im Gesicht der Räuberhäuptling Davurtsa in die Szene: "Oh wehe uns! Ich höre, dass sich gerade reihenweise Leute umbringen, weil jetzt, wo alle Räuber zu den Guten gehören, das Böse verschwunden und eine wohlständische Trostlosigkeit über uns hereingebrochen ist."

"Hör auf zu klagen", antwortet der Mischler Angurios: "Ihr braucht doch nur ein neues Feindbild. Du kennst ja das Sprichwort. Im Osten lärmen im Westen angreifen."

"Was meinst Du damit?", fragt Davurtsa.

"Ihr müsst die Leute ablenken von ihrem Elend des Wohlstands mit einem Krieg oder so."

"Krieg? Nein-Nein !", winkt Davourtsas ab: "Krieg ist zu mühsam. All das Blutvergiessen! Ne. Nein-Nein. Wir haben dazu keine Lust." Chor der Dummen: "So dumm sind wir nicht, dass wir uns von anderen umbringen lassen."

Chor der Räuber: "Genau! Das können wir selber."

"Es muss ja kein Erzfeind sein", sagt der Mischler: "Man kann ja auch vor anderen Dingen Angst haben. Zum Beispiel? Zum Beispiel Aeehm .. vor den Göttern!"

"Ha," erwiedert Davurtsa: "Wer hat denn noch vor den Göttern Angst? Die Priester gehörten doch auch zu den Räubern

und wurden mit ihnen voll integriert."
In diesem Moment hustet Davurtsa. Mehrmals. Ganz fest. Und tief aus der Lunge. Es tönt richtig gefährlich. Der Mischler Angurias fragt: "Was ist los, Davurtsa? Hast Du Dich verschluckt?" "Nein, Nein", winkt Davurtsa ab. "Ich fürchte nur ich werde krank."
"Aha!" triumphiert da der Mischler: "Genau! Krankheit! Davor fürchtet man sich. Das ist es...." und so weiter...
Den Rest könnte ihr euch denken. Es ist das was wir jetzt gerade durchmachen: Der Husten wird zu einem Gott der Krankheit und wenn man sich nicht impft und sich nicht maskiert wird man sterben und alle die Selbstmord machen sind die Opfer des Hustengottes und so entsteht eine panische Angst unter den Leuten. Aber am Schluss des zweiten Aktes spitzt sich dann alles zu.
"Bis jetzt ist ja alles gut gelaufen," lässt sich Brachionos, der Präsident der Dummen vernehmen. "Aber nun ist es Ernst. Wir verlieren unsere Kunden, wenn sich die Leute weiterhin umbringen. Wir müssen dafür sorgen, dass die Dummen und die verdummten Räuber am Leben bleiben, sonst verlieren wir unsere Klientel und unser Einkommen. Aber was tun? Wir sind doch viel zu dumm! Wir werden also das Orakel fragen müssen." Vorhang.

Aristophanes: Wie findet ihr das?

Sokrates: Mich nimmt sehr Wunder was das Orakel sagt.

Aristophanes: Dann ist also die Spannung nach deiner Meinung, Sokrates, erhalten geblieben?

Sokrates: Ja durchaus. Man wird Angst um dich haben, lieber Aristophanes, wenn Du unsere Dreissig Tyrannen, die ja jetzt genau dies machen, was du der Lächerlichkeit preisgibst, es merken.

Aristophanes: Ich glaube sie sind zu dumm dazu. Wenn das Publikum laut lacht, werden sie auch mitlachen und meinen es beträfe die anderen.

Danielos: Was genau fragen sie denn nun das Orakel?

Aristophanes: Wart's ab. Das kommt ja noch.

Sokrates: Also weiter. Mach vorwärts.

Aristophanes: Ah, ich hab vergessen zu erwähnen, dass ich im Publikum ein paar Schauspieler platziere, die schon vom Beginn des zweiten Aufzugs an ab und zu husten. Sobald die Sache mit der Krankheit als Thema aufkommt, werden diese gefakten hustenden Besucher von Wächtern mit Klamauk aus dem Publikum geholt. Sie wehren sich. Es sieht wie echt aus. Sie machen eine laute Szene. Aber die Umsitzenden bestätigen dass es diese Personen waren die gehustete hatten, man zerrt sie auf die Bühne, fragt sie aus über ihren Husten und dann bringt man sie hinter den Vorhang und köpft sie. Das hört sich richtig grässlich und furchterregend an. Vom Backstage spritzt Blut an den hinteren Vorhang. So werden die Hustenden im Publikum, einer nach dem anderen gelyncht. Weil sie nicht geimpft sind. Und weil sie andere gefährden. Von da an gehen ab und zu Leute durchs Publikum, die rosarote Masken verteilen.

Sokrates: Warum rosarote?

Aristophanes: Damit alle dieselben an haben. Alle anderen sind dann verboten.

Sokrates: Und warum bringen sich die Leute massenhaft selber um? Das habe ich noch nicht ganz verstanden.

Aristophanes: Die Leute haben so sehr Angst davor, dass sie husten müssen, dass sie sich lieber umbringen, um sicher zu sein, dass ihnen nichts geschieht.

Sokrates: Sehr absurd. Aber so sind eben deine Komödien.

Danielos: Erinnert mich an Monty Python.

Sokrates: Kenne ich nicht. Passt aber zu Delphi wegen der Python.

Danielos: Das ist eine britische Hellsehertruppe. Nicht so wichtig.

Aristophanes: Der dritte Aufzug beginnt logischerweise mit dem Orakelspruch. Die Frage, die man dem Gott Apoll stellt, lautet: "Was kann uns retten in dieser Situation, damit die Leute aufhören sich umzubringen?"

Sokrates: Weshalb hat man nicht gefragt, wie man die Angst vor der Krankheit besiegen kann?

Aristophanes: Sie brauchen doch die Angst, damit die Leute etwas abgelenkt sind, ausserdem verdienen alle mit der Angst massiv Kohle. Sie wollen ja nur, dass sich die Leute nicht anmassen sich selber umzubringen, sondern dass sie als nützliche Idioten mit der Angst am Leben bleiben.

Sokrates: Und was hat die Pythia geantwortet?

Aristophanes: Die Antwort des Orakels lautete: Die Hoffnung in der Büchse der Pandora.

Sokrates: Wie bitte?

Aristophanes: Die Hoffnung in der Büchse der Pandora! Die Chöre der Dummen und der Räuber heben - als sie den Orakelspruch hören - sogleich mit einem exstatischen Jubelgesang an: "Die Hoffnung in der Büchse der Pandora! Die Hoffnung wird uns retten! Die Hoffnung wird uns Zuversicht und Lebensmut schenken! Pandora wird uns mit dem Fluch ihrer Hoffnung retten!"

Unverzüglich wird ein Bote ausgeschickt, um Pandora zu suchen und sie tritt dann natürlich auf. Man fragt sie, ob die Hoffnung noch in ihrem Krug sei. Sie bejaht. Ob man diese Hoffnung auch freisetzen könnte? Sie verneint. Es wäre so verabredet gewesen, erklärt Pandora, dass sie diesen Fluch nicht über die Menschen ausbringe. Mit wem sie denn dies verabredet hätte? Mit Prometheus, dem Bruder ihres

Mannes Epimetheus. Die Geschichte kennt ihr ja alle zur Genüge, nicht wahr?

Danielos: Mir ist das nicht geläufig. Ich bin froh wenn Du es nochmals darlegst.

Sokrates: Es war so, dass in dem Moment, als Pandora ihre Büchse des Schreckens geöffnet hatte, um ihre Brautgeschenke - all die Seuchen und Flüche - über die Menschen zu ergiessen, der Bruder ihres Mannes, Prometheus, zugegen war und sah, dass am Schluss noch ein einziges Übel im Krug lag, die Hoffnung eben, und er, Prometheus, Pandora inständig bat, wenigstens die Hoffnung im Krug zu lassen, um die Menschen vor diesem ultimativen Fluch des Zeus zu verschonen.

Danielos: Das heisst also, dass ihr alten Griechen auch schon, wie Nietzsche später die Hoffnung für einen Fluch gehalten habt, für eine der vielen Seuchen, die die Menschheit plagen?

Sokrates: Ich weiss nicht, ob es so eindeutig war.

Aristophanes: Für den klassischen Griechen ist dieser letzte Fluch, der den Menschen erspart bliebt, der Grund für ihre Emanzipation, für die Entstehung von Wissenschaft, Philosophie und Aufklärung.

Sokrates: Ohne Hoffnung auf Erlösung mussten die Menschen selber ihre Geschicke in die Hand nehmen.

Aristophanes: Pandora hat mit dem Zurückbehalten der Hoffnung den Menschen die Freiheit gewährt, selber gegen ihre Seuchen und Flüche und Krankheiten und Untugenden anzukämpfen.

Sokrates: ... statt immer nur auf die Götter zu hoffen, wenn es ein Problem gibt.

Aristophanes: Genau.

Danielos: Okay. Und dann, wie hat Pandora reagiert? Hat sie die Hoffnung freigesetzt?

Aristophanes: Nicht sofort. Sie verlangte etwas Unmögliches. Nämlich, dass man ihr das gäbe, was man ihr vorenthalten habe. Ihr wisst ja, dass Pandora die Allbegabte heisst, weil man ihr alles, wirklich alles gegeben hatte. Sie war reich, gescheit, hübsch, eloquent, hochbegabt in allem. "Also, was willst du denn?" fragte man Pandora? "Du hast ja schon alles. Was fehlt Dir denn noch?"

Bei diesen Worten beginnt Pandora zu schluckzen. Unter Tränen gesteht sie, dass sie sich von ihrem Mann Epimetheus scheiden lassen wolle. Sie sagt: "Ich fühle mich eher zu Frauen hingezogen." "Aha, dann bist du also eine Lesbe?" singen die Dummen. "Nein. Ich möchte gerne dass man mich umbaut." "Umbaut? Zu was denn?" "Zu einem Mann!"

"Also gut", singen die Dummen: "Aber wir sind ja zu blöd dazu. Wer könnte uns denn helfen? Wer könnte das machen? Doch nur der, der Pandora aus Lehm modelliert hatte, Hephaistos, der Gott der Bildhauer."

Hephaistos kommt dann auch prompt dazu. Er hat Mitleid mit Pandora und ist bereit ihren Wunsch zu erfüllen und damit auch den Wunsch der Menschen zu erfüllen, die von Pandora doch die Hoffnung aus ihrem Krug erhalten möchten. Aber wie es so läuft, verlangt auch Hephaistos etwas für seinen Job. Er verlangt, dass die Menschen Zeus das Feuer zurückgeben. Das war ja der Grund für seinen Zorn.

Der Räuberhäuptling fragt die Dummen, ob man diesen Deal machen solle. Und die Dummen sagen ihm sofort und erfreut: "Ja, klar. Das ist doch kein Problem. Feuer ist eh nur gefährlich. Wir brauchen das Feuer nicht mehr, wir haben ja jetzt Induktionsherde und elektrische Autos."

Hephaistos beginnt seinen Umbau von Pandora. Er nimmt etwas Lehm weg von ihren Brüsten und von ihren Hüften und macht daraus einen grossen schrumpfligen Hodensack und mit einem kleinen Würstchen, das übrig, bleibt einen

Penis. Pandora ist nicht so erfreut. Sie stört sich aber nicht, dass der Hodensack so gross, sondern dass der Priaps etwas weich und schlaff geraten ist. Hephaistos schlägt deshalb vor, man könnte ja statt Lehm für den Penis einen Stein nehmen. Pandora: "Warum nicht? Von mir aus."
Gesagt getan. Beim Probegehen mit dem Steinpenis geht Pandora ein paar Schritte in der Schmiede von Hephaistos auf und ab. Sie verzieht dabei aber das Gesicht und beisst sich auf die Lippen. Hephaistos fragt: "Und, wie fühlt es sich an?" Pandora bemängelt, dass beim Gehen der Stein an die Hoden schlägt und es weh tut. Aber da ist sie bei Hephaistos gerade beim Fachmann. Er sagt, dass er auch bei seinen Rüstungen immer einen Tiefschutz einbaue und man also nur die beiden Hoden mit einem Blech schützen müsse.
Der Metallschutz ist flugs fertig, denn Hephaistos ist ja der Gott der Schmiedekunst. Und tatsächlich ist Pandora nun mit der Modifikation zufrieden, auch weil der Metallschutz der Eier schön glänzt und es beim Gehen immer, wenn der Steinpenis an die Eierbleche schlägt, laut bimmelt, wie wenn eine Kuh mit ihrer umgebundenen Glocke grast.
Glücklich rückt Pandora ihre Hoffnung heraus, die von den Dummen sofort freigesetzt wird und alle augenblicklich befällt. Die Chöre beginnnen verzückt zu jubilieren und singen: "Es wird schon gut gehen! Hoffen wir, dass alles gut wird! Wenigsten die Hoffnung kann man uns nicht mehr nehmen! Hoffentlich wird alles gut! Die Hoffnung gibt uns Hoffnung gibt und Hoffnung" ... usw.
Dann fällt der Vorhang.
Es ist aber noch nicht fertig. Es kommt noch ein Epilog.
Eine Minute geschieht zunächst gar nichts. Einer hustet im Publikum. Er wird rausgeführt und exekutiert. Dann hört man ein Gebimmel. Pandora tritt traurig vor den Vorhang und jammert, dass sie - obschon sie ja nun ein Prachtsbild

von einem Mann sei - noch immer keine Frau gefunden habe. Sie geht vor dem Vorhang auf und ab. Begleitet vom Gebimmel ihrer Glocken.
Im Hintergrund singt der Chor der Dummen: "Oh je, die arme Transe! Hoffentlich findet sie bald eine Frau! Gut gibt es jetzt Hoffnung!"
Aber das tröstet Pandora nicht: "Ist es nicht schrecklich", klagt sie, "Pandora, die Allbegabte zu heissen jedoch die Götter gewähren ihr nicht mal eine Frau zur Gemahlin. Alle Frauen fliehen vor mir", schluchzt Pandora vorwurfsvoll: "Bei dem Glockengeläut im Bett haben sie immer Angst es sei ein Feuer ausgebrochen!"
Darauf der Chor hinter dem Vorhang: "Hoffen wir, dass man es löschen kann!"
Damit ist die Komödie fertig. Ende.

Die drei Männer schauen sich gegenseitig an. Sokrates schüttelt den Kopf. Er grinst aber auch. Aristophanes zieht fragend die Augenbrauen hoch.

Aristophanes: Was haltet ihr davon?

Danielos: Also im Schweizer Fernsehen wird man es nicht übertragen wollen.

Aristophanes: Warum nicht?

Danielos: Wegen dem Personal und wegen den Werbekunden.

Sokrates: Man kann von Dir, geehrter Aristophanes, nichts anderes erwarten. Dir ist nichts heilig. Wie immer wird man dich dafür lieben.

Die umgebaute Pandora mit den von Hephaistos geschmiedeten Glockenhoden.

AFRIKATAGEBUCH TEIL 2

17. Mai 2021 nach Christus, Kilueka, Montag.

Die Nacht war völlig trocken, ohne Tau am Morgen. Der Himmel ist wolkenbedeckt. An der Lichtfalle erscheinen zwei frisch geschlüpfte Männchen von Nudaurelia dione, die sattgelben Falter mit den schwarz und rosa umrandeten kleinen Augen, viele Neyvamyrex Ameisen Männchen, diesmal aber wenige Minsangulas. Augustin hat gesagt, dass es nun auch im Dorf Kilueka frisch geschlüpfte Raupen von Minsangula gäbe. Das ist die Phase, in der sie sich an einem hauchdünnen Faden fast wie Paraglider per Windantrieb abseilen und verbreiten. Er will mir heute zeigen wo sie sind, damit ich mit meinem 100mm Makroobjektiv einige Photos machen kann.

Auf der Wiese vor dem Ökonomiegebäude haben drei Jungs den gesamten Motor des Mercedes 508 Lastwagens auseinandergenommen und sind daran die auf dem Erdboden ausgebreiteten Metallteile mit Benzin zu reinigen. Jeder einzelne Kolbenhalbring, jedes Pleuelstängelein, alles ist in Einzelteile zerlegt. Sauber gebüschelt, Schräubchen für Schräubchen. In der geöffneten Mercedesfront gähnt ein grosses Loch, wo der auseinandergenommene Metallblock vorher war. Blaize kommt gerade mit Ersatzteilen an. Da bin ich aber gespannt. Ich bewundere die handwerklichen Geschicke der Menschen hier. Wer nimmt schon draussen auf der Wiese locker einen kompletten Vierzylinder Dieselmotor auseinander und fährt zwei Tage später damit wieder durch die Savanne? Das waren noch Zeiten als Motoren gebaut wurden, die man selber reparieren konnte. Heute bauen sie extra hunderte von geheimen Elektronikkomponenten ein, damit sich ja niemand mehr an ein Auto heranwagt. Das nennt man dann nachhaltige, ökofreundliche, sparsame Technik. Ha Ha ! Wenn ein Mikrochip ausfällt kannst du die gesamte Karre in den Schredder schmeissen.

Den ganzen Vormittag spreche ich mit Fanuelle und Nsimba über die Fischzucht, über den Jahreskalender, das Reinigen des Bassins, die Düngung des Wassers, das Kalken, die Belüftung, das System der Aufzucht in den beiden Aquarien, wie man sie einrichtet usw.

Dann versuchen wir die Fische zu sexen, die in den zwei Rundbecken aufwachsen. Aber das ist nicht einfach. Entweder sind es alles Männchen, oder wir haben die Details noch nicht richtig erfasst. Wir versuchen ein paar Fische aus dem grossen Bassin zu fangen, aber sie sind viel zu clever für uns. Auch das kleine Becken mit den Ngolos, den Katzenwelsen, gibt uns keine Befriedigung. Die Fische sind zwar zu sehen. Aber auch sie sind viel zu schlau, um sich von uns mit dem löchrigen Netz fangen zu lassen.

Am Nachmittag spreche ich mit Moise über die Art und Weise wie er seine Beobachtungen der Raupenpopulationen im Freien organisiert. Es ist wichtig, dass er nun möglichst viele Details berücksichtigt, die uns später helfen könnten, ein Zuchtsystem mit gepflanzten Futterbüschen aufzubauen. Es gibt viele hoffnungsvolle Zeichen.

Gegen 15 Uhr türmen sich fette Wolken auf und man hört in der Entfernung das Gerumpel von Gewittern. Ein Regenguss wäre jetzt eine willkommene Erfrischung für viele. Es war heute den ganzen Tag drückend heiss. Augustin hat gesagt wir werden mit dem Mercedes nach Kisantu fahren, spätestens am 23. Mai, wenn der neue Gerichtstermin ist. Er hat nicht mit einem Wort erwähnt, dass die Voraussetzung dafür ist, dass der Motor bis dann repariert, zusammengebaut, eingebaut ist und funktioniert.

Ein Mädchen kommt vorbei um einen neuen Schulthek, Hefte und Stifte anzuholen. Sie ist ein Boursier, ein Kind das mit Schulgeld unterstützt wird von der NGO Aquacreactive in Meppen, Norddeutschland. Augustin hat mir heute erzählt, als wir am Mittag eine schöne, süsse Papaya mit Zitronensaft gegessen haben, dass das Problem an der Internatsschule ist, dass die Kinder da zwar übernachten können, aber das Essen selber mitbringen müssen. Genau dies klappt leider immer weniger, weil die Eltern – wenn die Kinder überhaupt solche haben, die die Verantwortung übernehmen – den Kindern nichts, oder zu wenig oder unregelmässig Esswaren mitgeben. Ein gravierendes Problem für den Lernerfolg.

Bis in die Nacht hinein ist der Wind wie ausgeknipst. Kein Blatt rührt sich. Augustin fühlt sich krank. Er sagt, dass er seinen Appetit verliere, wenn etwas im Anmarsch sei. Er nimmt ein Mittel gegen Fieber und Erkältung.

18. Mai 2021, Anno Domini, Dienstag

Um Mitternacht ist es noch trocken, als ich die Lichtfalle in Betrieb setze. Doch dann rollen aus der Ferne Gewitterzellen heran, die an Kilueka vorbei streifen. Um ein Uhr nachts beginnt es dann zu regnen, zuerst nur wenig, dann zunehmend bis gegen drei Uhr. Danach ist es wieder ruhig. Um 5.15 Uhr stehe ich auf und kontrolliere die Lichtfalle. Sie ist sehr stark belegt mit hunderten Arten kleiner Schmetterlinge. Sogar ein Rosenkäfer ist angekommen, eine mittelgrosse, unauffällig braun gesprenkelte Art, ein grosses Pseudobunaea alinda Männchen, zwei Nudaurelia dione und ein Jana sp., diesmal ein etwas frischeres Exemplar. Dazu sehr viele Neyvamyrex.

Um sechs Uhr, als ich wie jeden Tag den Computer aufstelle, Kaffee mache und das tagebuch von gestren ergänze, ist das Lichttuch schon bis zur Höhe der Hühnerreichweite sauber abgepickt. Der ganze Hühnerhof findet sich jetzt ein. Sie lernen schnell wo es am Morgen Frühstück gibt. Ein einfaches Lichtfallensystem kann für die Fütterung von Hühnern hier wunderbar funktionieren. Man braucht nur noch etwas Grünes nachzureichen, z.B. frische Moringablätter und eine kleine Eierproduktion kann beginnen.

Mit Nsimba und Fanuelle richte ich die beiden Aquarien ein zur Paarung und Eiablage der Tilapien.

Der Mechaniker hat mit Blaize und seinen Assistenten den Motor des Mercedes wieder zusammen- und eingebaut. Um 10 Uhr läuft er bereits wieder, wie eine Nähmaschine, sauber, schnurrend und rund. Es kann mit dem Verschleiss des Oldtimers weitergehen.

Augustin fühlt sich schwach. Während ich am Mbinzo-Plakat arbeite, ist er im Stuhl neben mir eingeknickt. Er schläft viel zu wenig. Gestern war er noch bis 23 Uhr in seinem Büro in der Miellerie an der Arbeit und am morgen um 5.30 schon wieder an der Lichtfalle.

Seit bald vier Stunden läuft der Mercedes Diesel ununterbrochen. Es ist wohl ein Test um den revidierten Motor neu einzulaufen.

19. Mai 2021, Mittwoch.

Um vier Uhr morgens schwillt ein Gewitter an. Seine blitzende Kernzelle zieht in einigen Kilometern Entfernung vorbei. Es beginnt zu rieseln. Um fünf Uhr regnet es stark und der Donner kommt näher. Es tropft in meinem Zimmer wieder von der Decke. Um halb sechs gehe ich zur Lichtfalle. Es hat eine Vielzahl kleiner Schmetterlinge da. Auffällig ist heute die Häufung von verschschiedenen Arten von weiss glänzenden Klein-Schmetterlingen. Ein prächtiger und über zwanzig Zentimeter messender Epiphora ploetzi, mit den eindrücklichen Schlangenkopfzeichnungen an der Spitzen der Vorderflügel, erscheint und ein prächtiger, stark behaarter, brauner Falter der Gattung Jana aus der rein afrikanischen Familie der Eupterotidae. Um 6.20 Uhr geht die Sonne am Horizont auf als leuchtend oranger Ball hinter den Bäumen. Der Himmel ist fast wolkenlos. Nur ein paar Fetzen und dunkle Schlieren des Rauches des Feuers von Surveillant Frank steigen auf. Da wird Kaffee gebraut für das Frühstück der Arbeiter.

Es ist ein schwarzer Tag für unsere Raupenzucht. Unsere Modellinsekten, die Samia ricinis sind verloren. Fanuelle berichtet mir traurig, dass bisher kein einziger Falter aus den Kokons geschlüpft ist und dass eine Puppe nach der anderen verdirbt und stirbt. Der Schlupftermin ist schon seit fünf Tage überfällig. Da gibt es kaum mehr Hoffnungen. Dieser Niedergang ist tragisch. Nach fünfundzwanzig Generationen seit 2017. Er zeigt, dass wir massiv Fortschritte machen müssen bei der Pflege der Tiere, vor allem in der Reproduktionsphase. Der Umgang mit den Tieren ist zu lax und schlampig. Das Regime muss klar verbessert werden. Es dürfen nur die ersten, schnellsten und schwersten Tiere zur Weiterzucht verwendet werden. Und diese Regel darf nicht wieder gebrochen werden, weil man keine Lust hat, dass die Generationen so rasch aufeinanderfolgen und man die viele Arbeit fürchtet.

Das ist etwas, was wir verschiedentlich beobachtet und bemängelt haben: Man isst die ersten Raupen, dann erntet man die nächsten für die Trocknung und die letzten bewahrt man auf für die Weiterzucht. Dies ergibt eine Negativselektion der Extraklasse. Man schafft damit genau das

Gegenteil von dem, was wir wollen, nämlich eine langsame, kleine, zurückgebliebene Genetik, die logischerweise auch für Krankheiten anfällig ist.

Symptome der Raupenkrankheit Flacherie habe ich bei Samia ricini noch nie beobachtet in den zehn Jahren, in denen ich mich mit diesem Tier befasse. Es gibt nun nur noch die Möglichkeit, gesunde Tiere irgendwo in den Dörfern zu finden. Und dann die Eier sorgfältig zu hygienisieren mit Formalin. Doch in Kimpemba bei Maitre Blaize sind die Populationen auch verloren gegangen. Etwas anderes hätte mich erstaunt, denn von da stammen ja unsere letzten Tiere. Die Haltungsbedingungen sind in Kimpemba noch viel schlechter als bei uns. Ein Wunder, dass sie so überhaupt vier bis fünf Generationen züchten konnten. Nun heisst es also wieder: Lernen von Fehlern. Dies wird mühsam werden, wenn wir hier keine Samias mehr finden. Es würde bedeuten, dass ich sie entweder in Europa finden, oder aus Thailand oder Indien neu importieren muss.

Ein zweiter Zwischenfall betrifft die Kolonie der hier Makedikedi genannten Bunaea alcinoe, die auf dem Pomme cythère Strauch bei der Baumschule von selber erschienen ist. Augustin wurde alarmiert etwas stimme da nicht. Als er nachschaut, sieht er, dass einige der L4 Raupen vom Baum gefallen sind und auf der Erde liegen. Nur wenige befanden sich noch auf Zweigen an denen sie frassen. Die sterbenden Tiere besassen keinen Darminhalt mehr. Sie zeigen Zeichen der Flacherie: Ein völlig schlaffer Körper, ohne jede Muskelspannung. Nur die Mundwerkzeuge und das vorderste Beinpaar bewegen sich etwas. Bei einer Raupe sah ich krampfartige Kontraktionen an verschiedenen Stellen im Darmbereich.

Die Gruppe der Minsangula-Raupen, die gestern von Kindern gebracht wurden, setze ich heute auf einen Busch gleich vor meinem Arbeitsplatz, um sie zu beobachten. Die pechschwarzen, dünnen und sehr hektischen Raupen zeigen ein typisches Verhalten, das dieser Familie von Insekten den Namen Spanner gab. Zwischen den Hinterbeinen und den Vorderbeinen ist ihr Körper stark verlängert. Die Vorderbeine werden abgehoben, schnellen vor, und sobald sie sich befestigt haben werden die Hinterbeine abgehoben, nachgezogen und bilden mit dem Körper einen hohen schlingenartigen Buckel, der wie eine Feder angespannt ist, bis dann wieder der Vorderteil abgehoben nach vorne springt usw.. Die Raupen kriechen also nicht, sie spannen sich nach vorne. Zwischendurch schwenken die Raupen von Zeit zu Zeit suchend ihren langen Vorderkörper in der Luft, um zu erkunden, ob es in der Nähe Blätter gibt, auf welche man übersetzen kann. Bei Gefahr montiert die Raupe blitzschnell einen Faden an einem Blatt und springt ab wie ein Bungyjumper. Dabei bleibt der Kopf am Seil befestigt. Es ist eine sehr effiziente Methode um den Ameisen zu entkommen, die oft erscheinen, weil die Raupen einen typisch säuerlichen Duft verbreiten.

Die Ameisen können den Raupen an ihrem Seil nicht folgen. Wenn die Minsangulas aber auf dem Boden landen, ist das Spiel aus. Da warten andere Ameisen meist schon und bringen mit vereinten Kräften die zappelnde Raupe um. Auch Hühner haben sich sofort beim Busch eingefunden. Sie scheinen mitbekommen zu haben, dass da Futter angeliefert wurde. Sie sehen die Raupen, die sich abseilen wollen und picken sie noch in der Luft. Das Gebüsch scheint den Raupen nicht zu behagen. Obschon man sagt dass die Minsangula alles fressen, einfach alles. Nach einer halben Stunde sehe ich keine einzige mehr. Solche Fluchten hat man auch bei der Nachzucht im Aussengehege beobachtet. Wenn die zappeligen und nervösen kleinen Dinger entschieden haben zu türmen dann geht es blitzschnell und man findet keine mehr.

Die frisch geschlüpften und noch winzigen Minsangulas können an ihrem Faden erstaunlicherweise auch fliegen wie Paraglider, wenn die Wärmekonvektion bei Sonnenschein den Faden in die Höhe reisst. Ähnliches kennt man von Spinnenkindern, die sich so verbreiten. Der Faden der Minsangula ist so ultrafein, dass er nur bei richtigem Lichteinfall als schwacher Schimmer zu sehen ist. Ausserdem können die Raupen sich nicht nur abseilen, sondern auch am Faden aufklimmen, indem der Kopf den Faden fasst, er zur Seite gebogen wird, wo das dritte Beinpaar den Faden festhält und dann der Kopf wieder vorgreift, dann der Kopf sich auf die andere Seite biegt und so weiter. So klettert die Raupe mit einer Zickzackbewegung des Kopfes wieder auf das Blatt, wo der Faden befestig ist, erfasst es mit

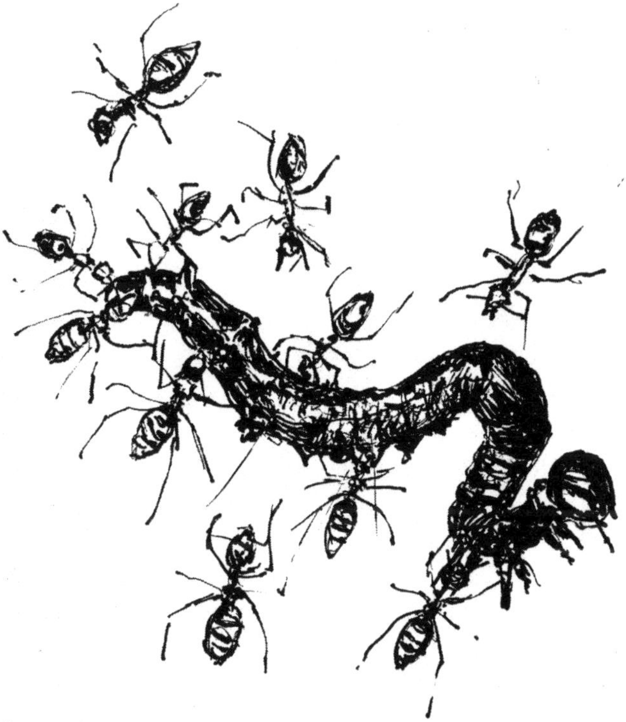

den Vorderbeinen und schwingt das Hinterteil hinauf, akrobatisch und zirkusreif. James Bond ist eifersüchtig, wie elegant und mühelos die Seiltricks bei den Minsangula aussehen.

Augustin klagt, dass er wieder 110'000 FCC bezahlen muss für Brot, Zucker und Kaffee des Arbeiterfrühstücks für zehn Tage. Auch dass die Menschen ihre Kinder ohne Frühstück und ohne etwas Essbares in die Schule schicken. Hunger ist das grosse Problem. Man isst nur ein Mal pro Tag am Abend vor dem Eindunkeln. Am Morgen ist nichts mehr da. Was für ein Leben? Nun denkt man darüber nach, wenigstens zwei Mal pro Woche eine Mahlzeit für die Schüler in Kijela zuzubereiten und mit den Kindern zusammen einen Garten zu unterhalten, wo Nahrung produziert wird.

Die ketzerische Frage lautet. Produziert man damit nicht erst recht eine Haltung, dass die Eltern ihren Kindern gar nichts mehr mitgeben, weil sie wissen dass in der Schule gekocht wird? Augustin protestiert: Ach was! Die haben gar nichts zu geben! Viele Kinder versorgen sich notdürftig selber auf dem Weg zur Schule mit Dingen, die man gerade findet: Eine Frucht, eine Maniokknolle, ein Stück Zuckerrohr. Ein Wunder, dass die Kindersterblichkeit nicht noch viel höher ist. Sie ist ja sonst schon Rekordhoch hier mit 20% Mortalität in den ersten fünf Lebensjahren.

20. Mai 2021

Die Lichtfalle macht Probleme. Die Drossel der Quecksilberdampflampe hämmert laut und die Lampe flackert. Sie löscht immer wieder ab. Ich kontrolliere, ob genug Batteriespannung da ist. Alles okay. Vielleicht ist die Lampe kaputt. Um zwei Uhr stelle ich sie ganz ab. Um sechs wecken mich die Hühner und Hähne mit ihrem Lärm. Nebel liegt zwischen den Bäumen, darüber ein wolkenloser Himmel. Wir fahren um acht Uhr los mit dem Mercedes 508. Die Fahrt nach Kisantu dauert zwei Stunden. Dort kaufen wir Material ein, laden Bretter bei der Sägerei ab zum Zuschneiden von Latten und deponieren alle Eisenwaren bei der Werkstatt, wo man Dinge zusammenschweisst. Diese Schlosserei wird von einem Lehrmeister geleitet, der etwa ein Dutzend junge Männer beschäftigt, die hier die Lehre machen. Die einzigen Werkzeuge die man besitzt sind eine Metallhandsäge, ein Hammer, eine Trennscheibe und zwei selber gebaute, äusserst abenteuerliche Schweisstrafos, die ohne jedes Gehäuse und ohne jede Sicherung auskommen.

Wir beginnen gleich mit dem Zuschnitt der Teile für die Gestellwagen der Bäckerei. Sie sind so gebaut, dass auf neun Etagen jeweils zwei Tablare mit Brotteig deponiert werden können. Dies entspricht genau einer Ladung des Holzofens. Die Metallgestelle sind auf Rädern montiert. Man kann sie also vom Tisch, wo Teig zubereitet wird, in den Raum fahren, wo der Teig aufgeht, von da zum Ofen und von dort in den Verkaufsraum. Wir verarbeiten 45 Laufmeter Corniere 25 Millimeter, das sind Winkeleisen. Das Baustoff-Magazin in Kisantu verkauft diese Metallsachen. Die Räder müssen wir allerdings später in Kinshasa kaufen. Sowas gibt es hier nicht.

Das zweite Projekt ist eine Türe für den Ofen der Bäckerei. Sie soll mehrere Möglichkeiten zur Steuerung der Luftzufuhrs besitzen.

Das dritte Projekt ist ein Pyrolyseofen, um damit aktivierte Kohle herzustellen, oder zumindest eine Kohle, in der es keine giftigen Ablagerungen von Kondensaten der Holzgase gibt. Bei der Pyryloyse sollen sie ja verbrannt werden. Augustin hat bereits die zentralen Teile in Auftrag gegeben: Das sind zwei Rohre von 80 cm Höhe mit Durchmessern von 50 und 40 Zentimetern. Als wir ankommen sehen wir zwei Rohre mit 17 mit 20 Zentimetern Durchmesser. Man hat die Idee des Durchmessers nicht verstanden, oder die Anweisungen per Telefon nicht richtig aufgeschrieben. Augustin ärgert sich.

Die Schlosser haben Bleche von 40x80 cm und von 50x80cm zugeschnitten und sie dann zu Rohren gebogen. Von Hand! Mit dem Treibhammer! Als ich die Formel "Durchmesser mal Pi" erwähne merke ich, dass Pi dem Lehrmeister nichts sagt. Wir schneiden also also zwei neue Bleche zu, eins von 40xPi cm Länge und eins von 50XPi cm Länge. Und die Arbeit beginnt von Neuem. Ich bleibe stets vor Ort, um zu begleiten was man macht. Wir haben hier ja schon Aquarien herstellen lassen, die mehrmals umgeschweisst werden mussten. Es ist besser wenn man genau hinschaut und kontrolliert. Aber die Jungs arbeiten sehr präzise und es gibt nichts zu meckern. Es ist nur wichtig, dass die Pläne sauber vorbereitet sind. Dann geht es zügig vorwärts. Leider komme ich nicht dazu etwas zu essen. Aber glücklicherweise habe ich zwei Flaschen Wasser in meinem Rucksack eingepackt. Und man hat mir gleich zu Beginn einen Plastikstuhl hingestellt im Schatten des riesigen Mangobaumes, der das Dach der Freiluftwerkstatt bildet.

Das Wichtigste habe ich fast vergessen. Zum Privileg der Schlosserei gehört, dass es fast immer Strom gibt. Dies ist der Grund weshalb Augustin hierher kommt. Ein anderes Atelier in Kisantu macht zwar auch tolle Arbeiten, aber wenn da Stromausfall ist, wartet man stundenlang.

Der Lehrmeister ist froh, dass ich da bin und seinen Posten übernehme.

Er verschwindet und ist bis am Abend nicht mehr zu sehen. Man sagt er arbeite noch an zwei anderen Orten.

Die Arbeitssicherheit ist katastrophal. Die Jungs tragen keine Handschuhe, schweissen mit ungeschützten Armen und Füssen und oft sogar ohne Schutzbrillen. Das würde ich als Ausbildner niemals dulden.

Blaize, Lolo und eine weitere Hilfskraft aus dem Team verschwinden mit dem 508 irgendwohin. Augustin geht zum Gericht, um das Video des Brandes in Mvumbimasa als Beweismaterial formell einzureichen. Ich bin also auf mich selber gestellt. Erst am Nachmittag tauchen alle wieder auf. Da hat man Gestell und Türen fertiggestellt. Nicht aber den Pyrolyseofen. Ich werde morgen nochmals kommen müssen. Augustin hat an mich gedacht. Er hat ein paar Bananen mitgebracht.

Auf der RN16 geht es zwei Stunden zurück nach Kilueka, wo wir kurz nach dem Einnachten eintreffen. Jolie kommt mir entgegen mit dem Schlüssel zu meiner Kammer. Sie sei in Lemfu gewesen, weil sie krank sei, sie habe Diarrhoe und eine Schwellung der Halslymphknoten. Ich gebe ihr ein Immodium mit für den Fall dass der Durchfall nicht aufhört. Ich bin vom heissen Tag dreckig, klebrig und nass vom Schweiss und nehme eine kurze Dusche, ziehe eine saubere lockere Hose an und ein T-Shirt. Die anderen Dinge werde ich morgen waschen. Von Hand. Mit nur Seife.

Auch Augustin ist geschwächt. Er nimmt um 19.30 Uhr seine zweite 4-er Ladung Malaronetabletten gegen seinen Malariaschub. Meist bekommt er dadurch massive Magen-Darmprobleme und schwarzen Stuhlgang. Er kennt das schon. Ich nehme weiter täglich die Malariaprophylaxe. Ich weiss zwar, dass dies auch auf die Länge Probleme verursachen kann, aber ich denke es ist besser als eine solche Malarone Rosskur. Das Malariaproblem, sagt Augustin, sei auf dem Land viel grösser, weil hier die Anopheles Mücken vorkommen, die in sauberem Wasser ihr Habitat haben, während solche Mücken in Kinshasa mit seinem Dreckwasser weitgehend fehlen. Es sind da aber andere Mückenarten zu hause, die den Malaria-Erreger nicht übertragen. Die beste Schutzmethode sind Moskitonetze, die manchmal auch gratis abgegeben werden. Ein grosses Werbeplakat für diese Gratisverteilung ist gleich neben der Schlosserwerkstatt auf eine Hausmauer gemalt. Man müsse nur auf eine Telefonnummer anrufen, heisst es darauf. Das ist insofern sehr praktisch, weil doch Menschen, die auf ein Moskitonetz Anspruch haben, weil sie kein Geld haben, meist weder lesen können, noch ein Telefon besitzen. So reduziert sich der Ansturm von selber und man hat mehr Geld übrig um grosse Plakate zu malen. Dies ist sowieso eine Sache, die ich nicht ganz begreife. Überall werden hier prominent grossflächige Tafeln aufgestellt für die Projekte. Sie sind der Strasse entlang in grosser Zahl aufgereiht und überall auch in der Landschaft an Wegrändern verteilt. Wenn man genauer hinschauen würde, worauf sich diese Plakate beziehen, würde man merken, dass in 90% der Fälle nur etwas übrig geblieben ist: Das Schild mit dem hochtrabenden Projekttitel und den Namen der Geldgeber. Wenn ich ein Hilfswerk hätte, würde ich verbieten solche Plakate aufzustellen. Vor kurzem habe ich per Zufall ein Dokument gesehen, dass zur Besteuerung solcher Schilder sogar eigens eine staatliche Agentur geschaffen wurde.

21. Mai 2021, Freitag

Wolken ziehen von Südwesten her. Es ist die übliche Windrichtung hier. Wobei ich unter dem Äquator immer Schwierigkeiten habe zu sagen wo Norden ist und wo Süden. Es mag damit zu tun haben, dass wir in Europa wegen dem Sonnenstand im Winter nördlich des Äquators gegen Süden hin orientiert sind. Dann ist Osten links und Westen rechts. Südlich des Äquator ist man im Sommer bei tiefstem Sonnenstand gegen Norden orientiert. Dann ist Osten rechts und Süden links. Und wie ist es hier? Direkt unter dem Äquator? Es gibt keinen niedrigsten Sonnenstand, nach dem man sich orientieren könnte. Nur Ost und West sind klar wegen dem Sonnenunter- und Sonnenaufgang. Aber was soll man nun annehmen? Dass Osten links oder rechts ist? Ich muss mir hier zur Orientierung immer zuerst die Karten von Afrika und des Kongos vor das innere Auge führen und den Verlauf der RN 16 die südöstlich verläuft darauf vorstellen. Damit weiss ich dann, dass im Westen die Atlantikküste liegt und im Osten das riesige Binnenland Afrikas. Ich bin aber trotzdem immer noch verwundert, dass ich dies gefühlsmässig also intuitiv nicht erfasse. Auch nach acht Reisen hierher bin ich jedes Mal, wenn ich es mir überlege, wo ich bin, irritiert durch dieses Kompassproblem.

Vielleicht hat mein Orientierungsproblem mit dem autonomen Lesen der Schatten zu tun, die mir in Europa intuitiv helfen, die Richtung zu bestimmen. Ich habe - wenn ich ohne Stadtplan in Paris, oder Berlin unterwegs bin - keine Probleme mich nach dem inneren Kompass zu orientieren, wenn ich ungefähr weiss wie spät es ist. Ich muss da nichts überlegen. Aber hier? Der Schattenwurf zeigt ja nur Ost und West an. Wo ist denn nun aber Süden und wo Norden? Als Seemann müsste ich die Sterne zu Rate ziehen. Aber das habe ich im Binnenland Schweiz nicht gelernt, wo ausserdem das halbe Jahr der Himmel von Wolken verdeckt ist.

Ich fahre um 9 Uhr mit Blaize und Lolo nach Kisantu los. Auf der Fahrt durch das Flussbett der RN16 kommen uns Dutzende Motorradfahrer entgegen. Akrobatisch zirkeln sie ihre Maschinen über das haarsträubende Terrain. Sie transportieren jeweils sechs Kartons mit gefrorenem Fisch und sonst noch einigem keinerem Zeug obendrauf. Das sind bei dreissig Kilogramm pro Fischkarton gut zweihundert Kilogramm Fracht plus der Chauffeur; eine Schinderei für Fahrer und Gefährt. Aber die chinesischen Töffs für achthundert Dollars halten dies erstaunlicherweise aus.

Zu Blaize sage ich: Etwas, was ich nicht verstehe: Weshalb fahren hier Tag für Tag mehr als hundert solche Töffs mit Fischladungen? Man könnte doch einen grösseren Camion auf die Fahrt schicken, oder einen benutzen, der sowieso Waren im Landesinnern abholt, um sie nach Kisantu oder Kinshasa zu bringen. Blaize erzählt mir dazu, dass es einen Geschäftsmann gegab, der genau dies versucht hatte und so in das Fischbusiness eingestiegen war. Er hatte Kühlhäuser betrieben in Kisantu, Ngeba und Lemfu, damit man von dort aus die Feinverteilung machen kann. 2015 sei dieser Mann in Kisantu auf offener Strasse in seinem Auto erschossen worden. Mehrere Schüsse. Von vorne durch die Windschutzscheibe. Er war zuvor erpresst worden. Er sollte Schutzgeld oder Schmiergeld an die Fischmafia bezahlen, hatte sich aber geweigert. Das Killerkommando hat seine Karriere kurzerhand beendet. Am Tag nach dem Attentat kam es zu einem explosiven Volksaufstand, denn der getötete Geschäftsmann war bekannt und beliebt, und wie Augustin sagt: "Die Bevölkerung weiss mehr als man meint". Der Ermordete hatte versucht in das Monopol der Fischmafia einzudringen, um selber Fisch zu importieren, zu verzollen und zu verteilen. Billiger als die Mafia.

Die Revolte der Bevölkerung dauerte drei ganze Tage lang. Die Aufruhr konzentrierte sich zuerst auf den baufälligen Polizeiposten und das Distriktgebäude beim Gare, dem früheren Bahnhof, da, wo sich auch das ehemalige Postgebäude befindet aus der Zeit, als es im Kongo noch eine Post gab. Offenbar waren die Polizeikräfte und der Distriktdirektor mit der Fischmafia verbandelt. Es wurden Steine geworfen. Dinge angezündet und auf der Strasse Barrikaden errichtet. Drei Tage lang blieb der Verkehr auf der wichtigsten Transportader des Landes unterbrochen. Die Polizei von Kisantu wehrte sich zunächst mit Tränengas und Knüppeln, flohen dann aber vor der Übermacht der Protestierenden in die Wälder. Es mussten Militärtruppen und Polizeieinheiten aus anderen Gegenden herbeigerufen werden.

Der Aufstand wurde vor allem von jungen Männern ausgeführt. Sie sind hier überall in den Dörfern und grösseren Zentren ein wichtiger Faktor bei der Selbstverteidigung der Bevölkerung. Man darf sich aber keine festen Organisationen vorstellen, sondern von Fall zu Fall spontan sich formierende Gruppen von jungen Leuten, die sich kennen und dann gemeinsam zur Notwehr schreiten. Ein Beispiel dafür sind die Motards von Lemfu, als sie den notorischen Motorraddieb tot geprügelt haben. Blaize hat zu diesem Obergauner übrigens noch die Anekdote angefügt, dass der Kerl zuvor schon einmal fürchterlich verprügelt worden sei. Er sei blutend in der Strasse gelegen und alle hätten gedacht, dass er nicht überlebt. Er sei aber wieder erwacht aus der Bewusstlosigkeit und hätte nach Wasser gebeten. Und wie durch ein Wunder: Kaum hätte er getrunken gehabt, sei er aufgestanden und weg gehumpelt. Blaize sagt, der Kerl habe einen Fetisch gehabt, einen Zauber, der bewirkt, dass er mit Wasser überlebt. Beim zweiten Mal aber hätte ihm dann niemand mehr Wasser gebracht.

Die Revolution gegen die Fischmafia in Kisantu muss man verstehen vor dem Hintergrund der grassierenden Korruption im Lande. Fischhandel ist eines der lukrativsten Businesses. Importierter Fisch ist lebenswichtig für die Bevölkerung. Der Kongo besitzt zwar einen kleinen Meeresstreifen im Osten, aber keine eigene Fischereindustrie. Das grosse Geschäft mit Korruption macht man nicht mit der Produktion von Dingen, sondern mit dem Handel. Dies ist auch einer der Gründe, weshalb in diesem riesigen Land eigentlich nichts mehr produziert wird. Die herrschende Klasse hat sich in ihren klimatisierten Büros darauf eingerichtet die Handelskanäle zu sichern und diese zu monopolisieren. Die Politik ist komplett unterwandert. Konkurrenten werden rausgedrängt oder wie im Fall von Kisantu umgelegt.

Armee und Generäle sind an vorderster Front an Mafiadeals beteiligt. Sie haben auch die Waffen, um ihre Interessen durchzusetzen. Und sie setzten diese auch ein. Ausserdem erzählt man, dass die Armee zu neunzig Prozent aus ruandischen Söldnern besteht, die keinerlei Sympathien für die kongolesische Bevölkerung hätten. Joseph Kabila, der frühere diktatorische Staatpräsident des Kongos, der selber aus Ruanda stammt, ist Besitzer von Dutzenden von Firmen, unter anderem auch für den Fischimport aus Tansania. Die mit Korruption loyal geschmierten Behörden sichern das Monopol ab mit Zöllen, Behinderungen von Konkurrenten, willkürlichen Beschlagnahmungen usw. Leidtragend ist die Bevölkerung, weil sie stark überteuerte Preise bezahlt für dieses Grundnahrungsmittel.

Der Kongo ist ein gutes Lernbeispiel der Ökonomie, weil hier alles ein bisschen offensichtlicher ist, weil man sich nicht die Mühe machen muss, alle Gaunereien kunstvoll zu vertuschen wie dies bei uns im Westen der Fall ist. Der Verlust der Inlandproduktion führt zu mehr Korruption, mehr Handelsmafia, zur Bereicherung der Mächtigen auf Kosten der Bevölkerung, die ohne Jobs und als Bettelmasse von der Gunst der Ausbeuter abhängig gemacht werden. Das ist im Westen exakt genau gleich. Nur merken es da die selbstverliebten Mittelständler noch nicht, die man als Claquere einer verfehlten Wirtschaftspolitik herangezogen hat mit gigantischen Medien-Verdrehungs- und Lügenmaschinen, Beute-Beteiligungen und Konsumbetäubungen aller Art. Mit der Corona-Krise können wir nun solche Machtstrukturen auch bei uns etwas besser studieren.

Regierungen werden einfach für Marktinteressen der globalisierten Pharmaindustrie usurpiert. Gedeckt von gekauften Medien und "Parlamentariern". Mittelständische Unternehmen und Kultur werden geopfert für Profite der Oberkorrupten, die sich an der Börse eine pseudodemokratische Berechtigung ergaunert haben mit ihrem Aktionariat, an welchem auch der Spengler von Hintertupfikon beteiligt ist, die Krankenschwester im Pflegeheim "Waldesruh" in Pingelingen, der pensionierte Lottospieler und ehemalige Primarlehrer von Glänzach und auch der Taxifahrer von Detzwil, die gar nicht merken, dass sie mit ihren Aktien von Tesla, Amazon, Microsoft, Apple und Google an dem Ast sägen, auf dem sie sitzen. Apres moi le déluge.

In Kisantu begleite ich den ganzen Tag den Zusammenbau unseres Pyrolyseofens. Er sieht recht cool aus, finde ich, hat aber kleiner Mängel wegen der fehlenden Präzision vor allem der Lufteinlässe. Dies ist der Tatsache geschuldet, dass hier alles von Hand mit primitivsten Mitteln hergestellt werden muss. Aber gegen 14.30 Uhr sind wir fertig und ich bezahlen die vereinbarten 80'000 FCC, das sind vierzig Dollars. Zuvor habe ich jedem Arbeiter noch ein Getränk offeriert. Nun wird es darum gehen das Ding zu erproben.

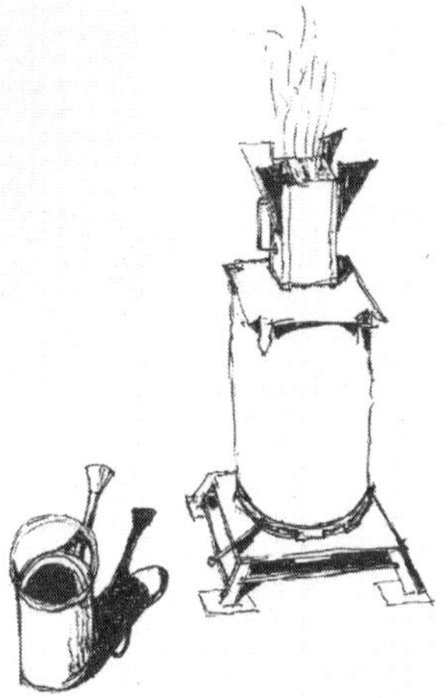

Der Pyrolyseofen 'Made in Kisantu' bei seinem ersten Testlauf. Die Zukunft ist Lowtech!

Bei der Heimkehr kurz vor dem Eindunkeln sehe ich Fanuelle und Augustin vor der Miellerie in ein Gespräch vertieft. Sie haben eine kleine Kiste mit Samiaraupen und ein Netz mit mehreren Dutzend Cocons bei sich. Sie erzählen mir, dass man in Nzuma jemanden gefunden habe, der die Raupen züchtet. Er hat ihnen offenbar gut Sorge getragen, denn sie sehen gut und aktiv aus. Ich freue mich, äussere aber auch die Sorge, dass nun wir selber die Kontaminanten sind und wir sehr vorsichtig sein sollten im Umgang mit den Tieren, bis wir die Nachzuchten wieder gesichert haben. Jetzt erst sehen wir welches Glück wir hatten, dass die Bevölkerung uns diese Samias aus den Händen gerissen und selber weiter gezüchtet haben, ohne unsere Aufsicht und Begleitung, wie wir es ursprünglich gedacht hatten. Wir profitieren nun selber davon. Ein schönes Beispiel wie Neuerungen zum Nutzen der Gesellschaft geschützt werden, indem man sie frei zugänglich macht und verbreitet, statt sie zu patentieren und für sich zu horten.

Es ist eines der Märchen der strukturellen Korruption, dass Patente der Gesellschaft helfen, indem sie die innovative Industrie und deren Arbeitsplätze schützen. Das ist eines der Tabus unserer "Wirtschaftexperten" und unserer "Think Tanks", die eher sinkende Tanker sind. Ein klassischer Fall von titanischem Untergang wegen eigenützigem, mythologischem "Denken". Bedauerlicherweise werden wir zu Grunde gehen an der Armut der Reichen, am Hunger der Satten und an der Dummheit der Ausgebildeten.

22. Mai 2021, Samstag

Die Lichtfalle habe ich ruhen lassen. Ich wollte mal wieder schlafen. Um 6 Uhr stehe ich auf beginne mit dem Tagebuchnachtrag von gestern und um 7.30 drückt die Sonne durch eine dicke Wolkenschicht. Augustin und ich besuchen die Baustelle der Boulangerie. Für die Umluft des Ofens, mit der wir die Raupen trocknen wollen, müssen wir eine Abdeckung konstruieren, einen Lufteinlass und das Rohr für den Dampf, der in den Teigraum geleitet wird muss geplant werden. Ausserdem mache ich darauf aufmerksam, dass in diesem Raum mit 100% Luftffeuchtigket und einer Temperatur von 45-50 Grad es stets von der Decke tropfen wird wegen der Kondensation des Wasserdampfes. Man muss entweder die Decke in einem geeigneten Winkel schräg einbauen, damit Wasser daran seitlich abläuft, oder die Brote auf den Gestellwagen mit einem Dach schützen, damit nicht Kondensationstropfen auf das Gebäck fallen.

Etwas tricky ist auch der Einfüllstutzen für das Wasser in den Kessel, der erhitzt wird und aus dem der Dampf austritt, der in den Teigraum geleitet wird. Der Ofenbauer spricht von 50-70 Litern Wasser die man da einfüllen muss, hat aber keine Idee wie er den Füllstand des Behälters, der im Ofen komplett verborgen eingebaut ist, überprüfen kann. Das Wasser soll ja nicht randvoll in den Kessel gefüllt werden, da sonst der Dampf auch Wasser durch das Dampfrohr drückt, sodass es dann als kochend heisser Strahl im Teigraum landet. Oben im Kessel muss immer ein Luftraum vorhanden sein, damit nur der Dampf austritt. Gibt es denn, überlege ich, keine Methode, um das Rohr so zu führen, dass man den Tank gar nicht überfüllen kann, weil dann das Wasser überlaufen würde? Es gibt schon eine solche Möglichkeit. Sie ist aber ein bisschen kompliziert, weil man dazu das Rohr des Einlauf hätte ganz ins Wasser im Kessel eintauchen müssen, damit eine kommunizierende Röhre entsteht. Dies ist aber wohl nicht der Fall. Das heisst man müsste ein zweites kleineres Rohr einführen, zum Beispiel aus Kupfer, das wir als kommunizierende Röhre verwenden. Oder wir messen den Inhalt des Kessels und schauen dann wieviel Wasser man nachgiessen muss, wenn der Dampf aufhört. Das ist die hiesige Methode. Und vermutlich wird alles darauf hinauslaufen.

Die Türe des Ofens zeigt noch ganz andere Probleme. Der Ofenbauer hatte dem Maurer nicht mitgeteilt, wie der Eingang des Ofens aussehen muss. Pläne gibt es keine und geredet wird auch nicht viel. Man löst Probleme, indem man nach dem Bau alles wieder abbricht, was falsch gebaut wurde, weil nicht richtig kommuniziert wurde und man dann alles von Neuem aufbaut. Die Türe, die ich in Kisantu bauen liess, ist also bereits jetzt für den Müll gemacht, weil der Ofenbauer eine Aschentüre da vorgesehen hat wo bereits fest zugemauert wurde. Das wird also wieder ein Gebastel werden!

Weil kein Plan vorhanden ist. Augustin sagt entschuldigend, dass die Leute meist nicht schreiben und lesen können. Wie sollen sie da Pläne machen? Sie sind aber handwerklich sehr geschickt. Fabius der Maurer, der die Boulangerie gebaut hat, ist ein Könner. Er kann auch Pläne lesen und es nervt ihn ebenfalls, dass man nun einen Teil der Mauer, die er bereits gemacht hat, wieder abreisst.

Es ist manchmal zum verrückt werden, sagt mir Augustin als wir zum Damm im kleinen Tälchen spazieren: Gerade eben hat ihm Christian mitgeteilt, dass Lolo, der Helfer auf dem Mercedes 508, Benzin in den Mercedestank eingefüllt habe, statt Diesel. Nun muss der ganze Tank geleert werden und die Mischung von Diesel und Benzin ist verloren. Aber ausserdem fehlt nun das Benzin, um am Montag zum Gericht zu fahren. Das sind die kleinen Katastrophen, die an den Nerven zerren.

Etwas weiter - beim Damm angekommen - sehen wir ein prächtiges Beispiel dafür, was passiert wenn es wunderbare Pläne gibt, man diese aber glattweg ignoriert aus völlig unbekannten Gründen.

Der Damm war so geplant, dass die maximale Stauhöhe ab unterem Wasserniveau bis zur Höhe des Seelevels, 120 Zentimeter beträgt. Nach Plan hätte dies problemlos gereicht um den Filter des Baignoires zu füllen. Ausserdem war als Überlauf des Sees ein Trop-plein (Überlauf) geplant der einen Meter breit und fünfzig Zentimeter hoch ist. Das heisst das Seelevel hätte sich um maximal einen halben Meter erhöhen können, bis ein gefährlicher Hochwasserstand erreicht worden wäre und der Auslauf hätte dann einen Querschnitt von einem halben Quadratmeter gehabt, was luxuriös berechnet ist, wie ich denke. Man darf aber nicht unterschätzen, dass hier Gewitter heftig und lang andauernd sein können und die Höhe des Auslaufs von einem halben Meter daher berechtigt ist. Soweit die Ideen und Pläne.

Was wir vorfinden stellt sich so dar: Die Höhe der gewaltigen Mauer, die man zementiert hatte, beträgt genau 225 Zentimeter ab Unterwasserniveau! Der Überlauf ist nur 50 Zentimeter breit und hat eine Höhe von mickrigen zehn Zentimetern. Eine Staureserve von zehn Zentimetern? Ein

Auslaufquerschnitt von 0.05 Quadratmetern? Was soll das? Der Architekt Richard, der das verbrochen hat, hat mir vor vier Monaten einen Vortrag gehalten darüber, dass er einen Sonderkurs für Wasserbau belegt habe, als wir meine Pläne angeschaut and gemeinsam abgesegnet hatten. Nun stellt er einfach ein solches, völlig absurdes Monument ins Tal. Mit diesem Oberwasserniveau versinkt das ganze Tal im Wasser. Das sieht man von blossem Auge. Augustin kann und will mir nicht erklären, wie es zu diesem offensichtlichen Irrsinn gekommen ist. Erst ganz am Schluss, als ich alles neu vermessen habe und entschied, den neuen Auslauf auf einer reduzierten Seehöhe von 170 Zentimetern an einer Seite des Obelisken anzubauen, lässt Augustin die Worte fallen Richard hätte gemeint, dass eine Höhe von 120 Zentimetern nicht ausreiche, um das Wasser durch den Filter des Baignoires zu lassen. Ich sage nur: Hat er denn den Plan nicht gesehen? Es ist doch da ein Syphon vorgesehen, der das Wasser auf einer Höhe von 80 cm aus dem Filter austreten lässt. Die zusätzlichen 40 Zentimeter Druckhöhe würden reichen, um das Wasser durch den Filter fliessen zu lassen. Von diesem Syphon hat man jedoch offenbar nicht verstanden wie er funktioniert. Ich sage nur, dass es eine korrespondierende Röhre ist. So funktioniert eben ein Syphon. Richard hat dies offenbar trotz Weiterbildung nicht verstanden. Was mich aber am meisten ärgert: Wozu macht man denn Pläne, die man im Detail bespricht, auch vor Ort, einfach, um nachher irgendetwas zu basteln, weil man eine "bessere" Idee hat. Es ist irre wieviel Energie, Arbeit und Geld man mit solcher Nachlässigkeit und Selbstgefälligkeit verliert. Das nervt, denn es geht auf Kosten der Leute hier, nicht auf meine. Mir könnte es ja egal sein. Aber die Leute schaden sich damit selber. Was fehlt ist einfachste Bildung. Vor allem aber Mut zu fragen, wenn man etwas nicht versteht. Weil man zu stolz ist oder zu ängstlich, um zu fragen, macht man lieber einfach irgendetwas, was einem Grad einfällt. Vielleicht hat man ja Glück und es gelingt einmal zufälligerweise etwas. Fazit: Wegen dieser Ignoranz müssen wir im Prinzip den ganzen Damm ein zweites Mal bauen.

Unten in dem Tälchen, wo nun das neue Wahrzeichen Kiluekas steht, - was Archäologen irritieren wird, wenn sie es in 1000 Jahren ausgraben: Was zum Teufel soll denn das gewesen sein? Ein Astrolabium? - da unten also, neben der neu errichteten Klagemauer Kiluekas, befindet sich auch ein grosser Garten wo Gemüse und Artemisia annua, die Pflanze gegen Malaria, angebaut werden und sich mehrere Baumschulen für Fruchtbäume befinden. Es ist Samstag und heute arbeiten die Leute nur bis mittags. Ich sehe Fanuelle und Chance beim Jäten.

In der Umgebung des Gartens wurde das Savannengras gerodet, damit man das Gelände etwas besser überblicken kann wo der Erddamm aufgeschüttet werden soll. Die drei Meter langen Gräser liegen gelblich trocken am Boden und ich frage Augustin, ob wir nicht einen Versuch machen sollten, ob der Stroh dieser Gräser sich eignet zur Zucht von Pilzen. Fanuelle hat das Wort Champignon aufgeschnappt und ist sogleich zur Stelle, denn sie interessiert sich sehr für den Pilzanbau. Sie hat auch schon einiges Vorwissen aus ihrem Studium. Das sind gute Voraussetzungen. Ich bitte sie zehn Bündel von diesem Stroh herzustellen mit einer Länge von 1,5 Metern und etwa 40cm Durchmesser und sie an einem trockenen Ort zu lagern. Wenn ich das nächste Mal komme, werde ich versuchen Pilzbrut der Seitlinge Florida, Pulmonarius und Flamingo mitzunehmen. Und vielleicht auch den Reisstrohpilz Volvariella, den man hier kennt und schätzt. Dann werden wir sehen, ob es funktioniert. Augustin bestimmt die Pflanze als Penisetum purpureum, das häufigste Gras der Savanne. Es steht – wie er betont - in unbeschränkten Mengen zur Verfügung.

Wenn wir eine Methode finden könnten, um die Savannengräser zu nutzen, könnten wir vielleicht auf die Länge verhindern helfen, dass sie jedes Jahr ungenutzt niedergebrannt werden und die gigantischen Rauch- und CO2-Belastungen verursachen, die man in der Trockenzeit über Afrika sieht. Für solche Lösungen interessieren sich aber die Partei-Grünen in den Industrienationen nicht. Sie wollen das Problem lieber mit noch mehr Technik lösen. Ich lache mich jedes Mal kaputt, wenn ich die gewaltige, mit allerlei Lüfterfirlefanz ausgerüstete, millionenteure und völlig schwachsinnige CO2-"Filteranlage" sehe, die stolz von Grünstadt Zürich errichtet wurde. Ein wahrhaftiges Monument technischen Aberglaubens; finsterstes

Hightech-Esoterik-Mittelalter; möglichst viel Gerät, Geld und Jobs für gar nichts. Mehrwertschöpfung als purer Selbstzweck. Mit einem Tausendstel des Geldes könnte man in Afrika richtig sinnvolle CO2-Einsparungen finanzieren, mit denen man erst noch die Bevölkerung ernähren könnte.

Blaize liegt assistiert von seinen zwei Hilfsmechanikern unter dem Motor des 508. Man muss das Dieselbenzingemisch ablassen und die Zuleitungen reinigen. Sonst ist der Motor schon vier Tage nach der Revision wieder futsch.

Im Esszimmer wartet eine grosse, dunkelorange Papaya, die Augustin von seiner Gartenpatrouille mit gebracht hat. Einer der Arbeiter hat zuvor eine Tasche mit grünen Zitronen aus Kijela vor meiner Türe deponiert. Es hat sich herum gesprochen, dass Baba Daniel gerne diese sauren Dinger isst. Mir läuft jetzt beim Schreiben schon das Wasser im Munde zusammen. Ich werde warten bis Augustin vorbei kommt und uns dann diese süsse Köstlichkeit zubereiten. Gestern war es eine frische Ananas nach dem Abendessen. Das sind die genialen Trostpflaster für unsere Alltagsblessuren. Die himmlischen Früchte sind Magie. Sie machen aus Elefanten Fliegen. Fliegen sind zwar auch lästig, aber man haut nur einmal lässig drauf. Und gut ist.

Christian berichtet am Abend , dass er Dieumerci gesehen habe in Kisantu. Unser Ex-Chef für die Fischzucht ist einfach verschwunden seit einem Monat ohne irgendwelche Begründungen und hat einige Dinge mitlaufen lassen. Er hat auch sonst seinen zweifelhaften Charakter offenbart, indem er als der, der am meisten verdient, sein Essen nicht bezahlt hat in der Gemeinschaft, in der er hier lebt, und Schulden gemacht hat in Lemfu, die er nicht zurückbezahlt hat. Nun meldet er sich endlich auf die vielen Anrufsversuche von Augustin; wohl weil er meint er könne noch seinen Lohn abholen. Auf die Frage von Augustin wo denn die Dinge seien, sagt der getürmte Fischexperte, dass er den pH-Meter und den TDS-Meter immer bei sich trage. Die anderen Dinge, z.B. die Pumpen, die fehlen, seien nicht so wichtig. Für uns aber eben schon, denn es sind unsere Dinge. Die Arbeiter haben Augustin berichtet, dass der "Herr Ingenieur" jeweils nur dann in Kilueka war, wenn Augustin oder ich gerade anwesend waren. Nachher sei er einfach verduftet. Odon hätte dasselbe getan. Nun sind beide gechasst, was sehr wichtig ist für die Moral derer, die ihre Arbeit machen. Die sind sich ja richtig dumm vorgekommen bei dem Verhalten dieser "Agronomen".

Auch auf niedrigstem Niveau kann Dummköpfen ein "Diplom" in den Kopf steigen sodass sie dann meinen sie seien jemand und könnten sich alles erlauben. Augustin verlangt dass Dieumerci hierherkommt und sich erklärt und über seine Arbeit berichtet, denn es gibt viele Fragezeichen. Wo sind die Azollas, die stickstoffixierenden Wasserpflanzen, die ich bei meiner letzten Reise mitgebracht hatte und die sich hervorragend eignen als Fischfutter? Weshalb hat er keine Zucht in den Aquarien gemacht? Hat er einfach Fische in das grosse Becken geworfen damit sie sich unkontrolliert selber vermehren? Auch das heillose Durcheinander im Maison des Poisson, in welchem er Grümpel angehäuft hatte, der dann wohl ihm gehören sollte, wird ein Thema sein. Als ich die Türe öffnete, sah es aus als betrete ich gerade die Grabkammer von Tutanch Amun. Dieumerci scheint alle Dinge gleich privatisiert zu haben. Weiter berichtet man, dass er regelmässig mit wildfremden Leuten vorbeigekommen sei, um ihnen stolz die Fischanlage zu zeigen, von der er wohl behauptete er hätte sie selber konstruiert und sie gehöre ihm. Über diese Kontakte findet man nichts in irgendwelchen Berichten. Augustin meint er hätte überall anderswo noch Jobs angenommen. Das wird nun ein Ende haben.

23. Mai 2021, Sonntag.

Die Pläne für den Bau des neuen Überlaufes für den Damm sind um acht Uhr fertig. Beim Frühstück frage ich Jolie, ob sie nicht zur Kirche gehe heute. Sie verneint. Ich hatte es schon geahnt, weil sie nämlich ungewöhnlicherweise ihre normale Alltagskleidung trug. Sonst trägt sie am Sonntag ihre piekfeinen, farbigen Klamotten und meist auch eine auffällig und kunstvoll aufgetürmte Frisur mit Tüchern, Sandalen mit Goldflitter usw. Sie besucht jeweils die Messe in der grössten Kirche der Gegend in der Paroisse St.Henry in Lemfu, dem alten vatikanischen Missionierungszentrum der belgischen Schwestern von Naumur, Belgien.

Habt ihr da eigentlich auch eine Orgel, frage ich Jolie? Nein sagt sie. Nicht mehr. Nicht mehr? Ja, leider. Sie sei gestohlen worden vor fünf Jahren. Gestohlen? Ja, das sei so ein Keyboard gewesen mit Lautsprechern und Mikrophon. Eines Tages war alles weg. Weg? Ja, leider. Jolie redet nicht viel. Aber ich merke, dass noch etwas kommt. Ich warte.

Auch das Weihrauchfass sei gestohlen worden. Wirklich? Das Weihrauchfass zum Schwingen? Genau! Wer klaut sowas? Es war derselbe Gauner, der die Motorräder gestohlen hatte. Aha! Derjenige, der letzte Woche totgeschlagen wurde? Ja. Genau. Er hat das Weihrauchfass gestohlen und auch den Kopf von Jesus Christus. Von der Kruzifixfigfur in der Kirche? Ja. Nur den Kopf. Nur den Kopf. Wozu denn? Um sich daraus einen Fetisch anfertigen zu lassen. Der Fetischeur habe diese Dinge verlangt, eben das Weihrauchfass und den Kopf von Jesus Christus und der Obergangster hat sie dann sozusagen im Auftrag geklaut, damit der Fetischeur ihm daraus einem Zauberfetisch herstellen kann, mit welchem er ein noch durchtriebenerer Meisterdieb wurde.

Augustin isst derweil sein Brötchen und hört unbeeindruckt zu. Er fügt an, dass der toxische Langfinger überall spurlos eingeschlichen sei. Auch durch geschlossene Türen. Niemand habe etwas bemerkt. Ausserdem habe er sich wie ein Superheld aufgespielt. Es ist nicht verwunderlich, dass die Bevölkerung von ihm und seinen provokativen Prahlereien die Nase gestrichen voll hatte. Auch die Geschichte von Blaize mit dem Wasserfetisch, der ihm das erste Mal das Leben gerettet habe, bestätigen Jolie und Augustin. Es sei gut, dass die Bevölkerung sich selber wehrt, wenn Polizei und Justiz es nicht können, oder nicht wollen, meint Augustin. Sonst wäre der Halunke noch heute auf Diebestour. Und der Kopf von Jesus und das Weihrauchfass? Hat man die wieder gefunden? Nein. Bisher nicht.

Mit mehreren Bambuspfählen und den Plänen gehen Augustin und ich ins Tälchen um die Ecken und Höhen des neuen Dammbaus zu markieren. Schon beim Hinabsteigen hören wir aufgeregtes Geschrei aus einem nahen Wäldchen und man sieht, dass da Menschen irgendetwas mit den Bäumen anstellen. Die Baumkronen zittern. Es ertönen Rufe: "Hüü, Hüü"! Es sind

Minsangulas dort, erklärt Augustin, die kleinen, dünnen Spannerraupen. Deshalb die Aufregung. Wenn man sie aufschreckt mit Geschrei oder die Bäume schüttelt, dann lassen sie sich fallen und man kann sie vom Boden aufsammeln. Als wir nach einer Viertelstunde den Bau ausgesteckt haben, erscheint aus dem Dickicht des Savannengrases eine Gruppe von Jungs zwischen fünf bis zehn Jahre alt, jeder mit einem kleinen schäbigen Plastikgefäss mit Deckel. Sie gehören wohl zu der Gruppe der Mikrojäger, die im Wäldchen nebenan die Minsangulas eingefangen hatten und bringen sie nun nach Lemfu zu ihren Familien. Das ist ein Fussweg von eineinhalb Stunden. Ich bitte Augustin einige der Raupen zu kaufen, damit ich eine kleine Dokumentation machen kann über die Zubereitung der Raupen. Er kauft eine Menge, die ich auf ein halbes Kilogramm schätze und bezahlt dafür 7000 FCC, das sind Dreieinhalb Dollars, soviel wie für ein ganzes Poulet.

Fanuelle und Chance bereiten die Raupen zu, zuerst sortieren sie diese von Hand. Dann waschen sie die Raupen. Dabei wird das Wasser beim ersten Mal braun vom Darminhalt. Danach noch ein zweiter Waschgang in wieder sauberem Wasser. Dann kommen sie in die Pfanne auf dem kleinen Kohleherd. Es kommt wenig Wasser dazu, drei Loorbeerblätter, eine Zwiebel, Salz, zwei kleine Knoblauchzehen, etwa ein Deziliter Palmöl und am Schluss zwei Chilis. Nun lässt man alles eine halbe Stunde kochen.

Minsangulas sind eine höchst geschätzte Delikatesse hier. Manchmal kann man sie auf dem Markt zubereitet kaufen, eine kleine handvoll für 500 FCC. Das sind 25 Cents. Sowas kann man sich nicht jeden Tag leisten, geht aber hier besser und schneller weg als warme Brötchen. Kultur, Tradition und Identität haben eben auch einen Geschmack und Bilder und die bunten Geschichten dazu.

In der sogenannt "zivilisierten" Welt gelten Minsangulas als sehr gefährliche Schädlinge. Wir Schweizer verdienen mit unseren Agrarchemiekonzernen jährlich Millionen von Dollars mit Insektiziden, um diese "Armyworms" mit dem wissenschaftlichen Namen Achaea catocaloides sinnlos auszurotten, statt sie einzusammeln und für die Menschen zuzubereiten, die sie schätzen und auch benötigen für ihre Ernährungssicherheit. Das interessiert aber im Westen genau niemanden. Wir sind ja viel nachhaltiger. Lieber schicken wir ein paar Agronomen hierher, um den Leuten unser patentiertes Gift aufzuschwatzen, schön geschmiert von ein paar tausend Dollars in die Taschen von lokalen Politikern, Agrarlobbyisten, Importeuren und sonstigen Schmutzfinken. Willig machen dazu korrupte und kulturblinde Universitäten Studien, die dann auftragsgemäss aufzeigen wie erfolgreich die Ausrottung von Achaea catocaloides mit dem hochmodernen "nachhaltigen" Gift sei. Darüber, dass Menschen vergiftet werden und ihnen Nahrungsgmittel entzogen werden, schweigt die holde Schar der Hightech-Agronomie-Zauberlehrlinge. Die meisten sind einfach zu dumm, um sich etwas ganzheitlicher zu informieren, mit Ausnahme von einigen wenigen Weit- und Einsichtigen des Forestry Departements der FAO, Paul Vantomme z.B., oder ich denke auch an den emeritierten Professor für tropische Entomologie, Arnold Van Huis, von der Wageningen Universität in Holland, oder an den schottischen Heilsarmee Agronomen Paul Latham, der hier im Bas-Kongo in den den 80-er Jahren als erster die Leute in den Dörfern fragte, welche Raupen sie essen und dazu ein kleines Büchlein veröffentlicht hatte. Wegen diesem Büchlein habe ich ihn in 2016 in Edinburgh und später Augustin 2017 im Kongo kennengelernt und deshalb bin ich jetzt hier.

Jetzt bringt Fanuelle gerade eine kleine Portion der zubereiteten Minsangulas. Ich frage sie ob sie unterschiedlich schmecken je nachdem, von welchem Baum sie stammen. Sie fressen ja viele Pflanzen nicht nur von Bäumen, sondern auch Mais und sogar Gras. Die zubereiteten Minsangulas seien von einem Safubaum meint Fanuelle. Da finde man sie jetzt relativ häufig und sie hätte es beim Zubereiten gesehen an den Blattresten. Sie schmecken ausgezeichnet. Das werde ich später beim Abendessen testen. Aber jetzt muss ich zuerst noch ein schönes Foto machen. Neugierig probiere ich ein paar der schwarzen Räupchen. Wow! Das schmeckt genial! Reichhaltig, würzig, kräftig, wunderbar. Das ist haute cuisine! Ich bin überzeugt.

Zwei kleine Jungs der Nachbarschaft besuchen mich, um mir ein paar Makuakus zu verkaufen. So werden hier Raupen genannt, die man nicht essen kann, meist haarige und gefährliche Dinger. Sie heissen auch Mbanda

Nzazi, wobei das Wort Nzazi "Blitz" heisst, was auf den Schmerz hindeutet, den ihre Stacheln zufügen. Die teppichartigen Raupen aus der Familie der Lasiocampidae, heissen bei uns Glucken. Es sind meist Gonometa titan, die Höllenhunde unter den Raupen, oder Grellada imitans, die einen schönen Seidenkokon bauen. Leider ist dieser aber auch oft dekoriert mit ein paar der gefürchteten "Blitze" ihres Stachelkleides. Eine europäische Art der Glucken wurde in den Zeiten des antiken Griechenland von der Insel Kos erwähnt, wo man die Kokons auf Pistaziensträuchern fand, sammelte und sie verwendete, um eine aussergewöhnliche feine Seide herzustellen, die unter dem Namen Koische Seide für luxuriöse Schleier und hauchdünne, erotische Gewänder bekannt war, wie Hippokrates berichtet, der grosse Arzt und Gründer der modernen Medizin: Er lebte und arbeitet in Kos und eine uralte Platane, unter welcher er einst gesessen haben soll, hat viele Erdbeben bis in unsere Tage überlebt, jedenfalls besser überlebt als die antike Stadt selber, die ein Trümmerhaufen ist. Von Hippokrates sind ausserdem längst vergessene Rezepte für eigenartige Heilmittel aus Insekten überliefert, die vor allem in der Frauenkunde eingesetzt wurden.

Hippokrates ist der Urvater der modernen Medizin, weil er die Heilkunst aus den Klauen der Religion, der Priester und Zauberer emanzipiert hat. Zuvor galten Krankheiten als Strafen der Götter und eine Behandlung konnte nur mit religiösen Ritualen erfolgen. Hippokrates lehrte, dass Krankheiten sehr oft profane irdische, menschliche und kausale Ursachen haben. Die Basis seiner Heilsprozesse bestand darin dem Patienten Schutz zu bieten und Ruhe zu geben, um seine Selbstheilkräfte zu aktivieren. Mit der Coronakrise, ihren pseudoreligiösen Tests und Impfungs-Taufzeremonien sind wir nach 2500 Jahren wieder in eine vorhippokratische religiös fundamentalistische Sektenmedizin à la Uriella zurückgefallen.

24. Mai 2021, Montag

An der Lichtfalle erscheinen zwei Nudaurelia dione und ein Bunaea alcinoe. Augustin und sein Anwalt fahren nach dem frühen Frühstück nach Kisantu. Sie nehmen dazu Motorräder, nicht den neuen Jeep, weil Augustin strategisch denkt, dass es keine gute Falle macht mit einem Luxusgefährt anzurauschen, weil man denken könnte man habe zu viel Geld und hätte es nicht nötig einen solchen Prozess zu führen, oder es gäbe da viel Schmiergeld zu holen.

Die Arbeiter schaffen Steine heran für den Damm und arbeiten im Tälchen beim Roden des Savannegrases. Rauch steigt auf. Um 11.45 kommt Blaize angerannt und fragt aufgeregt nach Geld; ein junger Arbeiter hätte sich schwer am Daumen verletzt, er sei halb abgerissen, der Knochen freigelegt und man müsse dringend mit ihm ins Spital. Der arme Kerl windet sich vor Schmerz. Sein Daumen ist eingewickelt mit einem dreckigen, blutigen Stofffetzen und ich will ihn öffnen lassen, um die Wunde zu desinfizieren. Gleichzeitg gebe ich ihm ein Schmerzmittel. Ich verzichte aber darauf die Wunde zu öffnen, weil er zu sehr leidet. Ich habe nur noch vier Dollars übrig. Den Rest des Geldes habe ich aufgebraucht, um Raupen von den Dorfkindern zu kaufen. Blaize nimmt den Jeep aus der Garage und eine Gruppe braust mit dem verletzten Burschen davon. Hoffentlich ist der Daumen zu retten.

Augustin hat für die Arbeiter einen Fonds eingerichtet, der im Falle von solchen Verletzungen eingesetzt wird. Für jeden Arbeiter zahlt er als Arbeitgeber monatlich etwas ein. Niemand hier hat eine Krankenversicherung. Der Fonds wird von den Arbeitern selber verwaltet. Christian wurde gewählt als derjenige, der den Fond betreut. Wenn man nicht Cash bezahlt, wird man im Spital gar nicht erst aufgenommen. Glücklicherweise ist Augustin in Kisantu. Aber die zweistündige Fahrt dahin ist für einen Verletzten eine grausame Tortur.

Überraschenderweise ist Blaize schon nach einer Stunde zurück. Sie seien nur bis Lemfu gefahren. Jolie erzählt später, dass der Junge dort im Spital bleibe. Den Daumen könne man vielleicht retten.

Augustin ist erst um 16 Uhr zurück. Er hört sich zuerst den Bericht von Blaize über den Gesundheitszustand des Arbeiters an. Es heisst, dass sein Daumen gebrochen sei, er könne aber morgen schon wieder entlassen werden.

Augustin ist frustriert. Das Gericht hat den für heute anberaumten Prozess einfach abgesagt, ohne die Parteien zu informieren. Es hiess, dass ein höherer Gerichtsmann zu Besuch gekommen sei. Man habe jetzt keine Zeit. Es ist unglaublich arrogant so zu handeln, wenn man bedenkt welche Mühsal es bedeutet sich hier auf einen Prozess vorzubereiten und stundenlang anzureisen. Sechs Leute waren zwei Stunden mit drei gemieteten Motorrädern unterwegs. Der Anwalt ist sogar extra gestern aus Kinshasa angereist. Was denken diese Richter? Oder läuft das etwas hinter den Kulissen?

25. Mai 2021, Dienstag

Irgendwie vergass ich die Lichtfalle einzuschalten. Um 5.50 klingelt der Wecker. Weshalb ich ihn auf diese Zeit eingestellt hatte, ist mir ein Rätsel. Ich stehe trotzdem auf, baue wie jeden Tag den Computer auf, setze mich davor schreibe den Tagebucheintrag von gestern und sehe zu wie der Morgen naht. Ein lang gezogenes Wolkenband - wie die aufgewirbelte Staubspur eines Himmelskarrens - leuchtet im orangegelben Morgenlicht am pastellblauen Firmament. Den Tag verbringe ich im Tälchen beim Vorbereiten der Baustelle für das Betonieren des neuen Überlaufs. Es sind drei Arbeiter da, die einen Ersatzkanal bauen, um das Wasser des Baches um die Baustelle zu führen, damit wir im Bachlauf betonieren können. Mit einem durchsichtigen Schlauch, den wir für die Luftpumpe brauchen, baue ich eine korrespondierende Röhre um damit die Höhe des Wasserspiegels und damit des Dammes festzulegen.

Die Travailleurs haben im Tümpel, der sich vor der Klagemauer gebildet hat, vier Ngolos (Katzenwelse) gefangen und zwei Tilapien. Die Ngolos sind nicht schwarz, sondern gesprenkelt und sie besitzen auf dem Rücken eine Reihe von Dornen, mit denen sie empfindlich stechen können. Die Arbeiter wollen mir die Fische verkaufen für 7000 FCC. Ich lache aber nur. Ihr habt sie ja, sage ich, während der Arbeitszeit gefangen. Also gehören sie Songa Nzila. Ohh! Gelächter. Ich lasse die Ngolos, die hier bekannt sind unter dem Namen Kinda ins grosse Fischbassin setzen. Wir werden beobachten wie sie in in den nächsten drei Monaten wachsen. Wie ich höre sollen sie aber nicht sehr gross werden.

Der Mercedes kommt an mit neuem Material. Einmal fährt er noch nach Kijela um Steine zu holen. Beim Abendessen erzählt mir Augstin, dass er einen Deal gemacht habe mit der Schule in Kijela, dass eine Klasse der älteren Schüler mithilft, Steine für den Dammbau zu holen und an die Strasse zu legen. Es sei wichtig und richtig, dass man sich gegenseitig helfe. Er werde den Schülern später Zutritt zum Baignoire geben, damit sie lernen wie man sich richtig und sauber wäscht. Niemand hier hätte es den Kindern je beigebracht. Und es seien doch wirklich fundamentale Kenntnisse.

26. Mai 2021, Mittwoch

Der Mond ist voll und sehr hell. Man kann nachts draussen arbeiten. Die Lichtfalle stelle ich dennoch um Mitternacht ein. Morgens um 5.15 ist aber kaum ein Insekt zu sehen. Der Himmel ist wolkenlos und die Abstrahlung der Wärme gross. Ein kalter Morgen. Typisch für die Trockenzeit, die fast überall in Afrika deutlich kühler ist als die Regenzeit. Um 6.15 geht die Sonne auf. Wir machen eine Videotour durch Labor und Aussenzuchten. Ich kontrolliere den Fortgang des Dammbaus und Augustin erhält den unangemeldeten Besuch eines Beamten einer staatlichen Sozialverssicherung. Der Beamte fährt mit einem nigelnagelneuen weissen Jeep mit Chauffer vor und hält ungefragt einen Vortrag über das Gesetz und die Vorteile seiner Institution, die aber letztlich wohl nur Geld einsammelt für seinen Jeep.

Ich wundere mich, dass Augustin überhaupt mit dem Mann redet. Ich an seiner Stelle hätte ihm gesagt er solle doch den normalen Anstand zeigen und sich anmelden. Man hätte jetzt keine Zeit für Hausierer. Aber Augustin ist viel zu diplomatisch. Ausserdem sage ich ihm er soll nach dem Namen des Beamten, seiner Funktion und seinem Arbeitsplatz fragen. Manchmal kämen solche Gesellen einfach privat vorbei, um etwas Geld abzuzwacken. Der Mann lässt uns wissen, dass er alle unsere Videos gesehen habe. Als er weg ist sage ich zu Augustin: "Siehst Du. Die grosse Visibilité unseres Projektes freut nicht nur unsere Freunde. Sie zieht auch Fliegen an."

Danach besuchen wir den Platz des neuen Dammbaus. Nun dämmert es Augustin langsam, was Architekt Richard mit seiner Klagemauer angerichtet hatte. Der See würde tatsächlich mehrere Hektaren überfluten. Ausserdem hat sich nun der Mann gemeldet von der Strassenbaufirma, die mit dem Bagger helfen werden den Damm aufzuschütten. Der offizielle Preis sei zehn Dollar pro Kubikmeter und er rechnet mit 500 Kubikmetern und also 5000 Dollars, was Augustin viel zu viel ist. Ohne Rechnung könne man es aber für rund 1500 machen. Das scheint mir realistischer.

Morgen ist ja schon Donnerstag und am Dienstag wollen wir zurückfahren nach Kinshasa. Es gibt noch so viel zu tun. Es wird uns zum Glück nicht langweilig werden.

Beim Eindunkeln höre ich von Weitem das Knallen von Gräsern, deren Stengel beim Abbrennen der Savanne regelrecht explodieren. Um 18.15 geht im Osten der riesige Vollmondond auf, satt orange vom Rauch der vielen Buschfeuer.

27. Mai 2021, Donnerstag

Wieder beginnt ein wolkenloser, trockener Tag. Der Morgen war kalt und ich lasse mich ein wenig wärmen von der Sonne. Nach acht Uhr aber ist es schon wieder heiss.

Ich kontrolliere den Dammbau im Tälchen. Oben warten rund fünf Tonnen Steine, die wir dazu benötigen. Ich will mir gar nicht überlegen, was es für eine Schufterei sein wird für die Travailleurs, diese Brocken einzeln auf dem Kopf den abschüssigen Weg hinab zu tragen. Letztes Mal haben sie es jedenfalls so gemacht.

Ich frage Nsimba, ob er mir helfen könnte oben am Rand des Tales einen Platz zu finden, wo man die Steine einfach runterschmeissen kann, so dass sie unten mehr oder weniger auf einem Haufen landen. Diese Schinderei mit dem Runtertragen will ich den Jungs ersparen. Sie können ihre Energie woanders besser und sinnvoller einsetzen. Richard, der nun auch wieder angekommen ist um den Dammbau zu überwachen, ist belustig von meiner Idee. Sein Mitleid mit den Taglöhnern hält sich in Grenzen.

Fanuelle bereitet das Futter zu für die Tilapien. Sie macht dies aus vergammelten Resten der getrockneten Samia-Raupen und aus dem Kraut der Linsenpflanze Cajanus. Sie ist auch in Indien eine bekannte Futterpflanze für Tilapien. Die Fische sind hoch erfreut und sind sofort alle an der Oberfläche, um mit geöffnetem Mund die schwimmenden Futterbröcklein abzusaugen. Es sind schätzungsweise hundert und es scheint mir sie seien deutlich gewachsen in den letzten drei Wochen.

Moïse hat von einem Mann in Lemfu eine grosse Raupe erhalten, die sich danach in einem rotbräunlichen, lockeren Seidenkokon verpuppt hat und ausgeschlüpft ist. Er hat Kokon, Puppenhülle und einen Falter aufbewahrt und auf einem Stück Styropor mit Nadeln festgemacht. Der Körper des Insektes sieht aus wie von einem Gonometa Weibchen. Die Flügel sind aber komplett zerfleddert und man erkennt keine Zeichnung mehr. Es könnte ein Sphingide sein. Moïse sagt die Raupe sei ohne Haare aber sehr gross gewesen. Er hätte ein Bild gemacht. Als ich ihn bitte mir das Bild zu zeigen, findet er es aber nicht.

Später kommt Moïse bei mir vorbei und fragt ob er meine Backup Disk haben könne, auf welche ich die Daten seines Laborcomputers kopiert habe. Er werde darin nachschauen, ob er die Bilder findet. Ich gebe ihm die Disk. Aber wenig später frage ich mich: Was soll das bringen? Es sind ja auf dieser Disk nur die Daten, die auf seinem eigenen Computer auch drauf sind.

Als ich eine Stunde später von Moïse noch nichts gehört habe, gehe ich ins Labor. Die Türe ist zugestossen. Drinnen läuft aber der geöffnete Laptop. Moïse ist nicht da. Er hat aber, wie ich sofort sehe, schon alle Daten von Guelords Buchhaltung und fast alle meine Daten der diesjährigen Reise runterkopiert. Aha, denke ich! Das war also der Grund, weshalb er diese Backup Disc haben wollte. Ich breche den Kopiervorgang ab, lösche alles, leere den Papierkorb und nehme meine Backup Disk wieder mit.

Moïse selber steht derweil unten im Tälchen und smalltalkt mit den Arbeitern. Ich sage ihm er solle bitte einen Stein versuchsweise den Abhang runterschmeissen wo Nsimba einen schönen Korridor im Savannengras freigelegt hat. Ein flacher Stein bleibt auf halbem Weg seitlich im Gras stecken. Der runde kommt aber unten an. Als ich nach der Besichtigung der Baustelle wieder oben beim Labor bin, sehe ich, dass die Türe offen steht und rufe Moïse. Er schaut etwas verduzt zur Türe raus. Ich sage nur: "Moïse! Die Daten auf meiner Disk gehen Dich überhaupt nichts an. Du warst eben daran sie - ohne mich zu fragen - auf Deinen Computer runterzuladen. Das werde ich mit Augustin besprechen müssen."

Als ich am Abend mit Augustin über den Vorfall rede wird er echt sauer. Er ahnt welches Unheil es anrichten kann, wenn vertraulichen Daten unserer Buchhaltung in falsche Hände kommen und Neid, Missgunst, Gier und Böswilligkeit erzeugen können. Es gibt genug Leute, die gerne unser Projekt angeschwärzt hätten. Zahlen, die man nicht verstehen und nicht richtig einordnen kann, sind dazu sehr gut geeignet. Einige "Interessenten" unserer Arbeit möchten sicher auch Daten unserer Arbeit abzweigen, um sie als eigene Leistungen und Erkenntnisse zu verkaufen.

Haben wir einen Spion unter uns, fragt Augustin? Von den Spionen werden wir es jedenfalls nicht erfahren, antworte ich. Es wird wohl an uns liegen, die richtigen Schlüsse und Konsequenzen zu ziehen. Klar ist aber, dass sich Moïse erklären muss. Augustin sagt ausserdem, dass er den Vorfall vor dem ganzen Team erwähnen werde um nochmals darauf hin zu weisen, dass die Ergebnisse der Arbeit dem Projekt gehören und nicht Privatbesitz der Mitarbeiter sind. Dieumerci z.B. hat die Dinge, die er mitgenommen hat und nach eigenen Worten sogar bei sich trägt, immer noch nicht retourniert. Die anderen Dinge, die verschwunden sind, die Pumpen, Schläuche, Inverter, und Azollas will Augustin zurück haben, sonst wird er eine Anzeige wegen Diebstahl machen.

Der Vollmond geht auf. Die Nacht ist von seinem hellen Licht in königsblaue Tinte getaucht. Die in der kühlen Luft vorbeisegelnden Leuchtkäfer werden heute Mühe haben mit der gestrichelten Lichtspur ihres schwach blinkenden Morse-Lämpchens eine Partnerin zu finden.

28.Mai 2021, Freitag

Die ersten Arbeiter erscheinen zum Frühstückskaffee. Einer der Jüngeren ist immer als erster im Garten unterwegs, um auf dem Gelände von

Songa Nzila etwas Essbares zu suchen, vor allem die auf den Boden gefallenen Früchte der Pommes cythères, Maracujas und Avocados, die jetzt reif sind; manchmal im Tal ein Stück Zuckerrohr. Ohne das Brot und den Kaffee mit viel Zucker würden die meisten der Arbeiter ihr Tageswerk mit leerem Magen beginnen. Manchmal sucht man sich während der Arbeit irgend etwas Essbares zusammen, jagt beim Jäten und Roden, oder in den Pausen zwischen Arbeitseinsätzen ein paar Ratten, Vögel, oder Fische, oder eine Schlange, die man dann nach Hause bringt zu seiner Familie für die einzige regelmässige Mahlzeit am Abend.

Was die jungen Männer trinken ist mir ein Rätsel. Niemand hat eine Wasserflasche dabei. Mir scheint, dass sie praktisch keine Flüssigkeit zu sich nehmen. Und dies bei strengster Rackerei in sengender Hitze. Ich selber trinke täglich mindestens drei Liter, aber schwitze auch viel mehr, während die Einheimischen nur bei grosser körperlicher Anstrengung schwitzen. In den grösseren Siedlungen kann man von Strassenhändlern kleine Plastikbeutel mit Wasser kaufen. Sie kosten 100 bis 200 FCC für einen halben Liter. Aber hier in Kilueka gibt es sowas nicht.

Ein Lastwagen hat angehalten und lässt seine brutale Huporgel ertönen, die alles im Umkreis von zwei Kilometern aus dem Schlaf reisst. Es ist Material für uns angekommen, das abgeladen werden muss: Bleche für die Ofenabdeckung und vielleicht die T-Trägereisen und Rohre, die wir bestellt haben, um die Venturi Widderpumpe zu testen. Auch der Pyrolyseofen soll ja noch getestet werden. Dazu brauchen wir aber trockenes Holz, was hier eine Rarität ist, weil niemand sich Zeit nimmt, das Holz trocknen zu lassen, bevor man es verwendet. Nur die grossen Haufen, die man sorgfältig und dicht gepackt aufschichtet, um Kohle daraus zu machen, lässt man einige Zeit trocknen. Man spaltet das Holz aber nicht.

Wir fahren nach dem Frühstück nach Kinsumbu, um die Aufforstung mit einem Video zu dokumentieren und die Stelle zu besichtigen, wo der Brand gewütet hat, der am 16. September 2020 zwölf Hektraen der Aufforstung in Asche gelegt hatte. Danach besuchen wir den Markt von Lemfu. Ich habe Augustin gebeten eine Führung über den Markt zu machen und dabei mit den Leuten zu sprechen. Auf dem Fischmarkt werden wir offen angefeindet, weil wir filmen. Augustin sagt, dass er eine Bewilligung des Chefs du Village und des Polizeikommandanten besitze. Aber vor allem die Männer auf dem Fischmarkt schimpfen weiter. Man will nicht, dass man fotografiert wird in der Misere, nur dann, wenn man sich besser darstellen kann. Ausserdem sagen sie man wolle die Bilder nur teuer verkaufen, also mit ihrem Elend Geld verdienen. Wenn man ihnen aber 500 FCC anbieten würden, würden sie es sofort nehmen und wären dann genau die, die sie kritisieren, nämlich Leute die mit Fotos Geld verdienen. Es ist nicht einfach.

Die Frauen sind da offener. Am Schluss des Rundgangs kommen wir bei einem Stand an, wo wir unsere abgepackten, getrockneten Mbinzo Raupen ausgestellt haben. Man sieht sofort, dass es ein einzigartiges und aussergewöhnliches Produkt auf diesem Markt ist: sauber verpackt, hygienisch und mit einer bunten Etikette versehen.

29.Mai 2021, Samstag

Ich bitte Blaize mir zu helfen die Widderpumpe aufzubauen. Wir machen das gleich neben dem grossen Rundbecken der Fischzuchtanlage. Der Schlauch, den man uns dazu aus Kinshasa geschickt hat, ist nicht für Wasser gedacht, sondern es ist ein Kabelkanal zum Verlegen in Beton. Weil seine Wand gerippelt ist, wird er den Wasserfluss verlangsamen. Ausserdem ist er aus Plastik, das sich beim Druckschock ausweiten kann. Ich bin skeptisch ob wir damit optimale Resultate haben. Im übrigen lässt sich das Rohr nur mit einigen Basteleien mit einem alten Autopneuschlauch einigermassen dicht an die Pumpe anschliessen.

Um elf Uhr ist alles bereit für den Testlauf. Zu meinem Erstaunen beginnt die Klappe tatsächlich zu öffnen und zu schliessen und pumpt Wasser auf fünf Meter Höhe. Es funktioniert! Eine genial einfache Erfindung: Wasser pumpen mit Wasser. Keine Solarzelle, keine Kabel, keine Batterien, keine elektrische Pumpe. Nur zwei Muffen-Rückschlagklappen und ein paar Rohre.

Es ist ein Freudetag für mich. Was für ein Kindskopf muss ich doch sein, wegen sowas wie einer Widderpumpe, die funktioniert, Glücksmomente zu haben? Aber ich habe zuvor noch nie eine solche Pumpe mit eigenen Augen in Funktion gesehen. Ich habe sie ja nur nach Plänen, die ich im Internet gefunden habe, zusammengebaut und gehofft, dass mich mein technischer Verstand nicht täuscht. Diese Apparatur in Funktion zu erleben ist speziell, weil man keine Kolben sieht und keine Räder, die sich drehen, sondern nur das Ticken der grossen Klappe hört und dazwischen in Schüben das Wasser aus der Öffnung der Klappe spritzt. Das Problem der Apparatur wird auf lange Sicht wohl der Schlag der Klappe sein. Man sieht, wie der Druckstoss den Schlauch erzittern lässt und wozu der Ausgleichsbehälter mit der abfedernden Luftblase benötigt wird. Ohne diese Druckstossdämpfung ist die Belastung wohl so hoch, dass sich die Klappen schnell abnutzen. Jedenfalls habe ich bei allen Anwendungen, die Plastikteile und Plastikrohre benutzen, meine Zweifel, ob sie lange funktionieren.

Nach dem Abendessen besprechen Augustin und ich die Antwort von Moïse. Er schreibt, dass er irrtümlich den Befehl gegeben habe diese Ordner zu kopieren. Aber es gibt zwei Indizien, die klar dagegen sprechen. Erstens hatte er bereits auf der Harddisk einen Ordner angelegt und da hinein die Fotos kopiert, die ich gewüscht hatte. Der Ordner wurde eigens dazu erstellt, nicht einfach kopiert aus den Daten, die er schon gesammelt hatte. In dem Ordner befanden sich ausserdem Fotos, die er am selbigen Morgen von den Präparaten gemacht hatte. Dies geschah alles bevor er mit dem Kopieren der sensiblen Daten begonnen hatte. Ansonsten wäre dieser Odner ja nicht auf der Disk zu finden gewesen. Ausserdem ist die Erstellungszeit des Ordners sichtbar.

Ich vermute, dass Moise beim Erstellen des Ordners die anderen Ordner gesehen hatte, die sich schon auf der Disk befanden, unter anderem auch den Ordner mit dem Namen BackupGuelord mit den Buchhaltungsdaten. Als ich Moïse' Kopierarbeit in flagranti stoppte, befand sich dieser Ordner mit Guelords Daten schon kopiert auf dem Laptop während der Kopiervorgang meines eigenen Ordners KiluekaMai-Juni2021 noch andauerte, weil es darin viele Fotos und lange Videos gab. Mit anderen Worten: Moïse hatte die beiden Ordner zum Kopieren ausgewählt. Hätte er nämlich eine übergeordnete Ebene gewählt, zum Beispiel die ganze Harddisk, wäre auf seinem Laptop nicht der einzelne Ordner BackupGuelord zu finden gewesen, sondern nur der übergeordnete Ordner der ganzen Harddisk.

Motive für diesen Datenklau gibt es viele; von naiver Neugier bis Auftragsdiebstahl für eine Person, die daran interessiert ist zu wissen, wie sich das Projekt finanziert und wer alles daran beteiligt ist. Auch an den Projektdaten, den Fotos und Filmen gibt es Leute die sehr interessier sind, von der Uni K. und G. in Belgien wissen wir es explizit. Von anderen "Besuchern" wie unter anderem dem Mann aus Nairobi und dem Beamten der Sozialversicherung kann man es vermuten.

Wir haben unsere Mitarbeiterinnen und Mitarbeiter schon öfters darauf hingewiesen, dass Daten und Erkenntnisse des Projektes nicht weitergegeben werden dürfen an Dritte, sondern nur Augustin und Daniel dazu autorisiert sind. Und falls jemand mit Fragen an einen Mitarbeiter heran tritt, dass man die Auskunft erteilen soll, man solle Augustin oder Daniel fragen. Wie das Beispiel von Dieumerci zeigt, wird das überhaupt nicht respektiert. Er hat immer wieder Leute eingeladen, Führungen gemacht, niemand wusste, wer das war, und wozu es diente. Mit Sicherheit hat er sich überall als Experte verkauft. Auch das Eigentum des Projektes hat er noch immer nicht zurückgebracht. So meinen seltsamerweise einige "Ingenieurs", dass alles, was sie hier machen, und alles Material, das sie zur Arbeit verwenden, ihnen privat gehört und sie es gleich beschlagnahmen. Auch Moïse hat diese Tendenz seit Anfang an, dass er alles an sich reisst und einsperrt und es nicht einmal mit seinen Arbeitskolleginnen und Kolleginnen teilt: Die Powerbank, die Kamera, das Laptop. Er will sein Wissen auch nicht mit anderen teilen. Ausserdem beschwert sich Augustin, dass er zu den Dingen nicht Sorge trägt. Sein zweijähriges Laptop ist schon kaputt, während das viel ältere von Christian noch funktioniert. Eine Kamera hat er schon zerstört. Dinge, die er nicht verstehen kann, will er weg haben: Die Kühlschrank-Kühlung und das Hygiene-Cage z.B. und für meine Bitten hat er keine Ohren. Ich übergab ihm vor der letzten Rückreise acht Puppen von Gonometa titan, um sie ausschlüpfen zu lassen, zu paaren und den Schlupf und die Entwicklung der Raupen zu beobachten und dokumentieren. Nichts davon geschah. Nicht einmal ein Foto vom Schlupf sah ich. Keine Präparate. Nichts. Und dies nun schon zum zweiten dritten Mal. Das nervt. Er hat ja als Chef des Labors nicht viel zu tun.

Aber item. Reine Neugier kann es nicht gewesen sein, denn dazu hätte es gereicht kurz in den Ordner und die Dokumente hineinzuschauen und dann mir die Disk zurück zu bringen. Das hat ihm aber offenbar nicht gereicht, denn er hatte die Ordner bereits kopiert. Wozu dies? Was wollte er damit? Wenn man einfach an dumme Ideen glaubt, die zu solchen Ereignissen führen, ist das eine Sache. An Absicht zu denken ist das andere. Sie zu beweisen ohne Geständnis aber schwierig bis unmöglich. Sicher ist nur, dass das Vertrauensverhältnis zerstört ist und es fraglich ist, ob jemand mit einer solchen Haltung noch weiter im Team von Mbinzo bleiben kann. Die Entscheidung liegt aber einzig allein bei Augustin. Wie immer werde ich dazu keine Empfehlungen abgeben, sondern nur versuchen, die Fakten etwas zu erhellen.

30. Mai 2021, Sonntag

Ein nebliger, grauer Morgen. Erst ab 10 Uhr beginnt es heiss zu werden. Ich wasche meine Jeans, damit ich am Dienstag etwas saubere Kleider habe für die Rückreise nach Kinshasa.

Ich bereite das Holz vor für den Test des Pyrolyseofens. Es ist aber noch frisch mit grüner Rinde. Ich verlange, dass man die armdicken Knüppel exakt auf 70 cm ablängt und spaltet und an die Sonne legt. Beim Einfüllen bemerke ich, dass man die 70cm Länge nicht eingehalten hat. Man muss alle nochmals kürzen. Ausserdem hat es zu wenig Holz. Frank hat schon einige Äste beschlagnahmt für sein Morgenfeuer. Man muss noch mehr herbeischaffen, sonst wird das nichts mit dem Testlauf.

Die Arbeiter haben Kies herbeigekarrt für die Betonierung des Dammes. Fabrius arbeitet wie verrückt. Er benutzt, um Zement zu sparen, grosse Steinblöcke, um zwischen dem Eisenbetonpfosten die Mauer aufzubauen aber auch Steine in den Fundamenten. Sonst ist es wie jeden Sonntag sehr ruhig.

Ich schauen nochmals das Video an, das ich über unsere Ventouri-, oder Widderpumpe gemacht habe.

Mir kommt dabei in den Sinn, dass ich bei der Suche nach den Klappen für die Widder-Pumpe ein Problem hatte. Ich wusste genau, wie sie aussehen und wie sie gebaut sind. Ich wusste auch mit Sicherheit, dass es diese Bauteile gibt, aber ich wusste nicht wie man den Dingern sagt. Bei der Suche fehlte mir der Name und ich fand deshalb auch nicht die richtigen Objekte. Ich fand andere Rückschlagventile, für Luftkanäle zum Beispiel, oder für den Einbau in Leitungen. Es ist eine Situation, die wir auch von anderen Momenten kennen, wenn wir zum Beispiel eine Person sehen und ihren Namen vergessen haben. Wir wissen genau wer es ist und wir wissen auch dass wir den Namen der Person kennen, aber wir finden ihn nicht. Da ist es dann eine Art von Erinnerungslücke.

Oder nehmen wir den Falle meines Vaters, der durch einen Unfall ein Blutgerinsel im Hirn erlitten hatte, welches sein Sprachzentrum betraf; solcherarts, dass er die Worte zu dem, was er sagen wollte, nicht mehr fand. Es war für ihn eine grauenvolle Erfahrung. Später erzählte er mir, dass er genau gewusst habe, was er sagen wollte, aber die Worte dazu nicht fand und so seine Gedanken und Antworten auf die Fragen nicht artikulieren und nicht formulieren konnte. Von aussen gesehen hatte man den Eindruck, er hätte seine Sprache verloren und als höre, oder verstünde er die Fragen nicht, weil er nicht reagierte. Das hat ihn selber zu tiefst erschreckt. Sogar meine Mutter hat bei ihm am Bett im Krankenzimmer zu uns drei Kindern gesagt: "Wir müssen uns eben jetzt damit abfinden, dass Papis Hirn nicht mehr funktioniert." Der Unterton war der, dass er verblödet sei und nichts mehr mitbekomme. Er hätte aber alles mitbekommen. Dies seien Tage und Wochen gewesen da hätte er gedacht es wäre wohl besser gewesen er wäre gestorben, als er von einem Auto auf dem Fussgängerstreifen überfahren wurde. Mein Vater hörte die Fragen, wusste die Antwort, aber konnte sie nicht äussern, weil er die Worte dazu nicht fand.

Das erste Wort, das er nach Wochen wieder fand war eine Antwort auf meine Frage, was er denn zu Mittag gegessen habe. Zu seiner eigenen Überraschung fand er das Wort "fenouil", französisch für Fenchel. Nicht etwa das deutsche Wort. Nein. Das französische: Fenouil. Von da an machte er rasche Fortschritte und ein halbes Jahr später war sein Vokabular wieder komplett. Daran erinnerte ich mich, als ich auf der Suche war nach diesem Bauteil, aber seinen Namen nicht fand. Durch Zufall stiess ich dann in einem Katalog eines Unternehmens das für Schlosser und Sanitärinstallateure Bauteile herstellt auf den Namen. Das Ding heisst Muffen-Rückschlagklappe. Von da an war es einfach hunderte der Dinger im Internet zu finden, und zu bestellen.

31. Mai 2021, Montag

Der letzte Tag dieses Aufenthalts in Kilueka. Morgen reisen wir nach Kinshasa zurück. Die Sonne zeigt sich um 6.15. Der Himmel ist nur ganz leicht verschleiert mit hohen, nebelartigen Wolkenfetzen. Um 14 Uhr starten Augustin und ich den Pyrolyseofen. Er brennt sofort mit einer schönen Flamme, allerdings vermute ich schon gleich, dass zuviel Primärluft eindringt, obschon die Klappe ganz geschlossen ist. Alle Mitarbeiter strömen herbei und bestaunen die Flamme, die kerzengerade ein Meter über das Cheminee hinaus völlig rauchfrei in den Himmel züngelt. Nach über einer Stunde lässt die Flamme nach und ich hebe mit Christian das Cheminee-Oberteil ab. Sogleich sehe ich, dass die Ausbeute an Kohle geringer ist, als ich erwartet hatte. Tatsächlich sind in dem Verschluss der Primärluftzufuhr grosse Öffnungen entstanden dadurch, dass sich die Bleche wegen der Hitze verformt haben. Aber das Problem lässt sich leicht lösen, indem man das nächste Mal den Ofen auf einen Sandhaufen stellt und damit die Öffnungen in den Primärteil verschlossen werden.

Fanuelle möchte, dass ich einen kleineren solchen Ofen baue, um darauf zu kochen. Ich verspreche dies das nächste Mal zu machen. Augustin fragt: Du willst die Öfen mit dem Flugzeug mitbringen? Nein, natürlich nicht, antworte ich, ich lasse sie in Kisantu schweissen. Die machen das doch gut.

Augustin ist zufrieden mit der Ausbeute. Er hat wieder ein Projekt und eine Innovation dokumentiert, die er den Supportern von Aquacreactiv mitteilen kann. Ich freue mich, dass sich die Arbeit gelohnt hat. Der Ofen ist brauchbar. Und die Technik nachhaltig und wunderbar geeignet für die hiesigen Umstände. Moïse hat geschwiegen, als ihm Augustin dargelegt hat, dass er uns angelogen habe.

1. Juni 2021, Dienstag

Ich beginne um 6 Uhr aufzuräumen, die Aerarien zu versorgen. Ich werde diesmal drei Koffer in die Schweiz zurück bringen, ineinandergeschachtelt wie Babuschkas. Ich reise also mit drei Koffern in einem. Dann habe ich zuhause wieder genug Koffer für die nächsten Reisen. Auf dem Rückflug habe ich eh meist kaum etwas dabei. Diesmal bleibt sogar mein Bildschirm hier. Ich gebe ihn Augustin für seinen neuen Computer.

Fanuelle kommt vorbei und fragt wieviele Eier ein Tilapia Weibchen lege. Ich schätze, je nach Gewicht und Fütterung zwischen 200-1000. Später kommt sie nochmals vorbei und sagt, dass ein Weibchen soeben begonnen habe, im Aquarium eine Mulde im Sand zu graben für die Eiablage. Ich will das sogleich sehen.

Tatsächlich sieht man im Zuchtbecken die Mulde ganz deutlich, sie ist kleiner als ich gedacht habe, vielleicht 20 cm lang und 10 cm breit, eliptisch und in der Mitte ca. zwei Zentimeter eingesenkt. Das Weibchen hat die Mulde da gebaut, wo frisches Wasser aus dem Filter einsprudelt mit Luftbläschen. Das Weibchen ist sehr aktiv. Das Männchen hingegen offensichtlich geschwächt und sicher krank. Es schwebt schräg mit dem Kof nach oben fast bewegungslos im Wasser. Manchmal wird es angestubst vom Weibchen, oder gejagt ohne dass es reagiert. Ich sage Fanuelle und Nsimba, dass dieses Männchen unbrauchbar sei. Es ist ein Fisch vom letzten Jahr: "Ihr könnt ihn essen. Besser jetzt, solange er noch lebt, als morgen wenn er mit dem Bauch nach oben im Wasser schauckelt."

Unser Ofenbauer kommt ebenfalls mit nach Kinshasa. Um 15 Uhr sind wir im Hotel "Pour Vous". Diesmal also hat die Fahrt nur fünf Stunden gedauert. Wir essen etwas und ich sehe, dass Mbinzo auf der Speisekarte steht. Die Serviertochter kann aber nicht sagen um welche Mbinzo es sich handelt. Das Zimmer ist die 808. Auch hier hat es eine Mauer vor dem Fenster. Die Türe zum WC kann man nicht schliessen, weil die obere Türangel fehlt. Sie ist einfach aus dem Türrahmen gerissen.

2. Juni 2021

Ich beantworte Email von Freunden, die sich schon Sorgen gemacht haben. In der Nacht fühle ich mich nicht gut.

3. Juni 2021

Am Morgen. Kaffee im Restaurant: Musik von Sade: By your side. Magisch. Ein Strom von Erinnerungen. Besuch bei Tsilulu und Moukoko im Quartier General der Armee du Salut. Danach Besprechung des Videos. Malariaschub. Eindeutig. Ich esse nichts. Schüttelfrost. Fieber. Um 16 Uhr nehme ich die ersten vier Malaronetabletten. Danach bessert es sich spürbar.

4. Juni 2021, Freitag.

Um 6 Uhr früh morgens ruft Augustin an. Er muss dringend zurück nach Kilueka. Der Bagger habe seine Arbeit zur Errichtung des Dammes in Kilueka nicht planmässig ausgeführt. Fanuelle habe ihn ganz aufgelöst und weinend angerufen. Auf die eine Seite des Baches wollten die Baggerfahrer nicht hingehen, weil sie Angst hatten im Schlamm zu versinken. Sie haben die ganz Nacht hindurch bis um fünf Uhr morgens gearbeitet. Augustin fährt nun mit dem Taxi nach Kisantu und nimmt dort ein Motorrad. Morgen gegen Mittag, meint er, werde er wieder zurück sein.

Mir geht es etwas besser, das Fieber ist abgeklungen. Ich habe nur Bananen gegessen. Ich werde noch etwas ausruhen heute. Im Zimmer bleiben, Schlafen und dann die zweite Ration der Pillen wieder um 16 h einnehmen. Wenn es Strom hat kann ich etwas am Computer arbeiten.

Ab 14 Uhr beginnen im Innenhof des Hotels mehrere Musiker einer Band mit dem Soundcheck. Ich höre vor allem eine typisch afrikanische Gitarre mit dem schnellen Einzeltonspiel, das an Kalimbas erinnert. Ich bleibe in meinem dunklen Zimmer. Habe keine Lust und Energie um aufzustehen. Höre mir alles an. Sehr melodische Songs immer auf zwei Akkorden begleitet, meist gesungen von zwei Frauen oder zwei Männern im Chor, etwas melancholisch fast wie Cesaria Evora auf den Kapverden. Ein Live-Konzert auf dem Rücken im Bett liegend mit Malaria aus dem Nachbarzimmer zu hören ist sehr speziell. Man kann sich traumhaft auf die Musik einlassen. Habe in der Nacht viel nachgedacht über Tordylium apulum, Seseli, Pandora, Schmerz, Hippokrates, alles Themen für das Buch über das Grosse Bedauern.

5. Juni 2021, Samstag.

Ein Tag an dem ich nur vier Bananen esse und mich dabei immer besser fühle. Aber ich merke, dass es stinkt in meinem Hotelzimmer, wahrscheinlich aus einem nicht richtig gelüfteten Abwasserkanal in der Toilette. Ich arbeite an einem Video über das Mbinzo-Projekt für das kongolesische Fernsehen. Man hat die Idee gehabt da eine halbstündige Sendung über unsere Arbeit auszustrahlen. Ich werde es selber fabrizieren, wenn Augustin wieder den Moderator macht, was er ja hervorragend kann. Leider habe ich von den Videosequenzen, die wir brauchen, nicht alle im Original hier, und Augustin hat nur Kopien in niedriger Qualität. Vielleicht werde ich also das Video dann erst später in der Schweiz richtig zusammenschneiden und per Wetransfer schicken. Aber Augustins Teil müssen wir noch aufnehmen bis Ende Montag. Heute ist ja schon Samstag.

Am Morgen ruft Augustin an. Er ist in Kilueka und hat sich die Baustelle des Dammes angeschaut. Er ist erschrocken, als er das gesehen hat. Der Bagger hatte auf einer Seite einen Berg von fünf Metern Höhe aufgetürmt, aber sich nicht auf die andere Seite des Baches gewagt. Da muss man den Damm nun von Hand aufschütten, eine Schwerstarbeit für das Team.

Augustin sagt, dass die Bevölkerung aus der weiteren Umgebung zusammen gelaufen sei in der Nacht um dem Bagger zuzusehen bei der Arbeit bis um 5 Uhr morgens. Ein Event erster Güte. Das Wasser staue sich schon zurück bis ins Zuckerrohrfeld. Es wird wohl noch mehr Gesprächstoff geben, meint er, vor allem bei den Nachbarn, deren Felder überschwemmt werden.

Den umgestürzten Safubaum, der dem Damm weichen musste, konnte Augustin sehr günstig kaufen für nur 30'000 FCC das sind 15 Dollars. Augustin sagt er werde – wenn alles klappt - am Nachmitag wieder in Kinshasa sein. Um 19 Uhr ruft er schliesslich an, er sei soeben in Bumbu angekommen, dem Quartier, in welchem er wohnt. Er sei ganz kaputt und dreckig. Ich sage es sei besser wenn er sich ausruhe und wir uns morgen wieder sehen. Ich sei auch erst daran mich zu erholen von diesem Malariaschub.

6. Juni 2021, Sonntag

Um 8h bin ich wach. Ich wollte ins Kiros, das libanesische Kaffee gleich um die Ecke, um zu frühstücken. Denn nun hatte ich wieder Hunger. Aber das Eisentor ist verriegelt. Die Strassen menschenleer. Also marschiere ich ins Hotel Memling und gönne mir ein üppiges Frühstück mit Früchten, Tomaten, Fisch und Brötchen und Kaffee für horrende 30 Dollars. Dabei skizzierte ich die Moderationen von Augustin für die TV-Sendung. Um 10 bin ich wieder im Hotelzimmer. Am Abend Besprechung der Videoaufnahmen für morgen.

7. Juni 2021, Montag

Dreharbeiten. Blaize hat am Ufer des Kongoflusses ein Restaurant ausgemacht, wo wir die Sequenzen für das Video zum Projekt drehen. Alles ist sehr zäh und mühsam. Das Funkmikrophon fällt aus. Das Licht ist zu kontrastreich. Augustin gestresst, wahrscheinlich wegen mir. Am Abend sind wir alle hundemüde und schweigsam. Das Zusammenschneiden wird eine Strafaufgabe sein.

8. Juni 2021, Dienstag

Um 5 Uhr stehe ich auf. Packe meinen Koffer. Augustin, Guelord und Blaize holen mich im Hotel ab. Die Fahrt zum Flughafen dauert mehr als eine Stunde. Rauch, Gestank, Gehupe, Menschen überall, zusammengepfercht, im Schmutz unterwegs. Diese Stadt ist kein Habitat für Menschen. Ihr Sog ist fatal. Ein schwarzes Loch, in welchem alle Funken des Lebens verschlungen werden.

Wie lange geht es bis jemand das merkt? Bis man es zugibt, dass es vielleicht doch keine gute Idee war, den einsamen Flecken Land draussen zu verlassen. Aber wer kann dann diesem geselligen Mahlstrom noch entkommen?

Die Hoffnung steht der brutalen Einsicht im Weg: Wir sind hier verloren. Alle strömen in Kirchen und zur Lotterie. Man hofft, dass man zu den Wenigen gehört, die bei diesem Elendspoker gewinnen. Dasselbe überall. Bei uns in Europa auch: Jeder klagt, dass er kein Geld hat und bezahlt doch wöchentlich 20 Franken um Lose oder Lottozahlen zu kaufen. Mit den tausend Franken könnte man jedes Jahr einige schöne Ferientage erleben. Aber darum geht es nicht. Man hat den Menschen beigebracht auf das Alltagsglück zu verzichten, um vielleicht einmal den Mega-Jackpot abzusahnen, ins Paradies zu kommen. Bingo. Man verachtet die kleinen Dinge, das Wenige das man hat. Man träumt von mehr. Viele Millionen träumen von Anderem und sind bereit dafür alles zu verspielen, was sie selber sind. Es ist erschreckend!

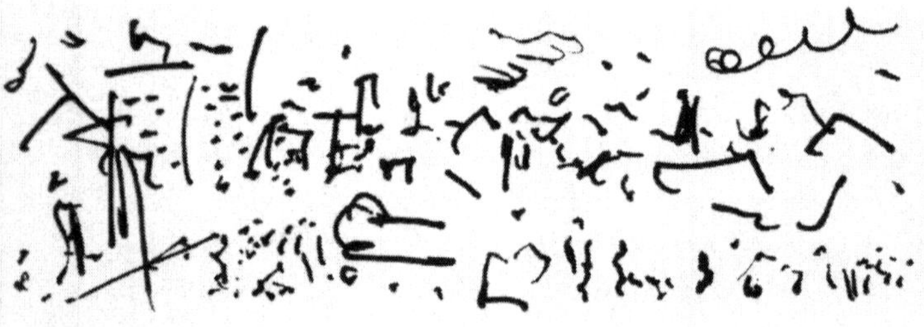

Das Flughafengelände N'Djili ist mit hohen Zäunen und Stacheldraht hermetisch abgeriegelt, sowie mit Barrieren und Militär gesichert. Reinfahren kostet schon mindestens zehn Dollar. Sofort kletten sich Helfer an jeden der auftaucht, vor allem natürlich an die Weissen. Ich verabschiede mit von Augustin von Blaize und Guelord.

Ich ziehe meinen Koffer selber. Vor dem Glastüren-Eingang des Flughafengebäudes kontrolliert heute ausnahmsweise niemand die Tickets. Es hat fast keine Menschen hier. Aber drinnen geht der Postenlauf los. Zunächst gehe ich in ein kleines, schlauchartiges Büro, wo man de Go-Pass kaufen muss, eine Art Abreiseprämie, die 50 Dollars kostet und fünf Dollars für die Stadt Kinshasa. Der Herr hinter dem Glasschalter sagt mir ich solle die Maske anziehen. Neben mir steht aber ein Mann ohne Maske, der etwas von Hand in eine Liste einträgt. Ich frage: "Gilt das nur für Weisse?" Keine Antwort. Ich wiederhole: "Ich habe gefragt: Gilt das nur für Weisse?" Er nimmt meinen hundert Dollar Schein und verlässt wortlos das Büro, um zu wechseln. Sein Kollege, der auch maskiert am Nebenschalter sitzt, schmunzelt.

Dann gehts zum Covid-Test Kontrollschalter, hinter welchem ein Mann sitzt. Man will Kopien meines PCR Tests haben. Ich sage, dass dies verboten sei, denn der Test sei ein privates, medizinisches Dokumente, das niemanden etwas anginge. Es sei strafbar diese Daten zu sammeln. Der Mann schaut etwas verdattert meinen Zettel an, gibt mir ein Fomular. Der Temperaturtest findet nicht statt, wahrscheinlich sind die Batterien des Gerätes alle. Auf dem Papier aber steht trotzdem 36,5 Grad. Das ist modern. Sie beschäftigen hier Temperatur-Hellseher.

Dritte Station: Dokumentencheck bei einem Schalter der Airline Ethiopian. Es sind vier Leute am Schalter. Sie wollen alles sehen: PCR-Test, PLF, Flugbestätigung, Pass. Auch sie wollen Kopien haben. Ich wiederhole auch hier, dass es verboten sei von privaten, medizinischen Dokumenten Aufzeichnungen zu machen. Einer verschwindet aber mit dem Papier dennoch nach hinten in einen Nebenraum, wo er vermutlich genau dies macht. Man sieht meinen PLF und macht dann einen Stempel auf meine Reservierungsbestätigung.

Nun geht es zur nächsten Schlange: Da findet die Kofferkontrolle statt. Die Beamten haben da etwas zum Staunen, denn als ich den Koffer öffne, kommt darin ein Koffer zum Vorschein und als ich auch diesen öffne kommt darin sogar noch ein Koffer zum Vorschein. Darin hat es ein paar Kleider und meine Kamera. Was ich sonst noch dabei hätte, fragen mich zwei Herren und eine Frau mit Gummihandschuhen. Einen Computer, sage ich. Sie sehen und finden ihn aber nicht. Es ist mein kleiner NUC der in einer Pjyamahose eingepackt ist. Die Dame sagt, ich müsse diese Dinge gut verpacken, ich solle sie doch besser dort drüben plastifizieren lassen. Ich kenne das. Man wickelt den ganzen Koffer in eine Folie. Das kostet zehn Dollars. Ich lächle die Frau an: "Sie wollen mir sagen, dass ich mit dem Koffer im Koffer im Koffer meine Sachen nicht gut verpackt hätte?" Sie merkt, dass es wohl bei diesem Klienten nicht geht. Der Mann macht einen Security Kleber auf den Handgriff des Koffers. Jetzt Eingangskontrolle zum Checkin Bereich. Nur ein Mann wacht da als Eingangs-Türsteher am Sperrband.

Beim Check-In wartet hinter Plexiglas eine Dame: Sie will den PCR Test sehen, den PLF, den Pass und macht dann aber erstaunlich schnell vorwärts. Sogar meine Sitzplatzreservierungen sind alle richtig auf den Bordkarten eingetragen. Gepäck durchgecheckt bis Zürich.

Ich schlendere Richtung Passkontrolle. Zuvor aber ruft man mich noch zum Tisch der normalen Sanitätskontrolle. Man will hier meinen PCR Test sehen und meinen gelben WHO Impf-Ausweis. Sie schauen sich den PCR Test ehrfürchtig an, holen einen ihrer eigenen Stempel hervor und unterschreiben dazu noch.

An den Passschaltern sitzen drei Beamte. Aber sie sagen, dass die Passschalter geschlossen sind. Ich frage, worauf sie warten würden. Die Antwort ist nicht klar. Jedenfalls muss ich warten. Etwa eine Viertelstunde.

Das alles kommt mir vor wie in den Computerspielen der 90-er Jahre. Da bist du manchmal tagelang stecken geblieben an einer Stelle von Leisure Suit Larry, oder Lara Croft ohne weiter zu kommen. Internet gab es ja noch nicht für die Cheats. Ich war damals im Schweizer Fernsehen als Autor, Moderator und Redaktor angestellt. Manchmal war die ganze Anstalt tagelang lahmgelegt, weil alle Larry spielten. Etwa so kam es mir hier vor. Heute ist ja alles einfacher. Wenn man bezahlt kommt man in jedem Game sofort weiter. Das System Korruption ist strukturell sauber ins zeitgenössische Gamedesign integriert. Ganz realitätsnah.

Als die Passkontrolle geöffnet ist fragt die Passbeamtin irgendetwas, wo ich war und was ich von Beruf sei. Ich will sagen: Vom Mond ich bin Astronaut, sage aber von Kilueka ich bin Entomologe. Es kommt wohl auf's selbe raus. Sie stempelt.

Nun kommt das Screening des Handgepäcks. Man verlangt, dass ich meine Schuhe ausziehe. Und dann lassen sie meinen Rucksack und meinen Schulterbag kontrollieren. Es sei ein Kalif drin, ein Taschenmesser. Ach ja, sage ich, wo denn? Sie suchen und suchen und finden es im Rucksack nach einer Viertelstunde. Es war offenbar in eine Seiten-Innentasche gerutscht. Ein Kontrolleur sagt das sei sehr,sehr gefährlich. Es ist aber ein furznormales Schweizer Militärsackmesser mit Schere. Ich lache ihn aus: "Ja, wissen sie was? Mir hat mal einer ihrer Kollegen gesagt, "Nimm ja nie ein Taschenmesser mit, das würde die Polizei sofort beschlagnahmen." Aber wenn die Arbeiter mit der halbmeterlangen geschliffenen Machete in der Hand durchs Dorf spazieren sagt niemand was." Niemand getraut sich, mir in die Augen zu schauen.

Noch eine Kontrolle am Ausgang des Screenings, aber nur eine Person im Durchwinkemodus.

Nach über einer Stunde Postenlauf bin ich um 10.10 durch die letzte Kontrolle im Wartesaal. Da hat es ein Cafe von Eric Kayser. Das belohnt ein wenig.

Jetzt kommt dann noch beim Einsteigen das Einziehen der Go-Pass Quittung, das Fromular, das man mir am Posten Nummer Zwei gegeben hat und eine Durchsuchung des Handgepäcks vor dem Einstieg in den Bus, der die Passagiere zum Flugzeug bringt.

Im Flughafen Ndjili gibt es eine Kontrolleur-zu-Passagier-Ratio von 9:1 oder höher. Ein szenisch geplanter Theaterreigen von aneinandergereihtem Papierunsinn, der unnötig Kosten verursacht und Passagiere drangsaliert wie Schlachtvieh. Es riecht danach, dass man sich an denen rächen will, die reisen dürfen. Und man versucht alles, ihnen nachzuweisen, dass sie es so einfach nicht dürfen.

Andererseits kann ich froh sein, dass es so viele Kontrolleure gibt. Jeder will ja seinen Posten behalten und nicht zuviel Ärger machen. Man braucht ja als Kontrolleur nur die paar Dinge zu verlangen, die man verlangen muss. Eine Kompetenz um damit umzugehen hat man eh nicht. Ist auch egal. Es geht nur ums Kontrollieren. Es muss aussehen wie eine Kontrolle. Du kannst irgend etwas schreiben, was ein bisschen danach aussieht wie das, was sie brauchen. Das reicht. Die Kontrolleure haben alle Angst und wenn sie es nicht schaffen dich einzuschüchtern, sind sie rasch klein und weich und schauen zu Boden. Man muss ihnen nur geben was sie wollen. Für den PCR Test ist ein Stempel gut mit einer Unterschrift. Irgend etwas offiziell klingendes, zum Beispiel "Centre National des Vaccinations" oder, "Bureau des Verifications des Resultats", blah blah. Das macht Eindruck.

Durch die Scheibe der Abflughalle sehe ich die berüchtigte Covid-Abzockbaracke für Ankommende. Sie ist in typischer KZ-Bauweise erstellt worden, mit Bretterwänden und Wellblechdach. Bei den Fenstern hat man gespart. Überall schwirren Polizisten und plastifizierte Frauen und krawattierte Kontrolleure rum. Man bereitet sich gerade vor auf den ersten Fischzug des Tages. Soeben ist doch die Maschine aus Addis Ababa gelandet. Die Melkstation des Irrsinns wird hochgefahren.

Mein Flug geht pünktlich über Addis Ababa nach Rom und nach Zürich. In Zürich Kloten gibt es keine einzige Kontrolle. Nicht einmal eine Passkontrolle.

Ich fahre mit dem Zug nach Landquart. Vor meinem Wohnwagen auf dem Waldcamping Platz steht noch das Terrarium, in welchem ich vor meiner Abreise eine kleine Kreuzotter in Sicherheit gebracht hatte. Ich hatte sie am Vortag der Abreise auf dem Gehweg, der dem Fluss Landquart entlang führt, verletzt aufgefunden. Die Schlange hatte eine Eidechse gefressen, denn ich sah den Schwanz der Eidechse aus ihrem Mund hervorschauen. Die kleine Kreuzotter konnte aber nicht mehr fliehen. Vielleicht war sie zuvor von einem Biker angefahren und verletzt worden. Das hübsche kleine Reptil blutete am hinteren Teil des Schwanzes. Ich dachte dass die Giftschlange vielleicht eine Chance hätte, wenn ich sie im Terrarium in Sicherheit bringe, mit Wasser versorge und mit Wurzeln und Steinen als Verstecke.

Als ich das Terrarium nach sechs Wochen öffne, sitzt die hübsche Schlange würdevoll und elegant aufgeringelt auf einem flachen Stein und hebt den Kopf. Fetzen der alten Haut liegen neben ihr wie ein abgestreiftes Kleid. Sie hatte sich soeben gehäutet. Sie schaut blitzblank sauber, fit und gesund aus. Ich öffne den Deckel des Terrariums. Sie entschwindet ins Freie. Ich wünsche ihr Glück.

WAS UNTERGEHT

Städte – auch Athen übrigens – gingen und gehen bedauerlicherweise an ihren Zwängen zur Abstraktion zu Grunde. Das ist selber sehr abstrakt formuliert. Versuchen wir deshalb diese These ins Lebendige zu übersetzen mit ein paar Geschichten.

1

Eine emotionale Städtekritik stammt vom biblischen Propheten Ezechiel, der den Begriff der Hure Babylon kreiert hat. Die Stadt als verfluchter Sündenpfuhl und Freudenhaus hat aber wenig mit ihrem Untergang als vielmehr mit ihrer Anziehungskraft zu tun, nämlich, indem sie in einer Mischung von Anonymität und scheinbarer Normalität die Unterhaltungssucht kultiviert, sowie für die Dämonen der Langeweile und für ungestillte Phantasmen der Hormone Tempel und Refugien baut. Es sind typisch menschliche Begleiterscheinungen, die überall, wo der Homo sapiens sich niederlässt, mit ihm mit kommen. In den Städten können sich solche Milieus, in denen dionysischen Triebe und Träume hemmungslos ausgelebt werden, geschützt und fest installieren und weil sie da einen festen Ort haben entsteht der Eindruck sie kämen von dort. Wem das urbane Treiben zuviel wird meint dann er könne ihre Flüche und Verführungen besiegen, indem man ihre Orte zerstört. Diese Säuberungen sind jedoch vergebliche Mühen und Reflexe von heuchlerischen Saubermännern, Sektierern, Eiferern, die ihre eigenen dunklen Seiten bekriegen. Die Stadt geht nicht an ihren Attraktionen zu Grunde, sondern an ihren Zwängen zur Abstraktion. Nicht Sodom und Gomorrha und nicht Babylon, sondern die Geschichte von Jericho kann uns näher dahin bringen.

2

Von Jericho heisst es in der Bibel, sie sei die Stadt der Gerechten gewesen. Oder vielleicht sagte dies die Stadt ganz stolz von sich selber. Eigenwerbung. Denn in Jericho galt der Grundsatz: "Dein ist dein. Mein ist mein."

Also: Respekt und Schutz von Eigentum. Im Gegensatz zu den Räuberstädten, in denen der Grundsatz lautet: "Dein ist mein. Und Mein ist mein." Wo also niemand das Haben des Anderen respektiert.

Jericho ist eine der ältesten Städte der Welt. Sie zeichnete sich aus durch hohe Mauern, gut bewachte Tore und dadurch, dass jeder, der die Stadt besuchte, genaustens geprüft und getestet wurde auf einem Streckbett. Es heisst, dass sich jeder Gast, der um Einlass bat, sich auf das Bett hinlegen mussten. Diejenigen, die zu lang waren, wurden dann gekürzt und die Kleinwüchsigen wurden gestreckt bis sie der Bettnorm von Jericho entsprachen. Das war der Preis für den Zutritt zur Stadt der Gerechten, in der das Haben jedes Menschen geschützt und respektiert wurde. Wenn jemand nicht der Norm des Testbettes entsprach wurde er ausgesperrt. Dies war also eine Art antiker PCR Test, oder biblischer Corona-Impfpass. Bist du getestet und hast du die Normimpfung empfangen, dann kommst du rein, sonst bleibst du draussen. Genau daran geht Jericho unter. Weshalb?

Friedrich Weinreb, der grosse chassidische Rabbi, hat es so ausgedrückt: Das Habitat des Menschen ist ein Ort wo gilt: "Mein ist Dein und Dein ist Dein." Es ist ein Habitat, in welchem Gerechtigkeit nicht an Haben gebunden ist, sondern an das Sein, an die Liebe, die den Zusammenhalt von Menschen begründet, die Freiheit der liebenden Zuwendung, die immer wieder die grossen und nachhaltigen sozialen Gebilde der Menschheit schafft und die Zukunft weist. Das ist die Botschaft der Trompeten, die schliesslich selbst die unüberwindbar scheinenden Mauern von Jericho zum Einsturz bringen. Bedauerlicherweise geht dabei die Hochburg der Gerechtigkeit unter. Mit Musik.

Das tönt märchenhaft prophetisch. Aber schwingt da nicht etwas Zustimmend in uns mit? Nur mit "Mein ist Dein und Dein ist Dein" kann eine Demokratie funktionieren. In Jericho wird sie trotz Justiz und Verfassung und trotz bester Gesetze untergehen. Aber andererseits: Kann man so leben? Kann man im Modus der hingebungsvollen Liebe leben, indem man alle Habseligkeiten hinschenkt, um mehr zu sein? Und kann man so auch in einer Stadt wie Jericho überleben? Oder in einem Staat, wo man nur mit PCR-Test und Impfpass rein gelassen wird?

3

Das, was den Zwang zur Abstraktion in Städten erzeugt, sind die beim Städtebau stets steigenden Anforderungen an Organisation und Verwaltung. Daraus entstanden die Schrift und die Wissenschaften, Universitäten, Rechenzentren, Bibliotheken. Und als Fundament dieser Erfordernisse resultierte ein Zwang zu immer höheren Graden an Abstraktion der Dinge. Dagegen ist nichts einzuwenden. Man musste von Äpfeln und Melonen auf Zahlen kommen. Man musste von Wegen auf Kilometer kommen, von Feldern auf Quadratmeter kommen, von Kübeln voll Reis auf Kilogramme, von Münzen auf ihren Tauschwert für andere Waren. Man musste rechnen lernen, schreiben und lesen. Man musste berechnen können, wieviele Sklaven man braucht für den Bau der Pyramiden und was sie pro Tag zu essen und trinken bekommen müssen, damit sie nicht verhungern, und wieviele Soldaten es braucht, um sie zu bewachen, damit sie nicht abhauen und revoltieren. Man musste abstrahieren können von Gegenständen und Menschen auf Messwerte, Zahlen und Formeln und damit Gesetzmässigkeiten definieren. Diese Abstraktheit von Zahlen gehört zum Wesen des Modelles Wissenschaft, wenn man mit materiellen Methoden die Welt beschreiben will.

4

Was genau wird in den Wissenschaften von ihren Gegenständen abstrahiert? Was wird von Bewohnern, Steinquadern, Strassen, Äckern, oder dem Wasser des Nils abgezogen, - abstrahiert eben - , damit sie messbar und berechenbar werden? Kurz gesagt: Ihr Lebendiges, ihr Sein, ihre Beseeltheit.

Aus dem Leib, dem materiellen Sitz der Seele, wird in der Wissenschaft ein mechanistisch formulierter Körper. In der Physik spielt es keine Rolle, ob ein lebendiger Mensch von einem Dach fällt, oder ein Stein. Das Lebendige hat keinen Einfluss auf die Schwerkraft und die Formeln dazu. Das Geheimnis des Lebendigen und Liebensfähigen muss zum Zweck der Berechenbarkeit aus Jericho ausgeschlossen und vernachlässigt werden. Deshalb geht die Stadt der Gerechten und vermeintlich Fortschrittlichen und vermeintlich solidarischen Gutmenschen unter. Es fehlte der Zusammenhalt der Liebe, um es sehr simpel zu sagen. Es ist alles nur noch leblose und lieblose Organisation, Normierung, Gesetzklauberei, mechanistisch technozides Apparatewesen. Deshalb kann man verkürzt sagen: Die Stadt ist kein nachhaltiges Habitat des Menschen. Die Geschichte zeigt es unmissverständlich.

5

Können wir menschliche Städte erschaffen? Die Frage lautet heute wohl eher: Wollen wir überhaupt neue Städte schaffen? Deutet nicht vieles, was wir gegegenwärtig wahr nehmen, gerade auf den Raum ausserhalb von Jericho und jenseits der Mauern? Ist die Idee einer lebenswerten Stadt überhaupt als innerer Widerspruch zu retten? Mir scheint sie habe sich längst überholt und einen Zustand erreicht wie ein Patient, der an einer schweren Pilzvergiftung durch Knollenblätterpilze leidet. Die Mahlzeit fand vor einer Woche statt, sie hat gut und unverdächtig geschmeckt. Die Erinnerung ist ungetrübt. Danach hat man ein paar Tage gut gelebt und nichts gemerkt. Doch plötzlich geht es dem Patienten sehr schlecht. Die Gifte haben langsam und im Verborgenen, aber irreparabel seine Leber zerstört. Wenn die Symptome erscheinen, ist es meist schon zu spät. Man meint noch einmal eine Besserung zu sehen, doch dann kommt unweigerlich der Tod. Mit sehr viel Glück findet der Todgeweihte die Leber eines Spenders. Wer aber dann zu denselben Mahlzeiten und an dieselben Tische zurück kehrt, der ist genau wie eine Stadt, die immer wieder unweigerlich untergehen muss an ihren Zwängen zur Abstraktion.

6

In der Bibel heisst es: Macht euch die Welt zum Untertan. Als Könige. Das heisst: Als Diener des Volkes. Wir beherrschen und verstehen die Welt nicht mit unserem Willen zur Macht und der Fähigkeit zur Abstraktion, sondern nur mit der Kraft der Liebe zu ihrem Lebendigen. Diese Erkenntnis bildet in fast allen spirituellen Mythen die Basis und die Grenze der Wissenschaften. Jochen Kirchhoff hat als einer der wenigen zeitgenössischen

Philosphen im deutschsprachigen Raum diese Forderung immer wieder formuliert. Es ist der Ruf nach einer neuen Art von Wissenschaft, die das Lebendige mitdenkt. Man meint, dass es ein Widerspruch ist insofern als die Abstraktion als Fundament der Wissenschaft Lebendiges a priori aus schliessen muss, damit sie ungestört zu ihren Abstraktionen, Messungen, Rechnungen, Formeln und Resultaten kommen kann. Wissenschaft funktioniert so. Wissenschaft muss jedoch ihre Grenzen kennen und respektieren. Die Anforderung an eine neue Wissenschaft ist also vielleicht eher eine an neue Wissenschafter; an die Haltung derjenigen nämlich, die sie ausüben und anwenden, indem sie als Prinzip verinnerlichen sollten, bei ihrer wissenschaftlichen Arbeit stets vom Lebendigen her zu argumentieren. Und nicht von ihren Abstraktionen her.

Gegen die Beschränktheit der Wissenschaft können wir nichts unternehmen. Sie wird, weil sie von ihren Objekten stets das Wesentliche abstrahiert, oder sogar negiert, immer beschränkt bleiben müssen. Aber gegen die Beschränktheit der Wissenschaftler, die dann meinen, ausserhalb der Wissenschaft gäbe es nichts mehr, wird sich der lebendige Kosmos mit uns durchsetzen. Ein nur auf Wissenschaftlichkeit reduzierter Mensch kann weder Mensch noch Wissenschafter sein. Ein nur auf Wissenschaftlichkeit reduziertes System kann weder menschlich noch wissenschaftlich sein.

7

Um der Sachen habhaft zu werden, müssen wir sie vermessen und ordnen. Es lässt uns nicht in Ruhe, dass sie sich selbst sind. Der Wissensdurst hat uns aus der paradiesischen Selbstverständlichkeit getrieben. Wir glauben stets das Versprechen zu hören Wissen sei Macht und mit Macht mache man sich einen Namen. Einen Namen wie die Städte, von denen wir eigentlich erschreckt sein müssten; erschreckt von ihrer gnadenlosen und perfektionistisch ausgetüftelten Gerechtigkeit, die uns anschillert bis wir sie angstvoll bewundern. Und erschreckt ein bisschen auch, weil wir sie Jahrhunderte später unter meterdickem Schutt und Asche zufällig wieder finden, meist genau dann, wenn wir selber gerade im Begriff sind die Baugrube für das Fundament eines neuen Wolkenkratzer zu buddeln.

8

Mir tut Sokrates leid, dass man seinen Ausspruch "Ich weiss, dass ich nichts weiss", dauernd missbraucht um sich zu entschuldigen, dass wir zu dumm und uninteressiert und unintelligent sind, oder nicht richtig rechnen können und es leider auch nie lernen werden. Es ist eine Frechheit gegenüber Sokrates so zu sprechen. Er war ja gerade derjenige, der die Grenzen des Wissens nicht aufzeigen wollte, um zu sagen: Wir sind halt alle blöd und niemand wird je etwas wissen was recht und was falsch ist und um damit der Willkür der Tyrannis das Wort zu reden. Nein, Im Gegenteil. Sokrates sagt damit, dass die Willkür der sektiererischen und blinden Wissenschaftlichkeit nur beendet werden kann, wenn die Bewusstheit über das, was wir alles nicht wissen, uns die Augen öffnet für die Gewissheit, dass wir seit jeher zum viel Umfassenderen und unwissbar Lebendigen des Kosmos dazu gehören. Sokrates will uns auf unsere kosmische Verantwortung hinweisen mit Vollmacht und Mut zu sprechen auch jenseits des Anspruchs von Wissen.

9

Leider sind viele Naturwissenschaftler heute in ihrer narzistischen Befangenheit neidisch auf das Lebendige. Sie geben zwar oft vor das Lebendige fördern und die Welt verbessern und retten zu wollen. Sie haben jedoch mit ihren abstrakten Modellen vom Leben an sich keine Ahnung. Also überspielen es Technokraten und Physiker gerne mit Triumphen: Branson fliegt ins Weltall. Gates impft die Welt. Musk hat Raketen. Die megatechnischen Pharaos (Kirchoff) glänzen mit Tricks und Wundern und den Versprechungen einen neuen, besseren Menschen zu erschaffen. Müsste man dazu nicht zuerst einmal versuchen selber Mensch zu sein?

Wenn der Mensch der Technik keine Grenzen setzt, wird es brandgefährlich. Es ist eine Warnung, die Jochen Kirchhoff in Bezug auf die Atombombe gut begründet hat und so ausdrückt: "Im Projekt der abstrakten Naturwissenschaften ist die Destruktion mit angelegt."

10

Was möchte die verselbständigte und ausser Kontrolle geratene Wissenschaft denn heute sein? Warum ist sie so irre geworden? Weshalb ist sie daran ihren tatsächlichen Schatz zu verspielen und zu verprassen? Vielleicht weil sie das sein will, was sie nie sein kann: Ein Orakel. Denn genau so führen sich Wissenschaftler heute auf. Sie wollen Orakel sein. Sie wollen die Zukunft vorhersagen, die Wege des Einzelnen vorhersagen, die Gefühle jedes Menschen kartografieren und vermessen und zur Vorsehung des Menschen werden: Gott. Viele Wissenschaftsbereiche, ihre Gläubigen und Geldgeber haben heute diesen pathologischen Zustand erreicht, dass sie meinen, den Menschen vorhersagen zu können und damit befähigt zu sein ein modifiziertes Update des Menschen mit Hilfe der Wissenschaft anzufertigen. Mit abstrakten Analysen der Natur und der Lüftung ihrer materiellen Geheimnisse will Wissenschaft die Geschicke der Welt vorhersagen und lenken. Und sie fordert: Mein Wille komme.

11

In der Homöopathie lässt sich der Streit um die Deutungshohheit der Wissenschaft gut aufzeigen. Was ändert es an ihrer Gültigkeit, ob sie wissenschaftlich akzeptiert ist, oder nicht? Nichts. Weshalb aber gibt es immer diese Versuche Homöopathie wissenschaftlich zu beweisen, oder zu widerlegen? Woher kommt das? Wohl eher von der Seite der Wissenschaft, weil sie sich in Frage gestellt fühlt. Provoziert. Weshalb muss Homöopathie wissenschaftlich belegt sein? Die Wissenschaft kann doch gar nicht das taugliche Modell sein, um Homöopathie zu beweisen. Sie kann es deshalb nicht, weil ihr Modell gerade das ausschliesst, was den Kern der Homöopathie ausmacht.

12

Lähmende Schierlingsgifte sind es, die uns immer wieder glauben lassen es sei ein Lebensziel Andere und Anderes zu beherrschen, vor allem mit Technik, obschon wir in stillen Momenten erkennen, dass es durchaus reicht, wenn wir uns selber beherrschen, um königlich in der Welt zu sein.

DER SCHIERLINGSBECHER

In der abendländischen Geschichte gibt es zwei herausragende geistige Bilder. Es sind höchst potente kulturelle Medikamente gegen Krankheiten, die aus der Weigerung heraus entstehen, Rechenschaft über das eigene Leben und Rechenschaft über die eigene Tugendhaftigkeit abzulegen. Das eine Bild ist die Kreuzigung Jesu und das andere die Hinrichtung des Sokrates mit dem Schierlingsbecher, 400 Jahre zuvor. In beiden Fällen wird ein Aufrechter, man würde heute sagen authentischer, liebender aber hartnäckig standhafter Mensch, der nichts verbrochen hat, von der Mehrheit seiner Mitmenschen, sozusagen demokratisch ermordet und vermeintlich final mundtot gemacht. Man will sie los werden. Und an ihnen ein Exempel statuieren als Warnung für ihre wenigen treuen Begleiter.

Bei Sokrates kann ich mir gut vorstellen, dass er seine Hinrichtung bewusst angenommen hat, um den umstehenden Athenern, die ihn verurteilt hatten, ein Bild abzugeben, was mit ihnen selber geschehen ist oder noch geschehen wird. Er hätte doch fliehen können, weil man extra dafür die Türe seines Gefängnisses offen liess. Vielleicht hoffte man sogar, dass Sokrates ins Exil flüchten werde. Er lehnte ab. Weshalb? Er selber sagt, weil sein Gott ihm keine Signale gegeben habe etwas anderes zu tun.

Bei der Hinrichtung des Sokrates waren alle Ankläger zu gegen. Mit ihnen hatte Sokrates lange öffentlich gesprochen in seiner Verteidgungsrede, die von Platon überliefert ist. Das war ein Public Event, eine Art Direktübertragung für alle Bürger Athens. Ungefiltert. Jeder der Richtenden und alle Zuschauer waren Zeugen. Das war keine Hinrichtung in einem schallisolierten Hinterzimmer mit Videoüberwachung, oder in einer Geheimdienstzelle, oder durch ein Attentat in einer dunklen Seitengasse. Das war grösst mögliche Öffentlichkeit. Wie im Theater. Das Theater – vor allem die schonungslosen Komödien des Aristophanes - hatten eine läuternde Wirkung auf den sozialen Körper der Griechen. Das Theater war ein Medikament für die Herrschenden der Gesellschaft, um sie zu transformieren und gesund zu erhalten.

Sokrates sprach nicht zu anonymen Geschworenen, oder Staatsanwälten und Radiostationen, sondern alle Anwesende an seiner Hinrichtung waren seine Freunde, seine Gegner und Feinde, seine Mitbewohner Athens. Jeder kannte ihn persönlich. Sokrates sprach sogar seine Ankläger an mit 'Lieber Melitus' usw. Jeder wusste, wer er wirklich war. Die Aufführung des Todes von Sokrates im Jahre 399 v. Chr. und seine mediale Aufbewahrung in den Werken von Platon ist eine Botschaft, die nun schon mehr als 25 Jahrhunderte überlebt hat. Ihre Wirkung hat – wie beim Kreuzigungstod Jesu – mit der Art der Hinrichtung zu tun. Was bei der Kreuzigung eine Schächtung ist, indem man den Verurteilten wie ein Tier am Kreuz festgenagelt und ausbluten lässt, das ist bei Sokrates eine gewaltlose, saubere und hygienische, ästhetisierte, also kunstvoll arrangierte Vergiftung. Eine Art medizinisch-pharmakologische Behandlung, bei der der Arzt der Henker ist, der dem Patienten freundlich den tödlichen Schierlingsbecher überreicht. Der zum Tod Verurteilte trinkt ihn selber aus, freiwillig.

Die Erfindung der politisch korrekten, sanften Hinrichtungsart mit dem Schierlingsbecher war zur Zeit von Sokrates noch nicht sehr alt. Sie erlebte einen horrenden Boom in der unruhigen und aufwühlenden Zeit vom 500 bis 400 vor Christus. Wahre Hinrichtungsorgien müssen es gewesen sein, denen während der Schreckensherrschaft der Dreissig Tyrannen nach der Selbstauflösung der Athener Demokratie hunderte von Menschen zum Opfer fielen. Sokrates und Aristophanes waren Zeitgenossen dieser Wirren. Fast wahllos wurden Generäle, Bürger, Politiker, die man für irgendetwas schuldig erklärte, gedrängt sich selber sauber, unblutig und nachhaltig hinzurichten mit dem Getränk aus dem Schierlingsbecher.

Die Pflanze, die man für das tödliche Gebräu verwendete, war seit Menschengedenken bekannt. Dies erkennt man leicht an den Dutzenden von Namen, welche der Volksmund der Pflanze gab: Teufelspeterling, Tollkörfel, Wogeltod, Blutpeterlein, Bangkraut aber auch harmlos tönende Be-

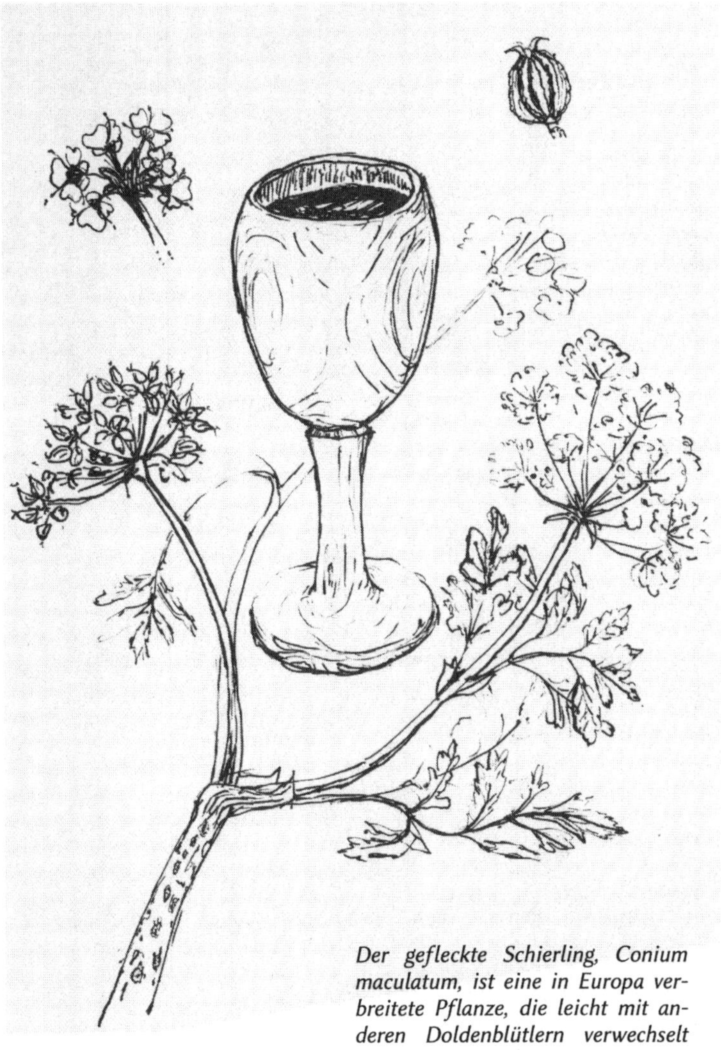

Der gefleckte Schierling, Conium maculatum, ist eine in Europa verbreitete Pflanze, die leicht mit anderen Doldenblütlern verwechselt werden kann. Ihr namengebendes Merkmal sind die rötlichen Flecken an der Stielbasis.

zeichnungen wie Ziegenkraut, Ziegendill, Wutscherling usw. Die Verwechslungsgefahr mit essbaren Doldenblütler ist fatal. Unterschiede zu Kerbel, Petersilie, Pastinaken, Giersch, Möhren usw. sind klein. Das namensgebende typische Merkmal des gefleckten Schierlings sind die rötlichen Flecken des Stiels, die wie eingetrocknete Blutspritzer aussehen.

Das Toxin des gefleckten Schierlings, genannt Conin, ist eines der tödlichsten Pflanzengifte. Ein halbes Gramm davon bringt einen Menschen um. Die Pflanze enthält Conin in allen Teilen, am stärksten konzentriert in den unreifen Samen. Für die Hinrichtung mit dem Schierlingsbecher reichten zwanzig Gramm der grünen Samen, die man zerstiess und in Wasser auflöste. Das ergab einen Trunk von ein bis zwei Dezilitern.

Das Gift Conin wirkt auf das Nervensystem. Es lähmt das Rückenmark von unten aufsteigend, lähmt zuerst die Füsse, Beine, kriecht dann Wirbel für Wirbel das Rückgrat hoch bis schliesslich durch Atemlähmung bei vollem Bewusstsein der Tod eintritt.

In Kommentaren zu Platons Berichten über die Hinrichtung, heisst es gelegentlich, dass die Darstellung geschönt sei, weil er die hässlichen Seite der Hinrichtung unterschlagen habe: Die Zuckungen und Erstickungskrämpfe und Konvulsionen kurz vor dem Tod. Andere Kommentatoren sprechen von einer realistischen Darstellung. Für schmerzfreie Hinrichtungen und für Selbstmorde mit dem Schierlingsbecher habe man dem Trank Schlafmohn beigegeben, also Opioide, deren hemmungslose Anwendung heute weltweit eine echte Betäubungs-Pandemie darstellen.

Hören wir nachfolgend wie die Hinrichtung des Sokrates mit dem Schierlingsbecher vor sich ging. Es ist nicht zufällig, dass dieses Ereignis so detailliert von Platon geschildert wird. Die Zitate stammen aus der Friedrich Schleiermacher Übersetzung von 1809.

Sokrates nahm vor der Hinrichtung ein Bad. Dann kommt der Diener der Elfmänner, der Vollstreckungsbeamten, mit dem Befehl zur Einnahme des Schierlings. Er spricht zu Sokrates :

O Sokrates, über dich werde ich mich nicht zu beklagen haben, wie über Andere, daß sie mir böse werden und mir fluchen, wenn ich ihnen ansage, das Gift zu trinken auf Befehl der Oberen. Dich aber habe ich auch sonst schon in dieser Zeit erkannt als den edelsten, sanftmütigsten und trefflichsten von Allen, die sich jemals hier befunden haben, und auch jetzt weiß ich sicher, daß du nicht mir böse sein wirst, denn du weißt wohl wer Schuld daran ist, sondern jenen. Nun also, denn du weißt wohl was ich dir zu sagen gekommen bin, lebe wohl, und suche so leicht als möglich zu tragen, was nicht zu ändern ist. Da weinte er, wendete sich um, und ging.

Sokrates wünscht ein Lebewohl und lobt die Aufrichtigket des Dieners, den er schätzt und kennt von vielen Gesprächen. Er fordert Kriton seinen Lieblingsschüler auf den Schierlingsbecher zu bringen, falls er schon fertig zubereitet sei. Kriton sagt, es habe doch noch Zeit, die Sonne scheine noch an den Berg und andere hätten zuvor noch gegessen oder die Liebe genossen, also müsse man nicht eilen. Sokrates erwiedert darauf, er wolle sich nicht lächerlich machen. Er klebe nicht am Leben. Man solle ihm den Schierling bringen. Und ein Mann erscheint kurz darauf mit dem Becher. Zu ihm spricht Sokrates:

Wohl, Bester, denn du verstehst es ja, wie muß man es machen? – Nichts weiter, sagte er, als wenn du getrunken hast, herumgehn bis dir die Schenkel schwer werden, und dann dich niederlegen, so wird es schon wirken.

Damit überreicht er Sokrates den Becher. "Darf ich davon etwas opfern?" fragt Sokrates. Der Mensch verneint, denn man bereite nur gerade soviel zu wie hinreichend sei. "Ich verstehe", sagt Sokrates: "Beten aber werde ich zu den Göttern". Er setzt an und trinkt frisch und unverdrossen aus. Seine Freunde können sich nicht mehr halten und weinen hemmungslos. Dies ärgert Sokrates. Er hätte doch extra die Frauen fortgeschickt, um solches Geschluchze zu verhindern. Er bitte um Ruhe.

Er ging umher, und als er merkte, daß ihm die Schenkel schwer wurden, legte er sich gerade hin auf den Rücken, denn so hatte es ihn der Mensch geheißen. Darauf berührte ihn eben dieser, der ihm das Gift gegeben hatte, von Zeit zu Zeit, und untersuchte seine Füße und Schenkel. Dann drückte er ihm den Fuß stark, und fragte, ob er es fühle; er sagte nein. Und darauf die Knie, und so ging er immer höher hinauf, und zeigte uns, wie er erkaltete und erstarrte. Darauf berührte er ihn noch einmal, und sagte, wenn ihm das bis ans Herz käme, dann würde er hin sein. Als ihm nun schon der Unterleib fast ganz kalt war, da enthüllte er sich, denn er lag verhüllt, und sagte, und das waren seine letzten Worte, O Kriton, wir sind dem Asklepios einen Hahn schuldig, entrichtet ihm den, und versäumt es ja nicht. – Das soll geschehen, sagte Kriton, sieh aber zu, ob du noch sonst etwas zu sagen hast. Als Kriton dies fragte, antwortete er aber nichts mehr, sondern bald darauf zuckte er, und der Mensch deckte ihn auf; da waren seine Augen gebrochen. Als Kriton das sah, schloß er ihm Mund und Augen.

Eine Hinrichtung wie eine hygienisch korrekte, medizinische Behandlung. Das Wort Henker kommt nicht vor. Derjenige, der den Giftbecher überreicht, heisst einfach Mensch. Als hätte er eben eine ärztliche Behandlung erhalten, verlangt Sokrates von Kriton, er solle dem Gott Asklepios einen Hahn opfern. Asklepios ist der Sohn des Apoll und der Gott der Heilkunst. Ihm dankt man für Heilung und Genesung. Sokrates auch für seine Hinrichtung.

Das CV des Asklepios ist interessant, weil darin alle Register der griechischen Mythologie gezogen werden. Er ist der Sohn von Apoll und seiner Geliebten Coronis. Weil diese Königstochter sich - als sie von Apoll schwanger war - mit einem Sterblichen einliess, wurde sie auf dem Scheiterhaufen getötet. Als ihre Leiche brannte eilte jedoch Hermes herbei und schnitt das ungeborene Kind aus ihrem Bauch. Asklepios wurde ein Meister der Heilkunst. Er besass ein Therapiezentrum in Epidauros, wo man sich ausserhalb des Tempels zum Schlafen hinlegen konnte und im Traum von

Asklepios die Medizin, Diät, oder Kur mitgeteilt erhielt. Als Asklepios sogar einen Toten wieder belebte fand Hades, der Gott der Unterwelt, dies nicht lustig. Er beschwerte sich bei Zeus und dieser meinte ebenfalls, dass der Heiler damit seine Kompetenzen überschritten habe und dass es nicht anginge, dass Menschen durch Asklepios quasi unsterblich würden und Zeus tötete ihn mit einem Blitz. Dies wiederum erzürnte Asklepions Vater Apoll und dieser tötete aus Rache die Kyklopen, die die Blitze des Zeus schmieden. Zur Strafe dafür musste Apoll hinwiederum neun Jahre die Rinder des Admetos in Thessalonien hüten. Star Wars auf Griechisch.

Asklepios wurde nach seinem Tod ins Reich der Götter aufgenommen. Er wird oft mit einem Stab, der von einer Schlange umschlungen ist, abgebildet, dem noch heute gebräuchlichen Zeichen der Apotheker. Das passt prima, weil man Apotheker mit dem Stab verdreschen müsste, wenn sie sich mit unnützen Masken, Tests und Impfpropaganda dumm und dämlich verdienen, während die Duckmäuler und Frömmler Schlange stehen vor den Impfzentren.

WIRUS

REDE DES SOKRATES. NACH DIKTAT VERREIST

" Gute Seelen, meine lieben Freunde. Ihr wisst, dass ich bisher nie etwas geschrieben, sondern nur Gespräche geführt und meine Gedanken dargelegt habe in direkter, offener Rede. Man kann sich im lebendigen, gegenwärtigen Ausdruck nicht verstellen. Anders bei Geschriebenem. Die Schrift kann sich nicht wehren gegen ihren Autor. Sie kann nicht einmal bestätigen was wer geschrieben hat. Die Schrift kann sich nicht verteidigen gegen die, die an ihr herumfummeln. Aber an meiner Rede flickt niemand herum. So bleibe es.

Ich wundere mich immer wieder weshalb gewisse Leute Bücher lesen. Es sind doch einfach Machwerke mit Absichten, Zielen, Beweggründen, das meiste sowieso Werbung, Schund, Eigenlob und Grössenwahn. Als ob wir etwas zu sagen hätten. Etwas Wichtiges. Wozu denn? Um unserer Nachwelt und unseren Mitmenschen mit einem Hochglanz-Rezeptbuch darzulegen, wie sie sich selber erlösen können, sie selber zu Göttern werden können, über sich hinauswachsen? Zu Übermenschen werden. Aber natürlich nicht egoistisch. Nein. Gütig, grosszügig: Ganz bescheiden als Gott. Ein Buch wie ein Erlösungs-Knopf, den man nur drücken muss.

Und Bumm! Der Himmel öffnet sich. Dann wird die ganze Menschheit wegen einem kleinen, hundsgesichtigen, alten Hosenscheisser und Wichtigtuer, der ein Buch geschrieben hat, erlöst. Einfach so. Nicht in Ewigkeit - daran glaubt man sowieso nicht, wenn man Bücher schreibt - sondern wenigstens bis zur nächsten Raumzeitkrümmung, hinter deren Ecke die Leser – wie der Autor meint - nicht sehen können. Ich aber schon. Dahinter liegen all seine dunklen Seiten, die gigantischen stinkenden Abfallhalden des Autors, alles was er unter den Teppich gekehrt hat, um sein Image als Allmächtiger nicht mit seinen Fäkalien zu besudeln, seinen miesen Absichten, Anhaftungen an Machtgeilheit, perverse Gelüste von Eugenik, Rassenhygiene, Transhumanismus aber letztlich nur Stalldienst beim goldenen Kalb: Mit der Scheisse bis zu den Knien, aber mit Krawatte und Dackelblick. Im Luxuskurort. In den Schweizer Bergen. Parfümiert mit Anmassungen von Olymp. Die Götter tagen! Ha! Ich kann nur lachen. So lächerlich! Diese nichtsnutzigen, wohlstandsverwahrlosten kleinen Wixer suchen in einem feudalen Camp von Nutten und Arschkriechern nach einer wirkliche Frau, einer wirklichen Welt, nach Fruchtbarkeit und Nachkommen? Dann hört einfach auf euch wie Idioten zu benehmen und kommt zur Besinnung!

Ist es tugendhaft mit solchem Abschaum Mitleid zu haben? Ich finde Verachtung besser. Denn Mitleid hat immer den faden Beigeschmack, dass man meint über dem Leidenden zu stehen. Das wäre aber genau dieselbe besserwisserisch herablassende Art, in der diese kleinen Wixer von ihren vermeintlichen Untertanen reden. Das wollen wir doch nicht. Oder?

Ist es tugendhaft, sich gegen die kleinen Wixer und ihre Fascho Fantasien zu wehren? Ja, sicher. Ihr habt ja gehört, was Aristophanes über die Hoffnung sagen liess: Sie löst keine Probleme. Sie macht Euch untertänig, angepasst, benutzbar, gefolgsam, gefügig, zu bequemen solidarischen Bürgern, die dem Willkürstaat nach der zweiten Ohrfeige auch noch die dritte und vierte Backe hinhalten. Hoffnung macht euch unfrei. Aber sie vertröstet und verdrängt euch selbst ins wohlige Nichts. Ihr überlebt nur, wenn ihr lebt. Sonst seid ihr Zombies, die Zombies nachlaufen. Geht ins Leben! Steht hin. Wehrt euch. Ihr müsst diese Kitschaufklärung von Kant überwinden. Ihr dürft auf Glück nicht hoffen, wenn ihr Gesetze und Moral von kleinen Wixern befolgt. Ihr müsst nach besseren Gesetzen streben und für die Moral seid ihr selber Menschen. Ihr wisst worauf es im Leben ankommt. Wenn nicht, dann brecht heute auf und geht auf die Suche. Es wird sich lohnen.

Ist es tugendhaft mit den Millionen von Schmeissfliegen und Kotfressern, die um den Scheisshaufen kreisen und von ihm profitieren, Mitleid zu haben? Schon eher. Es sind doch Verführte, Abhängige, Süchtige, Opfer, Verunsicherte, oder selber kleine Wixer die auch einmal so werden wollen wie die grossen kleinen Wixer. Soll man sie gegen ihren Willen aus dieser Global Leader Latrine retten? Weshalb sollten wir? Damit sie uns beschimpfen als

Nazis und Aluhüte? Lassen wir sie einfach schmoren in ihrem eigenen Saft. Von mir aus betet für ihre armen Seelen. Das kostet nichts. Sie sind verloren. Wie die tausend schönen Äpfel, prallen Birnen und stolzen Kirschen, die auf einen geteerten Parkplatz fallen. Überfluss der Natur. Sie weiss, warum sie es zulässt. Sie weiss eben, dass Äpfel eher überleben als geteerte Parkplätze.

Das ist traurig. Tränen reinigen unser Herz. Das grosse Bedauern liegt dann wohl bei uns, dass wir nichts Weiteres tun können, als für unser eigenes Seelenheil zu sorgen. Denn da liegt der Schatz verborgen, mit dem wir unsere Liebsten und unsere Freundinnen und Freunde beschenken können. Lasst Euch nicht einreden, dass ein Rückzug - um in Ruhe für Euer Seelenheil und eure Tugendhaftigkeit zu kämpfen - ein egoistisches und verdammenswürdig unsoziales und unsolidarisches Gehabe sei. Das pure Gegenteil ist wahr. So wahr es über dem Eingang zum Apolltempel in Delphi steht: "Erkenne Dich selbst. Halte Mass. Sei Du."

Zombie-Peiniger wollen uns ihre Religionen einimpfen. Und sie wollen uns glauben machen, dass ihre Religionen mit Apollo, mit Jehova, mit Jesus, mit Allah und Buddha und mit Viren zu tun hätten. Und zwar so wie sie meinen, dass es richtig ist die Götter zu interpretieren. Aber haben Götter ihr Geschwätz nötig? Nein. Das ist nur Religion als Gotteslästerung! Göttliche Mächte leben Haut an Haut mit uns und sagen: Die wirkliche Kraft bist Du. Ist es nicht sonderbar, dass das Wort Virus von Kraft (lateinisch vis = Stärke, Kraft) stammt? Ja, wir sind die Wiren, vor denen die Drachen des Nichts Angst haben. Gegen unsere simple und unfassbare Daseins-Kraft haben sie kein Immunsystem. Sie fürchten uns zu Recht.

Unsere Glocken werden sie warnen. Wenn sie es mit den Ohren nicht hören, und wenn ihre Hirne und Herzen verstopft sind mit Stumpfsinn, dann werden sie es vielleicht im Magen vibrieren spüren. Sie werden in Panik Tränengas abspritzen, wenn wir uns ihnen mit den Glocken der Freiheit nähern. Aber Tränen reinigen unsere Seelen. Das hatten wir schon. Ich weiss. Aber es muss noch einmal sein zum Schluss. "

TORDYLIUM APULUM C30

Am 27. Juni 2021 fuhr ich mit dem Zug nach Kiental. Zur Herstellung des homöopathischen Mittels von Tordylium apulum, dem Apulischen Zirmet, hatte Thomas Primas schon alles vorbereitet. Wir hatten eine Potenzierung vor einem halben Jahr schon einmal ausgeführt für die Herstellung von Coronilla varia C30. Thomas hatte mit Freunden ausserdem eine Urtinktur aus der Berliner Apotheke potenziert, nämlich den Puppenharn des Tagpfauenauges, Inachios io.

Man kann homöopathische Medikamente mit wenig Aufwand selber bei sich zuhause herstellen. Die benötigten Utensilien können per Post bestellt werden. Sie bestehen aus einer innen aufgerauhten Mörserschale aus Porzellan, einem Stössel aus Porzellan, Fläschchen mit Alkohol zum Verschütteln 18% und Alkohol zum Aufbewahren 96 %, dazu ein Fläschchen mit Milchzuckerkügelchen, ein Glasstab, ein Spachtel, und ein Beutel Bio-Milchzucker zum Verreiben.

Das Prozedere nach Samuel Hahnehmann besteht darin, dass man die ersten drei Potenzierungen mit dem Milchzucker macht und nachher mit Alkohol weiter potenziert. Die ersten drei Potenzen dienen nicht nur der Verreibung der Urtinktur mit Milchzucker, sondern auch der ersten Beschreibung der Wirkung auf Körper(C1), Gefühle(C2) und Geist(C3). Die C-4-Homöopathen haben seit den 1980iger Jahren noch eine vierte Stufe hinzugefügt, das Spirituelle (C4). Damit entsprechen die ersten vier Schritte den Quadranten der Astrologie. In jeder Stufe der Potenzierung werden jeweils drei Schritte ausgeführt. Ein Schritt pro Sternzeichen.

Die Potenzierung beginnt damit, dass ein Löffel Milchzucker in den Porzellanmörser gegeben wird. Vier Tropfen der Urtinktur kommen dazu. Dann wird mit dem Stössel drei Minuten lang verrieben. Hahnemann könnte das Verfahren zum Verreiben ursprünglich von der traditionellen Herstellung von Farbpigmenten übernommen haben, mutmasst Thomas.

Wir setzten uns am 28. Juni morgens in seinem Kientaler Haus an einen

Holztisch. Wir sassen uns gegenüber. Jeder hatte die Utensilien vor sich. Thomas übernahm die Aufgabe die Zeit zu messen und die Schritte zu protokollieren. Die Gesamtdauer für eine C30 Potenzierung beträgt rund vier Stunden. Jeder von uns hatte ein paar Zettel und einen Kugelschreiber bereit gelegt, um auftauchende Signale zu notieren.

Die Urtinktur des Apulischen Zirmet lag noch mit den anderen Mitteln der griechischen Apotheke in einer Kartonschachtel. In dem braunen Glasfläschchen befanden sich die Blütenblätter und Blüten, die ich in Delphi von der Pflanze gezupft hatte.

Ich übernahm die Erstverreibung der vier Tropfen Urtinktur in einem Kaffeelöffel Milchzucker. Nach drei Minuten teilten wir den verriebenen Milchzucker auf. Nun arbeiteten Thomas und ich parallel. Wir führten also die Potenzierung zwei Mal durch; jeder für sich.

Die ingesamt zwölf Verreibungen werden so ausgeführt, dass man einen Löffel Milchzucker in den Mörser gibt und sechs Minuten verreibt und danach vier Minuten spachtelt. Dann wird ein weiterer Löffel Milchzucker zugegeben und erneut folgen sechs Minuten Reiben und vier Minuten Spachteln. Darauf der dritte Löffel Milchzucker, sechs Minuten verreiben und vier Minuten spachteln. Somit sind wir bei der ersten Potenz C1 angekommen.

Während dem Verreiben und Spachteln notieren wir aufsteigende Signale, die zum entsprechenden Quadranten gehören. Das heisst, in der halben Stunde des Potenzierens beobachtet man bei C1 Reaktionen des Körpers, bei C2 aufsteigende Gefühle und Befindlichkeiten, bei C3 Gedanken, geistige Regungen und bei C4 seelisch spirituelle Klänge.

Nach jeder abgeschlossenen Potenzierung entleert man allen Milchzucker, den man eine halbe Stunde verrieben hat, in eine Schüssel. Zur Weiterarbeit reicht das bisschen Milchzucker, das in den Poren der Reibeschale zurückbleibt. Nun beginnt die nächste Stufe, indem man einen Löffel Milchzucker zugibt, sechs Minuten verreibt, vier Minuten spachtelt usw. Thomas hatte sein Handy mit dem Zeitgeber so eingestellt, dass nach Ablauf der sechs, respektive vier Minuten jeweils ein Gong ertönte. Es war spannend zu beobachten, wie sich das immer gleiche Gonggeräusch in den vier

Stufen verschieden anhörte, manchmal nach einer Pausenglocke auf dem Schulhof, nach dem Signet vor einer Nachrichtensendung, nach dem Gong eines Boxkampfs, manchmal mit einem Gefühl der Erleichterung: "Ah zum Glück fertig", manchmal mit dem Gefühl: "Schade, dass man aufhören muss" usw.

Das Ritual der Verreibung sollte nicht unterbrochen werden. Wir haben in der ganzen Zeit nur zwischen C3 und C4 ein Glas Wasser getrunken. Gesprochen miteinander haben wir, wie es uns gerade zu Mute war. Auch da war es höchst bemerkenswert, wie wir in C2 gar nicht miteinander sprachen, in C3 aber sehr angeregt und in C4 auch.

Beim Erreichen von C4 gibt man etwas von dem Milchzucker in ein kleines Plastikfläschchen, um diese C4 Potenz aufzubewahren für spätere Verschüttelungen.

Nun erfolgte das weitere Potenzieren in 18-prozentigem Alkohol in 10ml Glasfläschchen. Beim ersten Verschütteln gibt man eine Messerspitze der C4 Potenz Milchzuckers in das halb mit Alkohol gefüllte Fläschen. Man verschliesst es. Nimmt es in die rechte Faust und schlägt mit der Faust zehn Mal auf ein Lederkissen oder auf ein Buch. Thomas hatte extra dazu eine schöne Leinenausgabe von Friedrich Weinrebs, "Schöpfung im Wort" bereit gelegt. Ein Buch das er 1996 in Berlin gekauft hatte, als wir in Berlin-Mitte einen Monat lang zusammen am Projekt des Fischgerichtbuches gearbeitet hatten.

Nach zehn Verschüttelungsschlägen hat man die nächste C-Potenz erreicht.

Dann schüttet man alle Flüssigkeit weg, füllt wieder zur Hälfte Alkohol nach und schlägt erneut zehn Mal auf das Buch. Damit hat man wieder eine C Potenz erreicht. Die nach dem Ausschütten im Gläschen verbleibenden Tropfen der Flüssigkeit dienen jeweils der weiteren Verdünnung. Dieses Prozedere wiederholt man für C30 noch 26 Mal. Bei C29 verwendet man jedoch statt 18-prozentigen 96-prozentigen Alkohol und gibt die Flüssigkeit in ein Fläschchen zur Aufbewahrung als Vorpotenz für die Herstellung von C30 Kopien, oder für weitere Verschüttelungen. Thomas hat für sich damit C30 in Tropfenform hergestellt. Ich habe für mich C30 gemacht und dann damit Zuckerkügelchen imprägniert, indem ich in ein Trinkglas zehn Milligramm Milchzuckerkügelchen gab, diese mit 4 Tropfen der C30 Potenz benetzte und dann mit einem Glasstab solange rührte und mischte, bis der Alkohol verdampft und die Kügelchen trocken waren. Dies dauerte circa drei Minuten.

Damit war das homöopahische Mittel von Tordylium apulum fertig gestellt. Wir schrieben alle Fläschchen sorgfältig an. Dann schritten wir sofort zur Ersteinnahme um 13 Uhr.

In den zwei Tagen im Kiental tanzten unsere Gespräche fast immer um die Frage: Warum behält Pandora die Hoffnung in ihrer Büchse? Was meint dies? Welcher Begriff von Hoffnung wird da verwendet? Was empfinden wir dabei und meinen wir damit? Ist Hoffnung Segen, oder Fluch? Etwas verwundert stellten wir am nächsten Tag fest, dass wir wegen unseren intensiven philosophischen Zweikämpfen und wegen unseren zeitraubenden alchimistischen Ritualen ein historisches Ereignis verpasst hatten: Die Schweizer Fussballnationalmannschaft gewinnt gegen Frankreich nach 3:3 Unentschieden im Penaltyschiessen und ist im Viertelfinal der EM.

Egal. Hauptsache die Kügelchen rollen ;-))

VOM MONOLOGISCHEN ZUM DIALOGISCHEN

WAS MIR DAS TORDYLIUM ERZÄHLT HAT

VON THOMAS PRIMAS

Eine Pflanze oder ein anderer Stoff, den wir potenzieren, spricht nicht nur während der ca. 4 Stunden der Verreibung zu uns, sondern auch schon tage- und wochenlang vorher und nachher im Leben. Wir merken es erst in der Rückschau, wie sich eine Sinn-Gestalt wie ein Puzzle langsam sammelt.

Die Früchte von Tordylium sehen aus - tja, sehen aus wie verschiedene Dinge, aber auch wie Opferschalen, die in der Antike in dieser Gegend verwendet wurden. Das ist Daniel und dann auch mir sehr rasch aufgefallen - sprich: das hat uns Tordylium schon bald und vor der eigentlichen Verreibung erzählt.

Ein zweites Thema, das in die Erzählung einfloss, war die Geschichte von Pandora und der Hoffnung. Das kommt davon, wenn man nach Griechenland reist. Im Krug der Pandora waren alle Übel des Lebens aufbewahrt. Als er geöffnet wurde, verteilte sich der ganze Inhalt sich auf der Welt - ausser die Hoffnung. Bevor sie entweichen konnte, wurde der Krug wieder geschlossen. Die Hoffnung war in der Antike eine positive Tugend; für Nietzsche, den Traurigen, war sie jedoch das Übelste aller Übel.

Die Wochen vor und nach der Verreibung war für mich ein weiteres Thema eine ständige und liebe Begleiterin: die Verletzlichkeit. Tordylium, so fühlt es sich für mich an, erzählte auch hier vom Leben.

Opfer, Hoffnung und Verletzlichkeit - was haben sie miteinander zu tun? Was für eine Sinn-Gestalt wird durch sie erzählt?

In den Gesprächen wurde etwas deutlich: Diese Worte können ganz unterschiedlich verstanden werden:

Opfer im Sinne von Opfersein wird oft als ein Ausdruck von Schwäche, von Unterwerfung, von Gewalt und Überwältigung, von lämmischer Dummheit verstanden. Aus der Erfahrung des Opferseins entsteht dann von Anfang der Menschheitsgeschichte an "das Opfer": ich gebe etwas in eine Opferschale und übergebe es einer Instanz, die grösser ist als ich: Gott, die Götter, die Geister, die Ahnen. Und hier nun der Unterschied als Frage: übergebe ich die Gabe in der Absicht, Gott, die Götter, die Geister, die Ahnen zu besänftigen, zu bewegen, zu bestechen? Oder übergebe ich die Gabe als Beziehungsgeste des Dankes, des Teilens, des Abgebens an einen Freund?

Auch die Hoffnung kann unterschiedlich verstanden werden. Ich kann Nietzsche, den Traurigen, sehr gut verstehen, vor allem in meiner eigenen Enttäuschung, Abweisung und Traurigkeit:

"Zeus wollte nämlich, dass der Mensch, auch noch so sehr durch die anderen Übel gequält, doch das Leben nicht wegwerfe, sondern fortfahre, sich immer von Neuem quälen zu lassen. Dazu gibt er dem Menschen die Hoffnung: sie ist in Wahrheit das übelste der Übel, weil sie die Qual der Menschen verlängert."
Aus: Menschliches, Allzumenschliches. Ein Buch für freie Geister. 1878.

Auch wenn das wohl ironischer gemeint war als man heute - in der eigenen ungehörten Traurigkeit - anzunehmen bereit ist, weist es in eine ähnliche Deutung wie beim Opfer: Hoffnung als Schwäche, Unterwerfung, Gewalt und Überwältigung, von lämmischer Dummheit. Oder ist sie vielmehr eine menschliche Kraft, den Weg des Wachstums, der Reife und der Freude, also ein Weg der Erfüllung zu gehen?

Und zu guter Letzt die Verletzlichkeit: wer will denn sowas? Ist sie, wieder, ein Ausdruck von Schwäche, Unterwerfung, Gewalt, Überwältigung und lämmischer Dummheit? Mir ist es - auf den Wegen mit Tordylium -, dass wir da einem grossen Missverständnis aufsitzen. Auf der Suche nach einer Auflösung hat mich Tordylium an einen alten Bekannten, an Martin Buber, erinnert.

Er spricht von Ich-Es und Ich-Du, oder vereinfacht gesagt: entweder sind wir ein Es und behandeln uns und andere als Es, als Ding, als etwas, das man wie Schachfiguren oder Statisten bewegen, kontrollieren, manipulieren kann und soll. Oder wir sind ein Du und begegnen uns und Anderen als Du, als Wesen mit einem eigenen Gespräch mit Gott und dem Leben, mit eigenem Interesse, eigener Antwort und eigener Freude.

Buber bezeichnet diese beiden Weisen des Lebens als monologisch und dialogisch. Hier finden wir einen Ansatz, der mehr Klarheit in die Unterschiede im Verständnis von Opfer, Hoffnung und Verletzlichkeit bringen kann.

Monologisches Opfer möchte manipulieren und kontrollieren, sich selbst, andere und Gott. Das ist kein Fehler, sondern das ist Leiden. Da gibt es nichts falsch zu verstehen: Opfer werden durch Täter gemacht. Am Anfang des monologischen Opfers steht die Angst. Psst, sag es niemandem. Dann: Ich bin so beschämt, ich sag es niemandem. Dann: Niemand ist da, dem ich es sagen könnte. Sheol, das hebräische Wort für Hölle, bedeutet "Frage ohne Antwort". Monologische Stille und Einsamkeit.

Dialogisches Opfer verstehen wir vielleicht wieder am besten aus der hebräischen Wortbedeutung von Opfer. Opfer bedeutet übersetzt "Näherkommen", "Nähe zulassen". Ich gebe mein Leid, meine Freude, meine Sehnsucht, mein Herz auf der Opferschale an ein Du, den geliebten Mensch, den geliebten Gott. Durch das Teilen entsteht wieder Nähe, Beziehung, Verbundenheit. Wir dürfen wieder Mensch sein im Gespräch.

Das gleiche mit der Hoffnung: Monologische Hoffnung ist alleine, traurig, blind. Sie schliesst die Augen des Denkens und Fühlens und ist eigentlich reine Verdrängung. Wir verdrängen Gefühle, Sehnsucht und Schmerz, die uns den Weg weisen, und machen uns taub, so dass wir widerstandslos geschoben werden können. Verdrängung heisst Anpassung und Fremdbestimmung - im Wunsch nach Zugehörigkeit eine vermeintlich sinnvolle Option. Dialogische Hoffnung aber kennen wir alle auch: Jemand erinnert uns durch sein Tun oder seine Worte an unsere Sehnsucht, wir erfahren Unterstützung und Ermutigung, und wir wagen den nächsten Schritt.

Auch die Verletzlichkeit kann auf diese Weise besser verstanden und gelebt werden: Monologische Verletzlichkeit tut einfach nur weh, wir sind darin alleine und wollen es dann auch nur noch - heroisch - alleine tragen. Sie ist fast nicht auszuhalten, und so besteht die Gefahr, dass wir uns verschliessen und uns hart und unempfindlich machen. Die Abwehr-Temperatur bewegt sich von Panik über Kampf und Rechtfertigung zu Anpassung, Kontrolle und kalter Berechnung (im buchhalterischen und auch mörderischen Sinne).

Dialogische Verletzlichkeit bedeutet, sich einem Du zu öffnen - Gott oder Menschen, die noch ein lebendiges Herz haben und Schmerz und Freude würdigen. Dialogische Verletzlichkeit sagt: Störung geht vor, Gefühle gehen vor, Schmerz und Trauer gehen vor, Freude geht vor. "Vor" meint: vor all dem, was jetzt gemacht werden soll, vor all dem, was man gerade vorhat, vor all dem, was gerade ein Ablauf, eine Bequemlichkeit, ein Ego will. Verletzlichkeit geht vor. In der dialogischen Verletzlichkeit können wir lernen, uns und andere zu verstehen, uns vom Leben berühren zu lassen, können wir wachsen und reifen und ja - können wir, so glaube ich, die Welt verändern.

Wie kommen wir nun - so fragen wir uns hier zurecht - von einer monologischen zu einer dialogischen Lebensweise?

Während ich das schreibe, leiden wir in Europa gerade unter einer grossen Hochwasser-Katastrophe. Das ruft - wieder an der Hand von Tordylium? - noch ein weiteres Bild in mir hervor:

Sintflut heisst ja - so die alten Überlieferungen -, dass die Welt das Leben nicht fassen kann. Das ist kein Makel, sondern das ist ein Hinweis.

Sie ist ein Hinweis darauf, dass diese Welt nicht geschlossen ist in sich, nicht vollständig aus sich selbst. Der grösste Teil des Lebens ist verborgen, nicht grundsätzlich und nicht für alle, sondern jetzt und für unsere Augen. Damit wir durch freie Entscheidungen, durch Scheitern und Gelingen, durch Lieben und Trauern wachsen können und immer mehr frei von selbstischen Zwecken handeln und lieben können.

Ähnlich, wie uns im Mutterleib Dinge wachsen, die wir dort gar nicht brauchen können (Hände, ohne das es etwas zu greifen gäbe, Füsse ohne Wege, Augen, ohne viel zu sehen, ein Mund ohne Sprache, Lungen ohne Luft), wächst uns in dieser Welt ein spiritueller Körper, wachsen spirituelle Qualitäten wie Liebe, Mitgefühl, Güte, Selbstlosigkeit, Mut zur Verletzlichkeit, Sehnsucht nach Bedeutsamkeit für ein Du.

Sie wachsen uns hier, indem wir sie tun, so wie uns im Mutterleib eine Hand wächst, indem wir das Greifen und Nehmen ohne bewussten Zweck „tun" (so der Embryologe Jaap van der Wal).

Das ist diese Welt - das Wachsen des Menschen. Wenn wir das nicht tun, geht sie kaputt.

Wenn wir aber keine Ahnung mehr haben, für was wir wachsen, tun wir es mit der Zeit nicht mehr. Wir brauchen im verlängerten Mutterleib des monologischen Daseins keine Hände und Füsse und Münder und Herzen. Die Gefässe dieser Welt - unsere wachsenden Herzen oder spirituellen Körper - verkümmern, und die Sintflut kommt, weil die Gefässe die Inspiration des Lebens nicht mehr fassen können.

Diese Welt ist nicht alles, ist eigentlich bedeutungslos ohne die ewige Ganzheit, die sie umgreift und durchdringt und die in uns lebt und ruft und uns wie Sonne und Regen alles gibt zum Wachsen und Teilen. Die Ganzheit ist unsere Heimat, dahin führt der Weg und unser Wachsen. Die Erinnerung an unsere Heimat, während wir auf dem Weg sind, ist - so glaube ich - das, was die Gesellschaft heilt und zuvor den Menschen und dann die Schöpfung. Diese Erinnerung gibt uns die Kraft, um von der monologischen in die dialogische Lebensweise zu kommen.

Zuerst erinnern wir uns selber daran, in Gebet und Kontemplation und Stille, dann erinnern wir andere, teilen die Frohe Botschaft: Das hier ist nicht alles, danach ist nicht aus fertig schluss, nach mir die Sintflut, nicht alles wurscht, sondern wertvoll, jedes Leben, jeder Mensch, mit Verletzlichkeit und Würde, weil darin seine Verbindung, sein Gespräch mit der Ganzheit gründet, das sein Wesen ausmacht. Jeder Versuch auf dem Weg kein Fehler, sondern ein Schritt, der vielleicht meine Unterstützung braucht. Jeder Umweg die Einsammlung von Erfahrungen, an denen wir wachsen. Jede Trauer und jede Freude ein Fest am Abend der Wege.

Das Schwierigste im Leben - das wird uns erzählt bei diesen Festen an den Abenden des Weges und in der Stille der Nacht - ist die Wirklichkeit für uns zuzulassen, dass wir geliebt sind. Wir können es nicht fassen, es ist unendlich schwierig. Wir müssen einander daran erinnern.

Damit setzen wir einen Samen der Hoffnung, der sich - Halm für Halm, Dolde für Dolde - weiterverbreitet. Wie die kreisrunden Wellen nach einem Steinwurf in den See, die aber kein Ufer aufhält, sondern die sich unendlich ausbreiten, durch alle Herzen hindurch. Hoffnung heisst: ich kann den Weg gehen, er ist bedeutsam, hat ein Ankommen, wir müssen ihn nicht alleine gehen, wir müssen keine Angst haben, können keine Fehler machen und sind nicht erst am Schluss erfolgreich und geliebt, sondern immerzu. Die Hoffnung ist nicht vage, sie ist Verheissung. Die Hoffnung ist auch nicht leer, sondern entfaltet ihre eigene Erfüllung.

Wir können einander erinnern an den Funken der Unschuld und Liebe in uns, der sich versteckt hat vor der Grelligkeit der Welt, vor dem Rechthaben und der Beschämung und der Verdinglichung, die alle dasselbe sind. Wir können den Funken anfachen, zuerst in uns. Und dann wissen wir mehr, wie wir ihn in anderen entfachen können.

Die menschliche Würde, so erzählt mir das Tordylium mit seinen Früchten wie Opferschalen weiter, besteht einfach darin, dass wir Wesen des Gesprächs sind. Eben dialogische Wesen. Wir dürfen Menschen als Freunde finden, mit denen wir über Schmerz und Freude, Scheitern und Gelingen, Sehnsucht und Trauer sprechen dürfen. Und wir dürfen mit Gott als Freund sprechen, ja, vielleicht haben wir das ganz und gar vergessen und sollten dort anfangen.

Vielleicht gelingt dann eine Transformation von der monologischen Lebensweise der Feindschaft in eine dialogische Lebensweise der Freundschaft, in uns und als Gemeinschaft.

HEIMFAHRT

Im Bus von Kiental ab um 9.09. 9.38 ab in Reichenbach nach Bern. 10.07 ab in Bern nach Zürich. Ich im eigenen Abteil. Eine Flasche Wasser vor mir. Maske am Kinn. Kontrolleur kommt. Nichts von Grüezi oder so nur: "Ziehen sie die Maske an!" Ich zeige mein Ticket hin. Er kontrolliert. Dann nochmals: "Ziehen sie die Maske an!" "Ja, Ja. Ist gut." Ich drehe mich zum Fenster. Er geht. 20 Minuten später kommt er wieder: "Ziehen sie die Maske rauf!" Da hätte ich noch einfach die Maske über die Nase ziehen können. Aber dieser Typ war so schräg drauf. Etwas in mir liess es nicht zu das einfach zu schlucken. Ich beginne ein Gespräch mit ihm, ob man denn das Gesetz nicht kenne, die Coronaverordnung nämlich, den Artikel 3b?

Ob er das Attest sehen dürfe, fragt der Billetkontrolleur. Nein, sage ich, das gehe ihn nichts an, das sei Arztgeheimnis usw.. Gut sagt er, dann werde er jetzt halt machen, was er machen muss. Und ich frage: Was machen sie denn nun? Da hat er aber gerade keine Antwort. Mir ist schon klar. Er will einfach, dass man macht was er sagt, warum und so ist ihm egal.

Als er nicht gehen will, schlage ich ihm folgendes vor: "Wissen sie was? Ich werde jetzt die Polizei anrufen und fragen, was sie tun sollen?" Er schaut mich verdattert an. Ich rufe an: 0800 117 117. Nach langem Klingeln, nimmt Frau B. ab. Ich stelle mich vor und schildere den Umstand. Sie sagt: "Zeigen sie ihm doch einfach den Attest, dann haben sie keinen Ärger." Ich aber wieder: "Man muss das aber nicht." Ich verlange von Frau B., dass sie meinen Anruf in ihren Log aufnimmt. Zum Kontrolleur gewendet: "Machen sie was sie wollen. Sie können ja die Transportpolizei rufen." Er verschwindet.

In Zürich ziehe ich zum Aussteigen kurz den Lappen über den Mund. Da seh ich wie der Kontrolleur schon an der Türe lauert. Kaum geht sie zischend auf zeigt er den zwei Polizisten, die draussen auf dem Perron warten: "Da. Der ist es!"
Es sind zwei Polizisten, ein junger Bodybuilder, Typ Türsteher, und ein kleiner schächtiger, älterer mit Namen Hess. Der Jüngere herrscht mich gleich im Kommandoton an: "Kommen sie da rüber!" Ich bleibe stehen und sage

nur: "Nein. Ich bleibe hier stehen. Es hat ja keine Menschen um uns herum. Es stört niemanden." Der Kleinere sagt: "Personenkontrolle!" Ich meinerseits frage den Türstehertyp: "Darf ich mal ihren Ausweis sehen und ihre Personalnummer?" Der Gorilla ist genervt. Er sagt die Nummer. Ich möchte aber seinen Ausweis sehen. Er zeige den nicht, sagt er. Aha, warum denn nicht? "Meine Uniform ist der Ausweis", sagt er. Ich darauf nur: "Ich kann eine solche Uniform in jedem Fasnachtskostümverleih mieten. Ist das dann auch mein Ausweis?" Er begreift aber nicht ganz. Auch Hess zeigt seinen Ausweis nicht. Nennt aber seine Dienstnummer, die ich ebenfalls notiere.

Der Jüngere will mich wieder rüber kommandieren zu einer Betonsäule. Ich bleibe weiter stehe. Er greift zu meinem Arm. Mit nackten Händen. Ich herrsche ihn an: "Lassen sie mich sofort los! Und halten sie gefälligst Abstand! 1,5 Meter!" Er nimmt seinen Arm zurück, zieht husch schwarze Lederhandschuhe an, während der kleine Hess mit dem Kontrolleur etwas redet. Der Bodybuilder packt mich erneut am Arm und zerrt mich mit Gewalt zur Betonsäule hin. Ich wehre mich nicht, aber herrsche ihn im Affekt an: "Lassen sie mich los, kleiner Wixer!" Das treibt ihn ziemlich auf die Palme. Er baut sich wie ein Gorilla zwanzig Zentimeter vor mir auf: "Wollen sie Handschellen anziehen? Ja oder Nein!" brüllt er entnervt. Ich schaue nur zur Seite mit einem Seufzen und Kopfschütteln. Er brüllt nochmals: "Sollen wir ihnen Handschellen anziehen? Ja oder Nein!" Er ist komplett von der Rolle. Knapp kann er sich noch zurückhalten.

Der kleine Hess sagt, allerdings nur zu mir: "Kommen sie jetzt herunter!" Ich erwiedere ganz ruhig: "Kennen sie überhaupt das Gesetz? Coronaverordnung Artikel 3b? Besondere Gründe? Ich lass mich doch nicht als unbescholtener Bürger, der sich an die Gesetze hält, wie ein kleiner Lausbube behandeln. Ich habe das Recht, dass man mich als 63.jährigen Mann einigermassen anständig behandelt." Der Hess wird noch ein bisschen kleiner. Der Türsteher geht zum Kontrolleur.

Ich hatte zuerst gesagt bei der Aufforderung zur ID-Kontrolle: "Ambühl, Daniel 2. März 1958. Das reicht doch, oder?" "Nein, Ausweis!" Ich gebe halt den Pass. Sie fragen dann per Funk oder so irgendwie, irgendwo, irgendwas nach, wohl ob ich gerade ein paar Passagiere ermordet hätte oder so. Grausam wichtiges Getue. Es kommt aber nichts zurück. Ich sage nur: "Herr Hess, Sie müssen nicht lange mit der Transportpolizei telefonieren. Ich hab da selber schon angerufen und mit Frau B. gesprochen." Hess erstaunt: "Sie haben mit ihr telefoniert?" "Ja, weil der Kontrolleur, der offenbar die Gesetze nicht kennt, mich drangsaliert hat."

Nun kommt der Gorilla wieder. Er hat den kleinen Wixer noch nicht ganz verwunden. "Haben sie etwas zu sagen," faucht er mich an. Ich sage nur: "Nein. Nichts." Der Kleine darauf: "Dann werden wir eine Anzeige machen." Ich sehe ihm aber hinter der blauen Maske an, dass er schon weiss was für ein Blödsinn und eine Unverhältnismässigkeit das ist.

"Auf dem Perron muss man keine Maske mehr tragen", sage ich dem Kleinen. Er antwortet zerknirscht: "Ja." Er will nicht merken, dass die Frage eigentlich an ihn und seinen Gorilla lautete: "Warum tragen sie denn hier eine Maske wo man gar keine tragen muss." Aber diese Frage hätten sie wohl auch nicht recht verstanden.

"Dann machen sie halt eine Anzeige", sage ich: " Wie sie wollen. Das wird sowieso alles eingestellt, weil sie die Rechtslage nicht kennen, Artikel 3b Ausnahmen." Hess darauf: "Dann zeigen sie mir ihr Attest." "Nein, das muss ich nicht. Ich versichere ihnen an Eides statt, dass ich die Maske aus religiösen, pschologischen und medizinischen Gründen nicht tragen kann. Punkt. Das muss reichen."

Er fragt nach meiner Adresse. Ich darauf : "Aber bitte. Sie haben meinen Pass kontrolliert. Und den Swisspass. Rumtelefoniert. Die Adresse wissen sie schon! Machen sie doch nicht so ein Theater. Ausserdem muss bei einer ID Kontrolle Name und Geburtstag normalerweise reichen."

"Aha," kommt da der Gorilla hervor: "Sie wollen mir meinen Job erklären?"

Ich: "Ja offenbar, denn in der Schweiz herrscht keine Ausweistragpflicht. Und ich muss ihnen gar keinen Ausweis zeigen, wenn ich nicht will. Dann können sie mich allerdings auf den Posten mitnehmen, um die Identität festzustellen. Finden sie das verhältnismässig bei einem solchen Kapitalverbrecher wie einem, der eine Maske nicht über die Nase zieht? Bravo!"

Das wars dann. Der Gorilla ist etwas konsterniert. Er will noch nicht, dass es schon fertig ist. Er fragt noch nach der Telefonnummer. "Geb ich ihnen nicht." Ich halte fordernd meine geöffnete Hand hin, damit er mir den Pass zurück gibt. Er schaut etwas ratlos zu Hess herab. Fast ein bisschen enttäuscht, dass er seine Handschellen nicht einsetzen durfte. Schliesslich gibt er denn Pass widerwillig her. Die beiden Freunde und Helfer wollen noch eine billige Floskel abheucheln, aber ich hör nicht auf Schneckenschleim und bin schon grusslos weg.

Nachher im 12.07 IRE nach Sargans-Landquart. Ein cooler Kondukteur: Grüezi, Billet, Danke. Das wars. Die Landschaft fliegt vorbei. Hat bei mir Tordylium gewirkt? Eine Konkurrenz zu Ritalin ist es jedenfalls nicht. Etwas Borstiges sitzt da noch in der Tiefe. Eine Mbanda Nzazi Höllenraupe. Sie will nicht, dass ich später bedaure, dass ich mich nicht wehrhaft gezeigt habe, und ich nicht für die Werte und Rechte Aller gekämpft habe, als ich noch Herr war, oder mir wenigstens als Knecht einbildete einer zu sein.

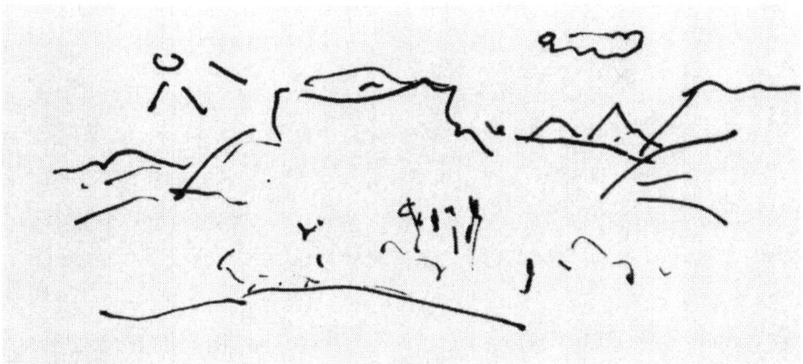

THE GREAT REGRET

Nehmen wir die Corona-Krise wie einen Vulkanausbruch, oder Metoriteneinschlag. Als Schicksal. Bumm! Dumm gelaufen. Wir kommen dann um etwas herum, was die Diskussion über dieses Unglück immer stört: Die dauernde Fragerei nämlich nach Ursache und Schuld. Wer hat es getan, gewollt, warum? Wer, von denen man sagt sie hätten es getan, sagen was und wie man nun reagieren müsse, damit alles nicht noch schlimmer werde, während andere sagen, es werde eben gerade dadurch schlimmer, dass man das Schlimme so verhindern wolle und man mit der Verhütung immer noch schlimmere Kinder erzeuge, die ihre Geburt den Eltern vorwerfen und sagen es sei ihnen egal, schliesslich seien sie nicht gefragt worden, ob sie überhaupt geboren werden wollen.

Machen wir es uns also ganz einfach und sagen: Es war niemand schuld. Es war einfach ein Meteorit. Und nun schauen wir ganz nüchtern an, was dieser Schicksalsschlag mit uns gemacht hat, zu welchen Einsichten er führte und was das Ereignis uns offenbart. Damit könnte sich uns die Liste der Erkenntnise vorläufig etwa so darstellen:

1. Dass wir unfähig sind mit einschneidenden Ereignissen vernünftig umzugehen.

2. Dass Gewissenlose von Katastrophen mehr profitieren als von stabilen Verhältnissen.

3. Dass das Zeitalter der Städte vorbei ist.

4. Wir leben noch.

5. Demokratien funktionieren nur mit einer Mehrheit von Demokraten.

6. Wir haben noch immer nicht gelernt, wie wir eine Gesellschaft aus vermessenen Positionen friedlich und geordnet in stabile Zustände rückbauen können.

7. Meteoriten gehen beim Einschlag kaputt, zerbröseln, lösen sich auf, wer-

den vom grösseren Planeten verschluckt und über die Wunde wächst Gras. Dasselbe gilt für die Corona-Krislinge. Jetzt noch ein Magenbitter und die Sache ist gegessen.

8. "Wenn nach dem Tod nichts kommt, dann werde ich echt sauer." (Bud Spencer soll es angeblich auf dem Totenbett gesagt haben.)

Das, was heute die Meisten von uns betreffen wird, ist der Punkt Nummer Drei, weil eine Mehrheit der Menschen heute in Städten lebt. Urban. Nie zuvor gab es auf dem Planeten so riesige Städte, so viele Städter und eine so starke Landflucht. Alle wollen möglichst weit weg sein von der Primärproduktion, Dienstleister, Organisatoren, Kopfarbeiter, Beamte sein, Chefs, etwas zu sagen haben. Häuptlinge ohne Indianer. Eine Herde von Lemmingen in leitender Funktion.

Seit Menschengedenken gilt die Stadt als ein Ort, wo viele Menschen, viele Schätze, viele Waren und Machtinstitutionen zusammen gedrängt sind, weil man sie in dieser Konzentration besser schützen konnte. Bis ins 18. Jahrhundert hinein waren Städte mit unglaublichen Befestigungen ausgerüstet, mit zyklopischem Gemäuer, gewaltigen Schanzenanlagen und tiefen Gräben; die Tore mit Kanonentürmen und Fallgittern gesichert. Eine Bevölkerung, die sich auf dem Land in Einzelhöfen und Dörfern verteilt, war nicht zu verteidigen.

Nun aber fällt fast all das weg, was die Stadt einst als Anziehungspunkt ausmachte: Brot und Spiele, wie man in Rom sagte, aber auch in Athen, Luxor, Jericho und Katal Hüyük; allesamt Städte und sogenannte "Hochkulturen", die längst unter Schutt und Asche liegen, während die "Tiefkulturen" der ursprünglichen Indios in Südamerika immer noch ganz nachhaltig ihre Dörfer regelmässig zügeln, Indianer ihre Zelte abbrechen und weiterziehen und im Kongo die Bewohner ein Dorf - wenn die Bäume zu hoch und ihre Schatten zu gross werden - einfach ein neues Dorf an anderer Stelle errichten, während das alte zu einem Wald wird, aus dem die Mitglieder des Clans stets Früchte, Kräuter, Gemüse und allerlei Getier ernten können, als Geschenk und Hinterlassenschaft ihrer Vorfahren. Dies sind auch Habitate des

Menschen. Sicher ältere als die Städte. Und vermutlich nachhaltigere.

So darf sich jeder heute wieder überlegen, was für ihn persönlich ein Habitat ist, in welchem er sich gerne aufhält und lebt. Etwa eingesperrt in einer Dreizimmerwohnung im 11. Stock des Locherguts mit einem Glasfaserinternetanschluss?

Es ist vielleicht etwas frivol dies ausgerechnet in einem Buch zu schreiben; aber möglicherweise haben diejenigen nicht unrecht, die seit längerem orakeln, dass die Menschheit sich wieder zu einer schriftlosen Gesellschaftsform häutet: zu einer fortschrittlichen Prähistorie. Die Mehrheit der Schriftkundigen ist doch heute gelenkt von beliebigem Geplapper und zerstreut mit dem Geflimmer von Werbespots; zu Tode amüsiert oder gelangweilt, meist beides gleichzeitig. Die Message ist das Medium. Diese Beobachtungen sind nicht neu.

Aber jetzt hat es Rumms! gemacht. Der Kahn liegt aufgeschlitzt auf einem Riff mitten auf hoher See. Die Kapitäne brüllen: "Bleibt in den Kabinen. Maske auf. Impft euch! Sofort!" Die panischen Passagiere rufen: "Impfen gegen was? Gegen Wasser?", oder etwa gegen die Zeit, die unerbittlich eindringt? In dem breiartigen, vorgekauten Denken, das sich an Bord ausbreitet wie erstickender Rauch ist keine Orientierung zu schaffen. Wenn alle und niemand recht haben, dann folgt man eben den Lautesten und Mächtigsten. Das war wohl Absicht. Aber da sind wir schon wieder bei der krankhaften Schuldfrage, die alles stört.

Auf der Liste der Erkenntnisse fehlt vielleicht:

9. Wir wünschen, dass wir zurückfinden ins Lebendige: Zu wahren, leisen Geschichten, zu echten Ritualen, vertrauenswürdigen Fakten, grosszügiger Logik, tiefer Reflexion, versöhnlichem Dialog, ungekünstelter Klugheit, dankbarem Verstand, reicher Bescheidenheit, hingebungsvoller Empfindsamkeit, menschlicher Intelligenz, unschuldiger Freude, authentischer Kultur und bewegender Herzenskraft.

"Wir müssen nicht hinten beginnen bei den Regierungsformen und politischen Methoden, sondern wir müssen vorn anfangen, beim Bau der Persönlichkeit, wenn wir wieder Geister und Männer haben wollen, die uns Zukunft verbürgen."
Hermann Hesse

DUNKLE SEITEN

HELLE SEITEN

Die helle Seite ist nicht hell. Sie scheint nur hell, weil Licht auf sie fällt. Und die dunkle Seite scheint nur dunkel, wenn Licht von ihr verschluckt wird. In der finsteren Nacht ist eine dunkle Seite genau gleich wie eine helle: Man sieht beide nicht.

Unsere dunklen Seiten sind nicht für alle dunkel. Für manche Menschen sind unsere dunklen Seiten lesbar wie helle Seiten, während umgekehrt ihre eigenen dunklen Seiten ihnen verborgen aber uns ganz hell erscheinen. Manchmal wünschten wir wir könnten unsere dunklen Seiten verbergen, sodass niemand da rein schaut in unsere schwarzen Seelenlöcher. Schwarze Seiten sind jedoch keine Geheimnisse. Denn Geheimnisse sind da. Sie sind ganz licht und strahlend lebendig, während schwarze Seiten das Gegenteil von da sind, nämlich fehlen. Es sind verborgene Seiten. Fragen ohne Antworten.

Wir reden nicht von Gut und Böse. Wir reden von Tag und Nacht. Am Tag brauchen wir Schatten, damit uns die Sonne nicht verbrennt. Und in der Nacht brauchen wir Licht, damit uns die Dunkelheit nicht verschlingt.

Daher schreiben mit Nachttinte auf die Tagseite und mit Licht auf die dunkle Seite. Wir sind so stets lesbar für uns und für andere.

Wenn wir die Nacht ablehnen, uns in weisse Kleider hüllen und mit Weiss auf Weiss schreiben, sind wir im Schwindel der Erleuchtung verschwunden und für uns und niemanden Orientierung. Dasselbe, wenn wir das Licht und die Helle ablehnen, alles Einschwärzen und mit Schwarz auf Schwarz schreiben, um dem Nichts zu huldigen. Das Einseitige ist dasselbe: Abwesenheit, Totschweigen, Verstummen.

Lassen wir uns nicht täuschen von Verführungen des Eindeutigen. Stehen wir zu unseren beiden Seiten. Nehmen wir die Nacht zu uns und machen wir da mutig Licht, wenn wir aufwachen und die Finsternis uns unheimlich wird. Nehmen wird den Tag zu uns aber lassen wir uns nicht blenden von vermeintlichen Klarheiten des Guten und Richtigen.

Das Rad des Schicksals dreht sich, wie im Bild von Yin und Yang. Aber die Sprache des Herzens bleibt dieselbe, ob es hell, oder dunkel ist. Sie lässt sich nicht entmutigen von Veränderung. Sie weiss es ist zum Guten..

ES HAT KEIN LICHT GEREGNET

Es hat seit Tagen kein Licht geregnet
Die Brunnen in vielen Augen
Sind von der Dürre gequält.
Deshalb sind Freunde
Nicht leicht zu finden
In dieser Öde.
Wo fast jeder krank geworden ist
Vom eifersüchtigen Betrachten
Des Nichts.
Auf dieser Karawane
Durch glühende Wüstenhitze
Können Karrieren und Städte real erscheinen.
Aber ich sage denen, die mir nahe stehen:
„Geht nicht in ihnen verloren,
Es hat dort seit Tagen kein Licht geregnet.
Schaut, fast jeder ist erkrankt
Vom Lieben
Des Nichts."

Hafiz (1320 – 1389)

SCHLUSSWORT

Für diejenigen, die Bücher von vorne nach hinten lesen, ist dieses Nachwort möglicherweise eine Gemeinheit. Wenn sie vom Geschriebenen ermüdet hierher gelangen, könnte ihnen der Gedanke reifen, man hätte diesen Teil doch an den Anfang stellen und sich damit den Rest des Buches ersparen können. Zugegeben. Man kann es so sehen. Andererseits finden vielleicht jene, die Bücher zuerst hinten aufschlagen, um damit zu ergründen, ob es sich lohne von vorne zu beginnen, dass dieser Schlussakkord etwas gar billig klingt und man sich wundert, ob man eventuell etwas verpasst, wenn man es dabei belässt. Auch so kann man es sehen.

Mein Grund, weshalb ich diesen Text ans Ende gestellt habe, ist hoffentlich einleuchtend. Ich hatte das Buch anfangs Juli 2021 beendet, noch unkorrigiert an einige wenige Freunde zur Kritik verschickt. Ich wartete auf erstes Feedback. Und aus mir selber tauchten Fragen auf: Endet das Buch nicht etwas trist? Ist es gerecht, die Leser mit dieser poetischen Düsternis alleine zu lassen. Haben sie es nicht verdient, wenn man schon von Karawanen spricht, auch vom Weg und dem Ziel zu sprechen, nicht nur vom Sand und vom Durst? Wir kennen doch die Bedrückung durch den infektiösen Irrsinn, der uns umgibt und ärgern uns fast am meisten über unseren Ärger. Ich sagte zu mir selber: „Du musst jetzt aus dieser Sache mal wieder heraus kommen. Das kann doch nicht so weiter gehen. Es gibt doch noch andere Themen als nur Masken und Impfung, Propaganda, Unrecht und Betrug." Genau: „Wo sind denn jetzt die Funde von Glück?"

Ist das nicht eine wunderbare Frage für ein Orakel?

Ich hab mich also draussen im Wäldchen vor meinem Wohnwagen an einen Tisch gesetzt und ein Orakel befragt; die Tarotkarten. Als Legung wählte ich das Krisenspiel, wie es von Hajo Banzhaf wunderbar beschrieben ist.

Tarot ist eines der bekanntesten und kulturell tiefgründigsten Orakel der Menschheit, neben dem I Ging. Wichtig ist bei der Befragung, dass man eine möglichst präzise Frage stellt. Ich habe mich entschieden die Frage so zu stellen: „Wie komme ich aus der Krise der emotionalen Befangenheit durch die Ungerechtigkeit der Corona-Massnahmen wieder heraus?"

Ich habe also nicht gefragt wie die Krise gelöst werden kann. Den meisten vernünftigen Menschen ist diese Antwort nämlich sonnenklar: Durch sofortige Beendung von Notrecht und Corona-Massnahmen. Punkt. Da gibt es nicht viel zu diskuttieren. Was mich und viele von uns aber wirklich belastet, ist die Befangenheit in diesem Irrsinn. Dass wir in jeder Sekunde verfolgt werden von diesem Albtraum, während die Mitläufer schlafen. Es ist klar, dass die Wachen nicht aufhören werden sich für ihre Sache zu engagieren. Aber der Fluch der Beschlagnahmung unserer Gedanken muss beendet werden, damit wir wieder souverän und frei aktiv handeln können und nicht immer in Verteidigung und Abwehr gedrängt werden. Deshalb habe ich diese vielleicht zunächst ganz egoistisch klingende Frage gewählt: „Wie komme ich aus der Krise der Befangenheit durch die Ungerechtigkeit der Corona-Massnahmen heraus."

Und dies hat das Tarot-Orakel geantwortet:

Die erste Karte zeigt das an, was gescheitert ist: Ich zog die Karte „Das Gericht", die zwanzigste Karte der grossen Arkana. Die Krise besteht also darin, dass die Welt nicht auf eine gute Lösung vertraut. Die Auferstehung ist abgesagt. Die Verbindung mit dem Schatz des Lebens und des ewig Lebendigen ist unterbrochen. Es fehlt an Reife, Berufenen, Verständnis und Freiheit. Diese Deutung habe ich aus Banzhafs Buch „Schlüsselworte zum Tarot" entnommen.

Die zweite Karte zeigt uns, was von der Krise verschont geblieben ist. Hier zog ich die Karte „Die Herrscherin". Sie bedeutet: Kreativität, Veränderung, Entfaltung, Natürliche Kräfte und Rythmen. Lebendigkeit. Sie fordert dazu auf fruchtbaren Boden zu betreten und für Wachstum und Veränderungen offen zu sein. Dies alles ist verschont geblieben und sind Ressourcen, um aus der Krise zu kommen.

Die dritte Karte zeigt den Ausweg aus der Krise: Bei der Ziehung erschienen die „Drei der Stäbe". Die Karte deutet auf eine gute Basis und festes Stehvermögen, das wir benötigen, Weitblick und Zuversicht ist erforderlich und, dass wir uns mit unseren Lebenszielen auseinandersetzen. Heute müssen wir Weichen stellen für Angelegenheiten, die uns wichtig sind.

Die vierte und letzte Karte zeigt die Zuflucht aus der Krise, das Ziel. Ich zog die Karte „Die Liebenden". Die Deutungen von Banzhaf sind ganz klar: Mit dem Herzen bei der Sache sein. Entscheide aus vollem Herzen treffen. Liebe und Treue. Vereinigung von Gegensätzen. Einsicht in den Reichtum freiwilliger Selbstbeschränkung. Verzicht auf Halbherzigkeit, Zauderei und Verdrängung von Entscheiden. Sich mit anderen zusammentun und sich aus vollem Herzen auf ein Vorhaben einlassen.

Dieser Orakelspruch hat mich mit seiner unzweifelhaften Deutlichkeit überrascht. Offenbarungen sind manchmal richtig kitschig. Ich fühlte mich erkannt, motiviert und angeregt. Und ich hoffe, dass dies auch für Sie, liebe Leserin und lieber Leser, zutrifft.

Beim Legen von Tarotkarten kann man auch die Quintessenz der Karten beachten. Sie besteht aus der Quersumme aller Zahlen der Karten, die nicht grösser als 22 sein darf. Im Falle dieser Legung addieren sich „Das Gericht" = 20 mit „Die Herrscherin" = 3 mit „Drei der Stäbe" = 3 und „Die Liebenden" = 6 . Dies ergibt eine Summe von 32. Weil dies mehr als 22 ist, muss davon nochmals die Quersumme gezogen werden, also 3+2 = 5. Bei der Quintessenz nimmt man dann die entsprechende Karte der grossen Arkana. Das ist in diesem Falle die Karte „Der Hierophant". Die Quintessenz gibt einen Hinweis, wie der Fragende den Ratschlag des Tarot Orakels umsetzen sollte.

Der Text zu dieser Karte lautet: „Kleben Sie nicht an äusseren, oder toten Formen. Suchen Sie nach dem verborgenen Sinn. Lassen Sie sich von tiefer Glaubensgewissheit leiten."

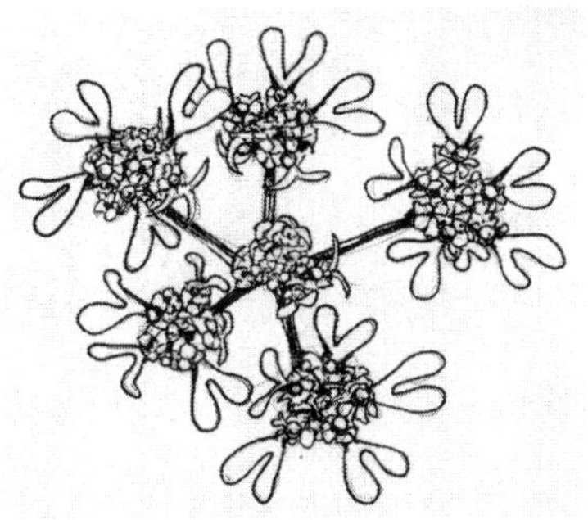

Die Zahl Fünf gehört zum Bauplan von Tordylium apulum. Die Blütenstände bestehen oft aus fünf Einzelschirmen, die jeweils fünf grosse Blütenblätterherzen zeigen, während die darin versammelten kleinen Einzelblüten ebenfalls 5-zählig aufgebaut sind.

DER AUTOR

Daniel Ambühl wurde am 2. März 1958 in Zürich geboren. Studium der Pädagogik, Publizstik und Germanistik an der Universität Zürich. Moderator und Redaktor beim Piratenradio Radio 24. Redaktor, Moderator, Autor beim Schweizer Fernsehen. Seit 1994 freischaffender Künstler und Forscher. Lebte von 1994- 1997 in Berlin. Geschieden. Vater von zwei erwachsenen Kindern. Zu seinen wichtigsten Kunstwerken gehören die Bildwege, die auch an der Schweizerischen Landesausstellung Expo 2002 präsentiert wurden. Als Experte für den Pilzanbau und Insektenzüchter ist er an verschiedenen universitären Forschungsprojekten beteiligt und hat eine Reihe von Büchern zu diesen Themen in seinem eigenen Skyfood-Verlag veröffentlicht. Er ist Initiator und Berater eines weltweit einzigartigen Entwicklungshilfeprojektes in der Demokratischen Republik Kongo zur Domestizierung von afrikanischen Speiseraupen und betreibt mehrere Youtube-Kanäle, unter anderem über die Käferzucht.

Seit Beginn der Corona-Krise ist Ambühl ein scharfer Kritiker der unverhältnismässigen und destruktiven Massnahmen. Er veröffentlichte 2020 ein Buch mit dem Titel "Covidokratie", in welchem er die Panikmacher und Coronagläubigen als eine fundamentalistische, religiöse Sekte bezeichnet, die eine faschistische Hygiene-Theokratie errichten wollen.

www.skyfood.ch
www.danielambuehl.ch
www.bildweg.ch

Daniel Ambühl posiert als Tarotkarte des Königs der Stäbe mit einer Krone aus Aluminium. Er sitzt auf einem Stuhl, der aus Grünerlen in acht Jahren auf einem Feld in Diersheim(D) heranwuchs und im Februar 2020 geerntet wurde. Das Kunstprojekt dazu heisst Dendrotektura.

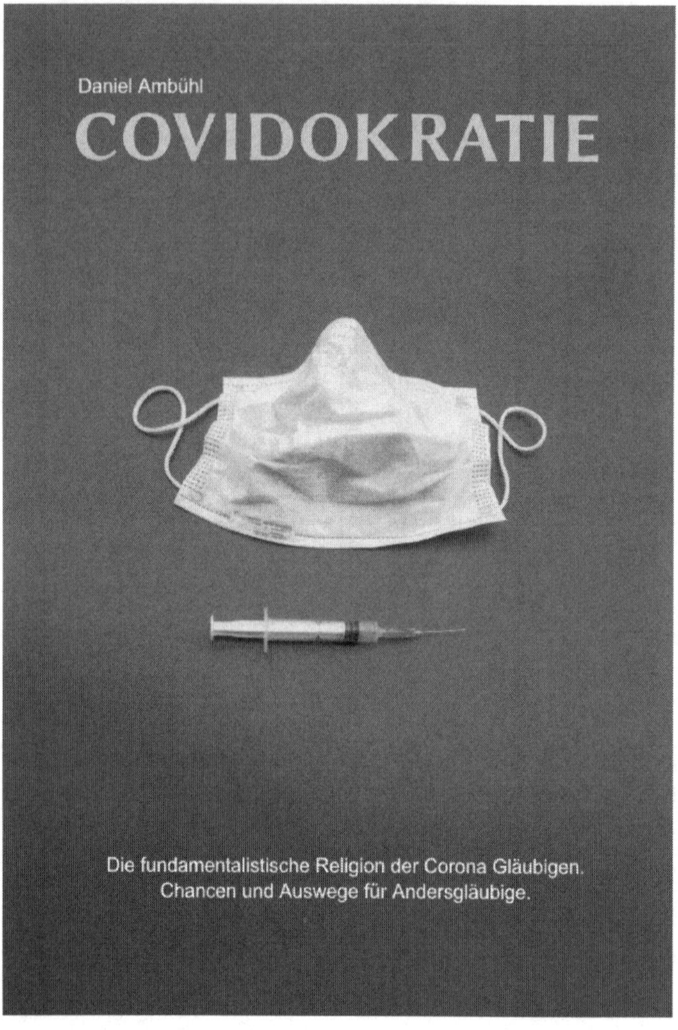
Daniel Ambühl
COVIDOKRATIE
Die fundamentalistische Religion der Corona Gläubigen.
Chancen und Auswege für Andersgläubige.

Das erste Buch von Daniel Ambühl zur Corona-Krise. Erschienen 2020. 100 Seiten.

Klappentext: Der Publizist, Künstler und Naturforscher Daniel Ambühl beschreibt in diesen sehr persönlichen Aufsätzen die Bewegung der Coronagläubigen als eine religiöse Gruppe und die Coronakrise als eine historisch einmalige Chance für wache Bürgerinnen und Bürger, um in die Mechanismen, Abgründe und Gefahren des Systems zu schauen, in welchem sie leben. Wie sollen sich Andersgläubige, lebensnah und faktisch-wissenschaftlich denkende Menschen in einer neu entstandenen Theokratie von Virusanbetern verhalten?

Im Dialog mit dem langjährigen Freund, dem Dichter und Heilpraktiker Thomas Primas, vertieft sich das Thema und Erinnerungen an ihre gemeinsamen Tage in Berlin vor einem Vierteljahrhundert tauchen auf. Ob es ein Heilmittel gibt gegen die Verlorenheit, Orientierungslosigkeit und Angst in der Krise?

Skyfood Verlag 2020

ISBN: 978-3-9524760-9-3

www.skyfood.ch

BÜCHER ÜBER INSEKTEN ALS NAHRUNGSMITTEL

MBINZO - ESSKULTUR UND ZUCHT AFRIKANISCHER SPEISE-RAUPEN

ISBN: 978-3-9524760-2-4

Das Buch zum einzigartigen Entwicklungshilfe-projekt in der Demokratischen Republik Kongo. 2019 erschienen in Deutsch, Französisch und Englisch. 164 Seiten, 250 Fotos, Hardcover. Bestellung online bei www.skyfood.ch. Ein zweiter Band mit den Resultaten des Projektes und Manuals für die Zucht ist für 2022 geplant.

SKYFOOD - ESSBARE INSEKTEN. VOM WILDFANG ZUR LANDWIRTSCHAFT

ISBN: 978-3-9524760-1-7

Eine bunte und einzigartige Einführung in die Welt der Entomophagie und eine kompetente Analyse des Potentials von Insekten als Nutztiere einer nachhaltigen Landwirtschaft der Zukunft.
250 Seiten. Über 500 Abbildungen, 2018.
Deutsche und englische Ausgabe erhältlich.

BEEZZA - DAS BIENENKOCHBUCH

ISBN: 978-3-9524760-0-0

Das weltweit einzige Buch über Ernte und Zubereitung von Drohnenbrut von Honigbienen. Allein in der Schweiz werden jährlich rund 100 Tonnen Drohenwaben ausgeschnitten im Kampf gegen die Varroamilbe. Das Buch zeigt, wie dieses uralte Lebensmittel des Menschen geerntet und konserviert werden kann. Mit vielen leckeren Rezepten. Zweite erweiterte deutsche Ausgabe. 2016, 136 Seiten, 160 Abbildungen. Auch eine englische Ausgabe ist erhältlich.

THEMEN DIESES BUCHES

Essbare Insekten: Youtube" Skyfood - Edible Insects"

Käferzucht: Youtube"Beetle Breeding Daniel Ambuehl"

Kunstprojekte: www.danielambuel.ch

Bildwege: www.bildweg.ch

Dendrotektura: www.danielambuehl.ch/dendrotektura

Landwirtschaft: Youtube "Landwirtschaft 2.0"

Pyrolyse + Widder-Pumpe: Youtube googeln

Retreats + Besinnung: www.kientalerhof.ch

IHRE HILFE

Wenn sie Projekte unterstützen möchten: Spenden Sie möglichst direkt und für Projekte in ihrer Nähe, oder für Ihnen Nahe stehende Menschen, die Ihre Hilfe in eine persönliche Beziehung einbetten, selbst wenn das Projekt in einem fernen Land realisiert wird. Sie werden sehen, dass Ihre Hilfe sie ebenso bereichern wird, wie diejenige, die Sie damit unterstützen.

Seit das Rote Kreuz die Impfung der Ärmsten propagiert, um überflüssige Impfdosen in Afrika zu entsorgen und Gesunde krank zu impfen, muss ich von einer Unterstützung des Roten Kreuzes dringend abraten.

Hilfwerke, die mit Werbung und Plakaten werben, können sie sowieso vergessen. Ich sehe in Afrika wie World Vison, US Aid, WWF, Greenpeace und viele missionarische religiöse Hilfswerke vor allem glänzen mit Nonsense von aufgebauschten Selbstbeweihräucherungen, protzigen Büros, fetten Fuhrparks, Spesenreiterei, Korruption und Täuschung ihrer Geldgeber mit erfundenen Erfolgen ihrer Projekte, die als Werbetafeln an unbeachteten Strassenrändern in der Pampas verrosten. Investieren Sie in ihre eigene, glücksbringende Bescheidenheit, denn die kannibalistische Weltordnung gibt es nur wegen uns. Wenn wir uns dem Wahn nach Geld und technozidem Fortschritt entziehen und uns mehr nach Selbsterkenntnis und sinnstiftenden Werten orientieren, wird es allen nutzen und die Haut des Drachens wird von uns abfallen. St. Michael und Apoll helfen dabei.

AUSWAHL WEITERER PUBLIKATIONEN VON DANIEL AMBÜHL MIT THOMAS PRIMAS

Covidokratie

Die fundamentalistische Religion der Corona Gläubigen. Chancen und Auswege für Andersgläubige. 2020 erschienen. Broschüre. Skyfood Verlag

Das Fischgericht – Geheimnis und Kultur

Das Buch über das reich dekorierte und bebilderte Codex-Unikat von 1995. Alle Texte und Bilder der Originalhandschrift mit Kommentaren. 1997 erschienen. Halbleinenband mit eingeklebten Reproduktionen. Steintisch Verlag.

Kulturschaft – Bilder und Objekte

Thematisch geordnete Auswahl von Gemälden und Objekten von Daniel Ambühl aus den Jahren 1974 bis 1994. Steintisch Verlag.

Kulturschaft – Texte

Der Textband zum Bildband "Kulturschaft" mit Essays von Thomas Primas und Daniel Ambühl. 1994 in Berlin Mitte entstanden. Steintisch Verlag.

Puppenharn oder Der Traum des lächerlichen Menschen

Texte und Erläuterungen zu einer Skulptur von Daniel Ambühl und zu seiner Apotheke mit homöopathischen Urtinkturen von Puppenharn von Schmetterlingen des Berliner Todesstreifens. 1994 Berlin. Steintisch Verlag.

Bestellung online: www.skyfood.ch

BILDWEG ERZÄHLUNGEN VON DANIEL AMBÜHL, DIE ZUM THEMA PASSEN:

Broschiert, teilweise illustriert. Steintisch Verlag, Zürich 1995-2003. Infos und Downloads: www.bildweg.ch

Septima und Sebastian

Erzählung in sieben Stationen zum Bildweg in Basel 2003

Die fantastische Geschichte eines Mädchens, das als erster Mensch aus Amerika in Europa eintrifft und in Basel mit Hilfe eines Drachens eine schlimme Gesundheitskrise löst.

Die Wandtafel in der Blindenschule

Erzählung in sieben Stationen zum Bildweg im Schlossgarten Ludwigsburg 1998

Ein Junge, der in einer Welt von Blinden aufwächst, verlässt die markierten Wege und lernt die andere Seite seiner sorglosen Welt kennen.

Seide vom Walensee

Erzählung in sieben Stationen zum Bildweg am Schweizerischen Walensee. Öffentlich zugänglich noch bis Ende 2022.

Die Lebensgeschichte einer jungen Glarner Frau, die um 1860 nicht nach Amerika auswandern will und in Quinten den Untergang der Schweizer Seidenindustrie erlebt.

Texte der Bildwege stehen auf der Homepage www.bildweg.ch zum Download bereit. Von einige Bildwegen existieren Lesungen in Form vom MP3-files.Die Bildwege von Berlin (1 und 2), Zürich (Fünf Wege) und Borken entstanden in Zusammenarbeit mit Thomas Primas.

LINKS UND PERSONEN (SCHWEIZ)

www.corona-transition.org

Ein Dutzend Journalisten unter der Leitung von Christoph Pfluger arbeiten die Thematik Corona umfassend auf. Dies ist die unzensurierte Wikipedia der Coronakrise. Tägliche Newsletters.

www.Stricker.tv

Authentischer Mundart Corona-Infokanal aus dem Thurgau. Daniel Stricker hat sich mit seiner Tagesschau, die von Youtube immer wieder zensiert wurde, auch auf Facebook und lbry.tv abgesichert. Auf der Homepage erfährt man immer, wo die jüngsten Videos zu sehen sind. Eine wachrüttelnde Latenight-Show von einem Mann mit Tiefgang.

Menthur - der neue Youtube Kanal von Roger Bittel

Roger Bittel berichtet in Interviews und Streams über das Corona-Geschehen in der Schweiz und Deutschland.

www.infosperber.ch

Unabhängiges Online- Medienportal geleitet von Urs. P. Gasche.

www.dieostschweiz.ch

Unabhängige und unsubventionierte Online-Zeitung, die kritisch über die Corona-Massnahmen berichtet und mit steigender Beachtung belohnt wird. Geleitet von Stefan Milius.

www.coronadialog.ch

Plattform für den Diskurs und Dialog über Corona-Massnahmen. Initiiert und geleitet von einer Vielzahl von Unternehmern. Veranstalter von Events und Podiumsgesprächen.

Freunde der Verfassung www.verfassungsfreunde.ch

Politische Plattform des Schweizer Widerstandes gegen Notrecht und verfassungswidrige Regiererei mit Refernenden gegen Covid-Gesetze. Mit u.a. Michael Bubenberg. Marion Russek, Markus Häni, Alex Gagneux u.a.

www.zeitpunkt.ch

Monatsmagazin für nachhaltige und freiheitliche Demokratie.

www.retobrennwald.ch

Sein Film "Unerhört" nimmt ehrlich, fair und anwaltschaftlich Stellung. Wird aber von Neidern und Trolls als Machwerk von Coronaleugnern verunglimpft.

www.nebelspalter.ch

Frisch auferstandenes, legendäres Magazin der humorvollen politischen und kulturellen Zeitritik. Geleitet von Markus Somm.

CWL Media Group

Youtube Kanal mit Livestreams und Intreviews geleitet von Daniele Schranz.

Personen:

Barbara Müller - Unerschrockene Sozialdemokratin

Pirmin Schwander - Ein Politiker der sich pointiert äussert

Rainer Schregel - Mutiger Amtsarzt von Wattwil

Philipp Kruse - Unabhängiger, mutiger Anwalt

Andreas Thiel - Neben Rima einer der wenigen intellektuelle Stimmen unter den Schweizer Comedians.

Marco Rima - Der Schweizer Komiker entwickelt eine schelmische, scharfzüngige und direkte Narrenkappe gegen den Coronawahn. Glaubhaft und schmerzhaft lustig. Mit Video-Kolumne auf nebelspalter.ch

Armin Schmid - Pensionierter Ingenieur, der mit seiner ruhigen und sympathischen Art zeigt, wie man sich gegen Bussen und Klagen wehren kann.

Marco Caimi - Caimi Report - Der Basler Arzt und Psychologe veröffentlicht - seit 2020 die Basler Fasnacht verboten wurde - regelmässig Reports aus seiner Männer Praxis.

Heinz Raschein - Telegram @ Heinz Raschein - Kämpferischer Jurist der viele Formulare für Atteste zur Verfügung stellt und die Rechtslage erklärt. Einer der (viel zu) wenigen aufrechten und angstfreien Juristen, die sich hinstellen und offen äussern.

Viele weitere: Gerald Brei (Anwalt), Alfred Knobel (Aktvist), Jean Ziegler, Alfred Rasser, Christian Doelker, Irene Marty, Thomas Primas, meine Freundinnen und Freunde vom Waldcamping Landquart. und, und und ...

LINKS UND PERSONEN (DEUTSCHLAND)

Wo nicht angegeben Links googeln oder Namen in Youtube oder Telegram suchen. Viele Videos dieser Personen wurden gelöscht. Meist sind sie anderswo noch abrufbar. Infos findet man fast immer auf den Homepages.

Corona-Untersuchungs-Ausschuss: www.corona-ausschuss.de

Von den Juristinnen Viviane und Antonia Fischer und den Juristen Füllmich und Hoffmann aufgesetzt. Regelmässige Sitzungen mit Besprechungen aktueller Ereignisse, die auf Youtube gestreamt werden.

Journalismus

Boris Reitschuster, Berlin

Markus Gärtner, PI Politik Spezial

Samuel Eckert, www.samueleckert.net www.dlive/samueleckert

Caroline Matthie, Berlin

Niklas Lotz, Berlin, Neverforgetniki

Milena Preradovic, Youtubekanal Punkt.Preradovic

Anni&Martin, Berliner Reporter auf Youtube

Justiz/Recht

Markus Haintz

Reiner Fuellmich

Justus P. Hoffmann, Medizinrecht

Ralf Ludwig

Dirk Sattelmeier

Beate Bahner

Medizin

Dr. Wolfgang Wodarg Mediziner und Politiker (SPD)

Prof. Dr. Sucharit Bhakdi, Infektionsepidemiologe

Dr. med Claus Köhnlein - Buch Virus-Wahn

Prof. Dr. Klaus Püschel - Rechtsmediziner Hamburg

Dr. med. Bodo Schiffmann

Dr. med. Heiko Schöning

Moderatoren

Tim Kellner - der Lovepriest

Robert Matuschewski - Corona-Satire des Abwarts des Bundestags

Kai Stuth Creative Caravan - meditativ

Michael Ballweg, Querdenker - politisch

Wolfgang Greulich, Unternehmer, kluger Demoveranstalter

Psychologie /Spiritualität

Dr. Gerald Hüther, Neurobiologe

Wolf-Dieter Storl, Kulturanthropologe

Jochen Kirchhoff - Philosoph

Eugen Drewermann - religionskritischer Basischrist

Wirtschaft/Spieltheorie

Prof. Dr. Christian Rieck

Organisationen

Die Basis - Partei des Kampfes für die Grundrechte. www.diebasis-partei.de

Querdenken - z.B. Querdenken 711

www.wir 2020-partei.de

www.klagepaten.eu - Rechtshilfen und -belehrungen

www.anwälte-für-aufklärung.de - ca. 100 Anwälte www.afa.zone

www.ärzte-für-aufklärung.de - über 2000 Ärzte sind beteiligt

Es werden immer mehr !!

Medien:

Prof. Dr. Michael Meyen